高职高专"十三五"规划教材

汽车专业

汽车营销基础与实务

主　编　李　蓉
副主编　孟　勤　陈　莎

南京大学出版社

图书在版编目(CIP)数据

汽车营销基础与实务/李蓉主编. —南京：南京大学出版社，2017.8
高职高专"十三五"规划教材. 汽车专业
ISBN 978-7-305-19030-8

Ⅰ. ①汽… Ⅱ. ①李… Ⅲ. ①汽车－市场营销学－高等职业教育－教材 Ⅳ. ①F766

中国版本图书馆 CIP 数据核字(2017)第 179276 号

出版发行	南京大学出版社
社　　址	南京市汉口路22号　　邮　编　210093
出 版 人	金鑫荣
丛 书 名	高职高专"十三五"规划教材·汽车专业
书　　名	汽车营销基础与实务
主　　编	李蓉
责任编辑	刘洋 吴汀　　编辑热线　025-83592146
照　　排	南京理工大学资产经营有限公司
印　　刷	常州市武进第三印刷有限公司
开　　本	787×1092　1/16　印张 18.25　字数 484 千
版　　次	2017 年 8 月第 1 版　2017 年 8 月第 1 次印刷
ISBN 978-7-305-19030-8
定　　价	54.80 元

网　　址：http://www.njupco.com
官方微博：http://weibo.com/njupco
微信服务号：njuyuexue
销售咨询热线：(025)83594756

* 版权所有，侵权必究
* 凡购买南大版图书，如有印装质量问题，请与所购图书销售部门联系调换

前 言

随着我国成为汽车产销量第一大国,汽车营销的理论知识有了很大的变化,电子商务也给汽车营销的方法带来了新的变革。汽车营销的环境发生了哪些变化?汽车产品有了怎样的不同?该如何制定销售策略才能更受消费者欢迎?为此,很多专家、企业人士、高校学者对此进行了深入分析和探讨。同时,如何才能更好地培养一批具有现代营销理念,善于捕捉市场机遇,能够灵活掌握市场营销技能的人才,成为汽车公司在人力资源管理上需要考虑的长远问题。

正因为如此,《汽车营销基础与实务》才成为被很多学校使用的教科书。它被认可是由于其内容和结构能很好地反映汽车制造和销售公司运用的最新的营销理论和其实践成果。为积极推进课程改革和教材建设,更好地满足职业教育改革与发展的需要,武汉软件工程职业学院李蓉等教师,按照教育部颁布的《汽车营销与服务专业领域技能型紧缺人才培养培训教材指导方案》的要求,紧密结合目前汽车销售行业的实际需求,编写了《汽车营销基础与实务》教材,供汽车营销与服务等专业教学使用。

本书最大的特色是全书配有大量电子资源,学生可以通过扫码获取电子资源,电子资源还将根据汽车营销的变化趋势每年进行更新。同时本教材采用双色印刷,突出重点知识,方便学生掌握。《汽车营销基础与实务》是汽车营销与服务专业的专业基础课程,也可作为汽车运用技术其他专门化方向的专业选修课,主要内容包括营销基础知识和实务两个部分,又系统地分为汽车市场营销概述、汽车市场营销分析等章节。

参加本书编写工作的有:武汉软件工程职业学院汽车工程学院李蓉任主编(第一章、第二章、第九章及汽车营销实务部分)。荆州理工职业学院孟勤担任副主编(第三章、第四章、第五章),湖北国土资源职业学院陈莎担任副主编(第六章、第七章、第八章)。

本书在编写过程中,参考了国内外市场营销和有关汽车营销的书籍和论文等文献。同时,具有多年培训经验的资深内训师唐星龙先生给本书提供了大量真实的企业案例,在此,向他表示谢意。

本书可作为高等职业院校汽车类有关专业的教学用书,也可供从事汽车、工程机械及其配件营销的技术人员阅读及相关单位职工培训参考使用。

由于编者水平以及掌握资料的限制,加之时间所限,书中不足之处在所难免,恳请同行专家及读者指正。

2017 年 5 月 20 日

目　录

上篇　汽车营销基础知识

第一章　汽车市场营销概述 …… 3
- 第一节　市场营销概述 …… 3
- 第二节　汽车市场营销学的产生和发展 …… 11
- 第三节　汽车市场营销观念 …… 16

第二章　汽车市场营销分析 …… 22
- 第一节　汽车市场营销环境及其特征 …… 22
- 第二节　汽车市场营销环境分析 …… 24
- 第三节　竞争者分析 …… 38
- 第四节　购买者行为分析 …… 45

第三章　汽车产品策略 …… 58
- 第一节　产品与产品组合 …… 58
- 第二节　形式产品策略 …… 60
- 第三节　产品生命周期理论与营销策略 …… 64
- 第四节　汽车新产品开发策略 …… 68

第四章　汽车产品定价策略 …… 76
- 第一节　影响汽车产品定价的主要因素 …… 76
- 第二节　汽车产品的价格决策 …… 78
- 第三节　汽车产品的价格策略 …… 86

第五章　汽车分销策略 …… 93
- 第一节　分销渠道的一般理论 …… 93
- 第二节　汽车产品分销渠道的发展 …… 104
- 第三节　汽车销售的物流管理 …… 107

第六章　汽车产品促销策略 …… 112
- 第一节　促销策略概述 …… 112
- 第二节　人员推销 …… 116
- 第三节　广告 …… 120
- 第四节　营业推广 …… 123
- 第五节　公共关系 …… 128

第七章　汽车服务策略 …… 132
- 第一节　服务与服务营销 …… 132
- 第二节　汽车的售后服务 …… 141

第八章 汽车营销模式的探索与创新 ………… 152

第一节 电子商务 …………… 152
第二节 网络营销 …………… 154
第三节 汽车网络营销 ………… 157

第九章 汽车金融信贷 …………… 160

第一节 汽车金融服务的基本概念 ………… 160
第二节 汽车金融服务的功能及意义 ………… 163
第三节 汽车金融服务的环境分析 ………… 165
第四节 汽车消费信贷的模式及流程 ………… 167

下篇 汽车营销实务

项目一 汽车营销实务 …………… 175

任务一 汽车市场营销调研 …… 175
任务二 汽车销售程序 ………… 180
任务三 客户选择与商务谈判 …… 199
任务四 经济合同的订立与履行 ………… 203
任务五 机动车辆保险 ………… 207

项目二 汽车销售流程详解 …… 214

任务一 接触客户 …………… 214
任务二 需求分析 …………… 225
任务三 车辆展示 …………… 236
任务四 试乘试驾 …………… 244
任务五 谈判成交 …………… 250
任务六 车辆交付 …………… 256
任务七 客户跟踪 …………… 262

项目三 汽车销售实战技巧 …… 268

任务一 如何处理客户异议 …… 268
任务二 4S店电话邀约话术 …… 270
任务三 到店接待销售话术 …… 279
任务四 汽车首保提醒话术 …… 280
任务五 自我考核 …………… 282

附录A 《汽车金融公司管理办法实施细则》详细 …………… 285

附录B 购车合同范本 …………… 285

参考文献 …………… 286

汽车营销基础与实务

上篇

汽车营销基础知识

第一章 汽车市场营销概述

1. 了解汽车市场营销及其相关的概念。
2. 了解市场营销学及汽车市场的发展。
3. 掌握市场营销学的发展阶段及核心指导思想。
4. 了解汽车工业在国民经济中的地位。

情景导入

第一节 市场营销概述

一、市场营销及其相关概念

(一) 市场概念

市场是商品经济的产物,哪里有商品生产和交换,哪里就会有市场。因此,市场才成为人们使用最频繁的术语之一。但市场的概念又是随着商品经济的发展和使用场合的不同而变化的,以下的归纳与总结却大体上代表了人们对市场概念的理解和运用。

1. **市场是商品交换的场所(Places for goods to be exchanged)**

早期,在商品经济尚不发达的时候,市场的概念总是与时间概念和空间概念相联系的。人们总是在某个时间聚积到某个地方完成商品的交换,因而市场被看作是商品交换的场所。至今,人们仍习惯地将市场看作是商品交换的场所,这种市场形式目前仍很普遍,如商场、集贸市场、汽车交易市场等。

2. **市场是各种商品交换关系的总和(General commodity exchange relationship)**

从功能角度看,市场的作用在于商品交换,使产品转换为商品,因此交换是市场的经济实质。在现代社会,商品交换已经突破了时间和空间的限制,特别是现代金融信用、交通运输、通信事业的发

展,人们可以在任何时间和任何地方达成交易,实现商品交换。因此,现代的市场已经不再是指具体的商品交易场所,而是泛指或特指商品的交换关系,代表着各种商品错综复杂交换关系的总和。显然,这一概念更为深刻地揭示了市场的本质属性,丰富和发展了市场的概念。

3. 市场是某种商品的总需求(Total demand of one product)

市场营销站在卖方的角度专门研究买方的需求,是帮助卖方研究、认识和占领买方需求的有力武器,是卖方营销活动的工具。对于卖方来说,自己就代表了供给,所以市场就只有需求(包括潜在需求)。因而有人这样描述市场:

市场＝购买者＋购买力＋需求欲望

这里市场专指买方及其需求,而不包括卖方。卖方则与其竞争对手(卖方的同行)一起组成某个产业,他们之间属于竞争关系,而不是市场。所以在市场营销中,市场往往等同于需求,对二者不加以区别。平时大家所讲的"市场疲软"就是针对需求不足而言的。

以上列举了3种经典的市场概念。在现代社会里,市场成为整个社会经济的主宰者,是社会经济生活的指挥棒和调节器,其作用被大大地加强了,其含义不可能是单一所指。此外,人们也常常借用市场术语,表达一些非经济现象或非经济关系。

二、市场营销的含义

"Marketing"一词有时是指社会的某些经济活动或企业的某些经济活动,或视为企业的市场营销活动;有时是指以市场营销活动为研究对象的市场营销学。可见,Marketing 于不同场合的含义是不同的,不能将两种不同场合的 Marketing 的含义混为一谈。

对于市场营销,西方学者已下过上百种定义,其中较有代表性的有以下几种。

一种是美国市场营销协会(AMA)于 1960 年下的定义,市场营销是"引导产品和劳务从生产者流向消费者或使用者的企业活动"。

麦卡锡(E. J. McCarthy)认为"市场营销是引导商品和服务从生产者到消费者或使用者的企业活动,以满足顾客并实现企业的目标"。这一定义比 AMA 的定义前进了一步,指出了满足顾客需求及实现企业赢利成为公司的经营目标。但这两种定义都说明,市场营销活动是在产品生产活动结束时开始的,中间经过一系列经营销售活动,当商品转到用户手中就结束了,因而把企业营销活动仅局限于流通领域的狭窄范围,而不是视为企业营销活动的全过程,即包括市场营销调研、产品开发、定价、分销、促销等。

菲利浦·科特勒(Philip Kotler)于 1984 年对市场营销下了如

下定义:市场营销是指企业的这种职能,"认识目前未满足的需要和欲望,估量和确定需求量的大小,选择和决定企业能最好地为其服务的目标市场,并决定适当的产品、劳务和方案,以便为目标市场服务。"

美国市场营销协会(AMA)于1985年对市场营销下了更完整和全面的定义,市场营销是"对观念、产品及服务进行设计、定价、促销及分销的计划和实施的过程,从而产生满足个人和组织目标的交换。"

从Kotler及AMA的定义看:

(1) 产品概念扩大了,它不仅包括产品和劳务,还包括观念(或思想);

(2) 市场营销概念扩大了,它不仅包括营利的经营活动,还包括非营利组织活动;

(3) 强调市场营销计划的制定与实施;

(4) 突出了交换过程。

本书同意AMA对市场营销下的定义。

综上所述,市场营销是一种从市场需要出发的管理过程。它的核心思想是交换,是一种买卖双方互利的交换,即卖方按买方的需要提供产品或劳务,使买方得到消费满足;而买方则付出相应的报酬,使卖方亦得到回报和实现企业目标,双方各得其所。

市场营销是一门经济方面的、具有综合性和边缘性特点的应用科学,是一门经营管理的"软科学"。从某种意义上说,它既是一门科学(因为凝聚着诸多原理或理论),又是一门艺术(因为体现了一系列营销方法,即"问题、分析、管理和决策的方法体系",或称之为方法论)。其研究对象是企业的市场营销活动和营销管理,即如何在最适当的时间和地点,以最合理的价格和最灵活的方式,把适销对路的产品送到适当的用户手中。

三、市场营销的形成和发展

真正的现代市场营销是二战后在美国形成的。这是由于美国在二战后世界经济恢复时期,其经济实力迅速超过老牌劲旅—英国,一跃成为资本主义的头号强国。商品供给迅速超过商品需求,绝大部分商品市场成为买方市场,卖方之间的竞争空前激烈,使买方处于可以选择和左右市场的主导地位,因而原有的销售理论和方法面临着严峻的挑战。于是销售学在理论上发生了重大变革,研究的范围突破了流通领域,日益与企业生产经营的整体活动密切结合起来,研究的重点转为买方市场条件下的企业经营活动,形成了以市场需求为中心的现代营销观念及其指导下的一系列现代企业经营战略和方法,并得以广泛传播和运用,取得了显著的实践成效。

改革开放前,我国长期受到西方世界的经济封锁和执行计划经济体制,否定、抵制市场经济,缺少市场营销发展的环境。在长达30年的时间里,市场营销学的研究和传播在我国大陆基本中断,内地学者和企业对国外迅速发展的市场营销学知之甚少。改革开放后,西方的现代市场营销理论在我国得以传播,特别是一些学术团体的成立及其富有成效的工作,极大地推动了市场营销在我国的传播、研究和运用,也促进了我国企业界对现代营销理论的应用和自主创新。

市场营销的诞生,至今不过几十年的历史,但其发展很快,影响很深,并受到世界各国的普遍重视。其原因就在于它适应了社会化大生产和市场经济高度发展的客观需要。在现代社会,市场对社会资源分配起着基础性作用,指挥和调节着经济的运行,决定着每个企业的生存和发展、前途和命运。

四、市场营销的核心概念

市场营销的核心概念是随着市场营销实践与营销理论的发展而变化的。Philip Kotler 在其《营销管理》第 8 版及之前的版本中,提出了市场营销的 14 个核心概念,第 9 版提出了 15 个核心概念,第 10 版(千年版)提出了 19 个核心概念,有些核心概念一直保持不变,诸如需要、欲望、需求,交换与交易,价值、成本、满意,产品,营销者等。有的概念更明确,诸如关系与网络,有些核心概念是新提出的,诸如营销渠道、竞争、供应链、营销环境及营销组合。可见,随着市场营销的发展,其核心概念将不断地扩大。这里主要对 Kotler 出版的《营销管理》第 10 版有关的部分营销核心概念进行简介,如图 1-1 所示。

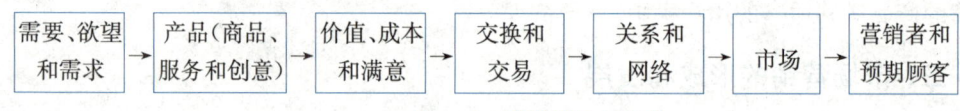

图 1-1 营销的核心概念

(一)需要、欲望和需求

(1)需要是人类的基本要求,人们需要食品、空气、水、衣服和住房以维持生存,人们还强烈需要娱乐、教育和文化生活。营销者可用不同方式去满足它,但不能创造需要。

(2)欲望是指想得到需要的具体满足物的愿望,如人们需要食品而对大米、面包、面条等的欲望。人的欲望受社会因素及机构因素的影响,诸如职业、团体、家庭,营销者能够影响消费者的欲望。

(3)需求是指人们有能力购买并愿意购买某个具体产品的欲

望。如人们为便利交通,有能力支付,并愿购买奥迪品牌汽车等。营销者不仅要了解有多少顾客愿意购买其产品,还要了解他们是否有能力支付并有针对性地开展营销活动。

(二)产品(商品、服务与创意)与供应品

(1)人类靠产品来满足他们的需要和欲望。产品是用来满足人类某种需要或欲望的东西。

(2)供应品是比产品更广的东西,供应品的主要类型包括:商品、服务、经验、事件、人员、地点、财产权、组织、信息和观念。可见,供应品既包括实体物品,又包括无形物品。营销者的任务是向消费者展示产品实体中所含的利益和提供的服务。

营销视野 1-1

(三)价值、成本和满意

(1)如果某公司的产品或供应物能给目标购买者带来价值并使其满意,那么该公司的产品和供应物是成功的。价值是指顾客所得与其所支出之比,即顾客所获得的利益及支出的成本。利益主要包括功能利益及情感利益,而顾客所付出的包括货币成本、时间成本、精力成本及体力成本,因此,价值可用如下公式表示:

$$价值 = \frac{利益}{成本} = \frac{功能利益+情感利益}{货币成本+时间成本+精力成本+体力成本}$$

如何给顾客带来最大价值,从而提高其满意度呢?在实践中有如下几种途径:

① 提高利益(功能利益与情感利益)。

② 减少成本。或减少货币成本,或减少时间成本、精力成本及体力成本。

③ 既提高利益,又降低成本。

④ 提高利益的幅度比增加成本的幅度大。

⑤ 成本降低幅度比利益降低幅度大。

(2)满意是指某人通过对一种产品的可感知的效果与他的期望相比较后,所形成的愉悦或失望的感觉状态。可见,满意水平是可感知效果和期望价值之间的差异函数。如果效果低于期望,顾客不会满意;如果可感知效果与期望相符合,顾客就会满意;如果感知效果超过期望,顾客就会高度满意。

思考:如何给顾客带来最大价值,从而提高满意度呢?

(四)交换与交易

人们可以通过四种方式获取产品。即自产自用、巧取豪夺、乞讨和交换等方式。前三种方式不存在市场营销,只有交换才使市场营销产生。交换是市场营销的核心概念。

(1)所谓交换是指通过提供某种东西作为回报,从别人那里取得所需物的行为。交换发生必须具备五个条件:至少有两方,每一方都有被对方认为有价值的东西;每一方都能沟通信息和传递物品;每一方都可以自由接受或拒绝对方的产品;每一方都认为与另一方进行交换是适当的或称心如意的。

(2)交易是交换活动的基本单元,是由双方之间的价值交换所构成的行为。一次交易包括几个可以量度的实质内容:至少有两个有价值的东西;买卖双方所同意的条件;协议时间和地点。此外还要建立维护和迫使交易双方执行承诺的法律制度。

(五)关系和网络(Relationship and Networks)

关系营销是交易营销的进一步发展,关系营销通过建立企业同利益相关者(顾客、供应商、分销商、政府、公众及竞争者等)强有力的经济、技术及社会关系,不断承诺和提供高质量产品、优良的服务和公平的价格来实现保留顾客、降低成本及赢利的目标。

关系营销的主要结果是建立起公司的独特资产即营销网络。营销网络由公司利益相关者(顾客、员工、供应商、分销商、零售商、广告代理人等)建立起互利的长期的关系。从而,竞争不仅在公司之间发生,而且主要在整个网络之间进行。只要能建立起好的营销网络,并能协调好多种矛盾,利益就会随之而来。

(六)目标市场与细分

顾客的需求是千差万别的,企业资源有限,难以满足每个消费者或满足消费者的所有需要,企业应当针对市场的这一特点进行细分,主要依据地理、人口、心理以及行为上的差异进行细分。然后,从中选择给其带来最大机会的服务对象作为目标市场并开发能为目标顾客带来核心利益的产品或供应品。

(七)营销者与预期顾客

(1)营销者是指希望从别人那里取得资源并愿意以某种有价值的东西作为交换的人。营销者也可以是买方,当买卖双方都在积极寻求交换时都称为营销者。

(2)预期顾客是指营销者所确定的有潜在愿望和能力进行交换的人。

(八)竞争

竞争包括购买者可能考虑的所有实际存在的和潜在的竞争产品与替代物。企业可能面临同类产品竞争者,或替代物竞争者,或面临四种层次的竞争。

营销视野1-2

营销视野1-3

营销视野1-4

第一章 汽车市场营销概述

(1) 品牌竞争（Brand Competition）。当其他公司以相同的价格向相同的顾客提供类似产品和服务时，公司将其视为竞争者。如福特汽车公司将大众、丰田、本田、雷诺等品牌的汽车制造商视为其竞争者。

(2) 行业竞争（Industry Competition）。公司把制造同类产品的公司都视为竞争者。如福特汽车公司把其他汽车制造商都视为竞争者。

(3) 形式竞争（Form Competition）。公司将所有能提供相同服务的产品的其他公司视为竞争者。如大众汽车公司将能为顾客提供运输服务的汽车公司、摩托车公司、自行车公司、卡车公司都视为竞争者。

(4) 一般竞争（Generic Competition）。公司将所有争取同一消费者的其他公司都视为竞争者。如福特汽车公司将耐用消费品、新房产和房屋修理公司、旅游公司等视为竞争者。

思考：举例说明你身边的竞争者，并分析是哪一种竞争。

（九）营销环境

竞争仅是营销者所面临的环境的一个因素，营销环境包括工作环境（Task Environment）及大环境（Broad Environment）。

(1) 工作环境包括直接影响生产、分销及促销的因素，具体包括公司、供应者、分销者、商人及目标顾客。在供应组织中则包括材料供应商及服务供应商，后者如营销调研机构、广告公司。分销商与经销商则包括代理人、经纪人、制造商代理人，他们有利于产品及服务的销售。

(2) 大环境包括人文、经济、自然、技术、政治和文化环境。它们成为影响工作环境的主要因素，而且是不可控的因素，营销者必须密切关注这些因素的趋势及作用特点，不断调整营销战略。

（十）营销组合

营销组合是指公司在目标市场上用来追逐其营销目标的一系列营销工具的综合运用。麦卡锡将营销组合概括为 4Ps，即包括产品（Product）、价格（Price）、促销（Promotion）、渠道（Place），每个 P 下面包括若干特定的变量，如图 1-2、图 1-3 所示。

营销从以交易为导向的 4Ps 演进为以顾客为导向的 4Cs，即消费者（Consumers）、成本（Cost）、便利（Convenience）、沟通（Communication）。消费者是企业营销的出发点，创造顾客比开发产品更重要，满足消费者的需求和欲望比产品功能更重要。不能仅仅卖企业想制造的产品，而是要提供顾客确实想买的产品。成本是指消费者为满足自己的需要和欲望愿意付出的成本。便利是指营者为顾客提供便利,即让顾客购买到商品,也购买到便利。沟通指与用户的沟通,着眼于加强双向沟通,增进相互了解,培养顾客的忠诚度。

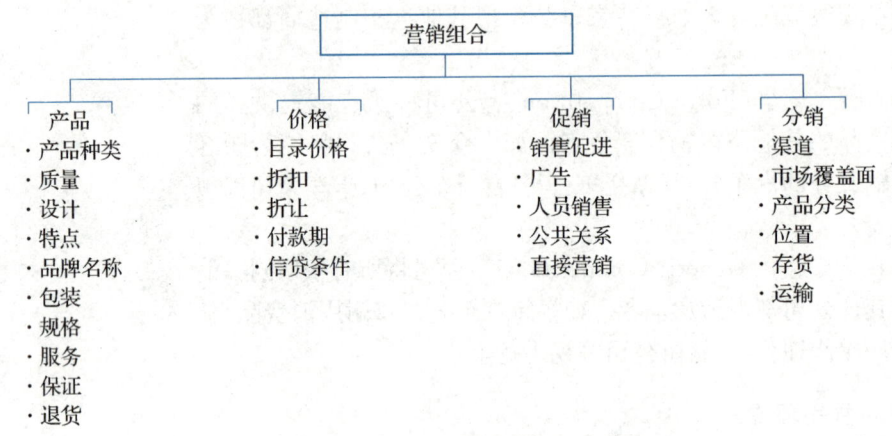

图1-2 营销组合四因素

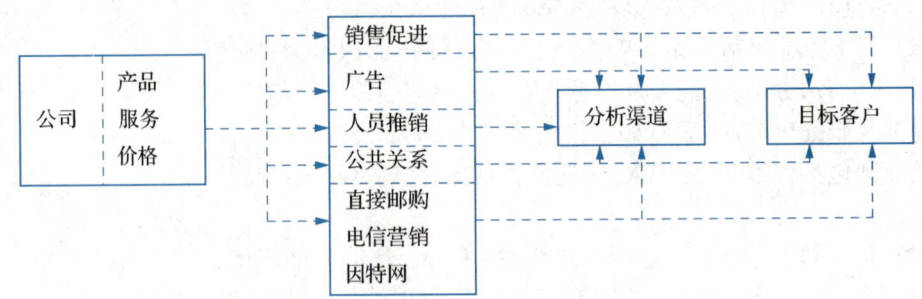

图1-3 营销组合战略

（十一）市场营销管理(Marketing Management)

市场营销管理是指为创造达到个人和组织目标的交换而规划和实施理念、产品和服务的构思、定价、分销和促销的过程。市场营销管理过程包括分析、规划、执行和控制。其管理的对象包含理念、产品和服务。市场营销管理的基础是交换,目的是满足各方的需要。市场营销管理的主要任务是刺激消费者的需求以及影响消费者的需求水平、需求时间和需求构成,并且创造消费者的需求。

因此,市场营销管理的任务是刺激、创造、适应及影响消费者的需求,从此意义上说,市场营销管理的本质是需求管理。在实践中,市场存在不同的需求状况,营销者针对性地采取不同营销策略,完成相应的营销任务。

营销视野1-5

此外，消费者的需求还包含有害需求（Unwholesome Demand）。这是指对消费者身心健康有害的产品或服务，诸如烟、酒、毒品、黄色书刊等。

第二节　汽车市场营销学的产生和发展

一、我国汽车工业体系的形成与发展

我国的汽车工业是在新中国成立后的几十年内才逐步发展起来的。新中国成立后，中央就开始了建立我国汽车工业的筹划工作。从1953年兴建第一汽车制造厂开始发展到今天，我国汽车工业的发展总体上经历了三个阶段。

情景导入

1. 第一阶段从1953年到1978年，是我国汽车工业的基本建设阶段

这个阶段，我国汽车工业在高度集中的计划经济体制下运行。由于经济基础薄弱，国家采取了集中力量重点建设的方式，先后建成了一汽和二汽等主机厂及一批汽车零部件厂，为我国汽车工业的发展奠定了基础。当时的汽车产品主要是中型载货汽车，全部由国家计划生产、计划销售。由于缺乏竞争机制和其他种种原因，在长达近30年的时间内，我国汽车工业的发展比较缓慢。

2. 第二阶段从1979年至2001年，是我国汽车工业的结构调整阶段

这个阶段，可以分为两个历史时期。

（1）从1979年至1993年，我国汽车产业的产量获得极大发展

在这一时期内，随着国家经济体制改革的不断深入，计划经济模式被逐步打破，市场配置资源的作用被加强，竞争被强化。我国汽车工业开始走出自我封闭发展模式，开始与国际汽车工业合作。通过KD生产方式、技术引进、消化吸收和建设改造，汽车产品结构由单一的中型货车，变为中型货车与重、轻、微型货车以及乘用汽车多品种同时发展，基本上改变了"缺重、少轻"的产品面貌，整个汽车工业在产品品种上有了明显进步。

同时，汽车工业受市场需求的巨大拉动，在中央和地方两个积极性的推动下，一批地方性和行业性的汽车企业应运而生。汽车生产能力获得了快速增长，汽车产量迅速增加，从1978年到1993年，汽车生产保持年均15.4%的增长速度，1992年产销量首次突破100万辆大关，我国首次成为世界汽车生产排名前十名的国度。

历经这个历史时期，我国汽车产业在产量和产品品种获得巨大发展的同时，也产生了投资散乱、生产集中度不高等问题，汽车产业在产品质量、企业综合素质和市场竞争实力等方面的能力没有明显提高。

(2) 从 1994 年至 2001 年,我国汽车产业的结构获得极大调整

这个时期,我国宏观经济持续实施"软着陆"的调控政策,转变经济的增长方式,全面进入市场经济建设,国民经济逐步实现"两个转变",即国家经济体制由计划经济体制向市场经济体制转变,企业经营从粗放经营向集约化经营转变。

总之,经过第二阶段的发展,我国汽车工业实现了生产的快速发展,汽车总产量从 1978 年的 11 万辆,发展到 2001 年的 234 万辆,中国成为世界上汽车产量前 8 位的国家。同时,汽车的产品品种得以极大丰富,产品的性能和质量得到较大提高。特别值得一提的是,这个阶段以 1986 年上海轿车工业的大规模建设为标志,拉开了我国现代化轿车工业建设的历程,并先后在全国形成了数个轿车生产基地。轿车生产量从 1986 年的 1.25 万辆发展到 2001 年的 70 万辆,轿车产量在汽车总产量的比例相应地从不足 3% 提升到 30%。

3. 第三阶段从 2002 年开始,直到目前,是我国汽车工业与国际接轨的阶段

这个阶段,中国经济开始全面参与国际经济大循环(以 2001 年 12 月 11 日中国正式加入 WTO 为标志)。至 2006 年,中国的汽车进口管理完全达到 WTO 规定的发展中国家的平均水平,开放了汽车市场,我国汽车工业开始全面面临国际竞争与合作。

这个阶段,我国汽车产业发展具有以下主要特点:

(1) 汽车产销规模实现快速增长

入世以来,我国经济持续保持 10% 左右的增长速度,经济总量由 2001 年的 10.8 万亿元,增长到 2007 年的 24.6 万亿元,经济总量跃居世界第四。人均 GDP 也相应由 8 622 元增长到 18 713 元。宏观经济的快速增长和居民收入的持续增加,使商用车和乘用车两个领域的客户群迅速增加。特别是从 2002 年以来,在私人购车拉动下,我国汽车市场出现井喷行情。2016 年,我国的汽车产销数量均达到 2 800 万辆,位居世界第一。

(2) 汽车产品结构发生重大变化

我国汽车工业在入世后,不仅产销规模快速增长,产品结构也发生了重大变化。以 2007 年为例,当年汽车生产 888 万辆,其中乘用汽车 630 万辆,占 70.9%;商用汽车 258 万辆,占 29.1%。与此同时,我国汽车的市场结构,私人消费购车达到 80%,社会集团购车降为 20%。这种生产与消费结构,已经与美国等世界汽车工业先进国家基本一致,表明我国汽车工业的产品结构基本实现与国际接轨。从我国汽车保有量及其构成看,也表现出上述变化。目前,我国汽车保有量大幅上升。公安部交通管理局日前提供的数据显示,截至 2016 年底,我国机动车保有量达 2.9 亿辆,汽车保有量达

1.72亿辆,大中城市中汽车保有量达到100万辆以上的城市数量达14个。其中,以个人名义注册登记的私家汽车保有量达到7 748万辆,占汽车总量的74.17%,成为汽车构成主体。根据国际通用的标准,每百户家庭拥有16辆小轿车,中国有许多城市已进入汽车社会。目前全球汽车保有量约为10亿辆,中国占据了其中的10%。中国的汽车保有量已经超过日本,成为仅低于美国(2010年2.4亿辆)的世界第二大汽车保有国。业内预计,2020年我国汽车保有量将突破2亿辆。

(3) 汽车产品质量得到极大提高

入世后,我国汽车产品的性能和质量较以往有了显著提升。如轿车的平均故障间隔里程,从2001年的15 000 km,提高至2007年的30 000 km,里程增加1倍;重型商用汽车的无大修里程相应地从20万km提高到80万 km。

(4) 企业综合素质得到全面提升

入世后,面对越来越激烈的国际竞争和越来越多的国际合作机遇,我国汽车企业通过跨国并购、委托开发、技术引进、联合开发、模仿创新、自主发展等途径和发展模式,逐步加大了自主品牌的开发力度。一批自主品牌的乘用汽车纷纷问世,自主品牌轿车的市场销售日益增加,2011年达611.22万辆。但2013年中国自主品牌乘用车市场却呈现低迷走势,共销售52.66万辆,环比下降4.39%,同比增长5.46%,占乘用车销售总量的37.53%。

(5) 汽车工业成功经受入世考验

入世后,我国政府对汽车产业的健康发展十分重视,一方面执行入世谈判,执行入世谈判关于汽车产业开放的有关承诺;另一方面在WTO规则框架下,研究和适时推出相关政策,引导和扶植汽车产业的健康发展,营造良好的产业发展环境。

思考:国家发布了哪些汽车产业的相关政策?

根据我国汽车产业发展的总体战略目标,到2020年,我国汽车将实现年产销2 000万辆,占全球份额的25%左右;汽车产业增加值占同期GDP的比重将达到3%;将形成2~3家年产销能力达到400万辆以上的企业集团;产品的自主开发技术水平将接近日韩,自主开发产品在国内市场份额占70%以上。可以说,几代中国人的"汽车强国"之梦,即将实现。

二、我国汽车工业的战略地位

我国已在20世纪90年代初,明确将汽车工业列为国民经济的支柱产业予以扶植和发展。汽车工业是国民经济的支柱产业,这种战略地位是我国经济社会发展和汽车产业自身的特点所决定的。

所谓支柱产业是指产品市场广阔,在国民经济中具有辐射面广、关联度大、牵动力强的产业。由于它的启动和发展可以促进其

他产业发展,甚至对国民经济的起飞起直接的推动作用,进而可以提高一个国家的科技水平和综合国力。

思考:支柱产业应具有哪些特征?

1. 汽车产品市场广阔,汽车工业对经济增长的贡献程度高

当今世界,汽车已经成为现代物质生产和社会运转的重要平台,汽车是否广泛使用成为衡量一个地区或国家是否发达的标志,汽车是现代社会物质文明最重要的象征。

我国的现代化,必然要求交通方式和交通工具的现代化。我国正在致力于建设以快速列车、高速公路、立交桥、地铁、轻轨、空运、海运为组成内容,各种交通运输方式彼此协作、相互协调发展的现代化综合交通体系。现代公路交通是现代交通体系最重要的组成部分。

2. 汽车工业在国民经济中占有突出地位

汽车工业是一个高投入、高产出、集群式发展的产业部门。

汽车产业链长,辐射面广,能带动钢铁、机械、电子、橡胶、玻璃、石化、建筑、服务等多个相关产业的发展,汽车消费的拉动作用范围大、层次多,已经成为社会经济的主导产业,是典型的波及效应大的产业,波及效应(相关产业为汽车工业服务所形成的增加值)数倍于汽车工业本身的效益。

3. 汽车工业科技创新和科技成果吸收能力强,有利于促进国民经济产业结构升级

汽车市场的竞争,实质上是现代科技的较量,是技术创新的竞争。汽车诞生 100 多年来,汽车的技术进步使得汽车的面貌日新月异,汽车工业变得日益强大和成熟。内燃机技术、变速器技术、底盘/驱动技术、汽车轮胎技术、车身技术等成功应用于现代汽车,使得汽车发动机的功率大大提高,燃油消耗率大大降低,实现了汽车高功率、高速度和高经济性的相互协调。

汽车工业是消化吸收科技成果(尤其是高科技成果)最强的工业部门之一,如世界上 70% 的机器人被应用于汽车工业,CAD/CAM 技术正被广泛用于汽车设计和生产,以电子产品为代表的一大批高科技产品在汽车上的装车率日益提高。机械、电子、化学、材料、光学等众多学科技术领域取得的成就都在汽车上得到了体现和应用。

4. 汽车产业能够提供众多的就业机会

汽车产业的发展,可以创造大量的就业机会。有统计数字表明,汽车工业每提供 1 个就业岗位,上下游产业的就业人数是 10~15 个。在几个主要汽车生产国和消费国中,与汽车相关的工业和服务业都拥有较高的就业人数,尤其是汽车服务业的就业人数自 20 世纪 80 年代以来大幅度增长,就业比重明显提高。

在我国,2015 年汽车产业就业人数已达 1 000 万人,占全国就

业人数的10%,有专家预测到2030年,将达1亿人以上。汽车产业对于多方面扩大就业途径,带动间接就业特别是服务业就业的增长,具有非常重要的作用。这种作用,无论是其经济意义,还是其政治意义,都是不可低估的。

综上所述,汽车工业具有支柱产业的特征。把汽车工业列入支柱产业予以扶植和发展,是保证我国经济持续、健康发展的重要举措之一。

三、我国汽车市场的形成与发展

我国汽车市场的形成过程,与西方国家存在着较大差别。西方国家的汽车市场是在其商品经济发展过程中自然形成的,而我国的汽车市场是通过经济体制改革而形成的。按照市场机制(价格机制、供求机制和竞争机制)在我国汽车生产、流通和消费各环节的作用程度不同,我国汽车市场的形成过程大体可以分为如下三个阶段。

1. 孕育阶段

从1978年宏观经济体制开始转轨,到1984年城市经济体制改革着手实施,这7年是我国汽车市场的孕育阶段。从汽车产品的流通看,这一阶段开始从严格的计划控制,出现局部松动,但仍具有较浓厚的计划色彩。

2. 诞生阶段

从1985年以后,市场机制在汽车产品流通中的作用日益扩大,并逐步替代了传统的计划流通体制,汽车流通的双轨制向以市场为主的单轨制靠拢,市场机制开始成为汽车产品流通的主要机制。在这一阶段,由于市场机制对汽车生产、流通和使用的作用越来越大,并上升至主导地位。因而可以说,我国的汽车市场已经全面形成。

3. 市场主体多元化成长阶段

这一阶段以1994年我国开始全面进入市场经济建设为标志,并持续至2010年或稍后一些时间。届时汽车工业基本建成国民经济支柱产业,汽车工业将在数量和品种结构方面,基本满足国内市场需要,市场主体将以私人消费为主导,从而使汽车市场转入私人消费主导阶段。

目前这个阶段的主要市场特点是:市场机制进一步被充分尊重,那些影响和制约汽车市场发育的不和谐因素将逐渐减少,甚至得以消除;市场需求的规模迅速扩大,市场需求主体由过去比较单一的公费购买,向公务需求、商务需求和私人需求转变,并且私人需求的份额逐步增加至主导地位;进口汽车与国产汽车的竞争逐步加剧,从数量竞争到深层次竞争都更为明显。

第三节　汽车市场营销观念

企业经营哲学（Business Philosophy）是指企业经营活动的指导思想。它是一种观念、一种态度或一种企业思维方式。企业经营哲学的核心是如何正确处理企业、顾客和社会三者之间的利益关系。无论是西方国家的企业，还是我国的企业，其经营哲学演变都经历或将经历生产导向→销售导向→营销导向→社会营销导向→关系导向这一过程。企业经营哲学的演进过程，既反映了社会生产力及市场趋势的发展，也反映了企业领导者对市场营销发展客观规律认识深化的结果。企业经营哲学的演进经历了四个阶段、五个观念。

一、生产观念（Production Concept）

这是一种古老的企业经营哲学，它产生于20世纪20年代前。当时，社会生产力仍较落后，市场趋势表现为供不应求的卖方市场，企业产品价值的实现不成问题。因而，企业经营哲学不是从消费者需求出发，而是从企业生产出发，也是以企业为导向。生产观念主要表现是"我生产什么，就卖什么"，消费者喜欢那些可以到处买得到而且价格低廉的产品。因此，企业的任务是提高生产率、增加产量、降低成本及提高分销效率。例如，1908年福特总结了过去的经验教训，及时调整了经营思想和经营战略，按照当时百姓的需要，做出了明智的战略决策，致力于生产规格统一、品种单一、价格低廉、大众需要又买得起的"T型车"，在产品标准化的基础上组织大规模生产。此后十余年，销售迅速增加，产品供不应求，福特汽车公司获得巨大的商业成功，成为当时世界上最大的汽车公司。

情景导入
营销视野1-6

二、产品观念（Product Concept）

它也是一种较早的企业经营哲学，它和生产观念几乎在同一时期流行。这种观念认为，消费者最喜欢高质量、多功能及具有某些创新特色的产品，并认为只要企业生产这些产品就会顾客盈门，因而经常迷恋自己的产品，而未看到消费者的真正需求及其需求的变化。这种观点必然导致"一孔之见"的营销近视，致使企业营销陷入困境乃至失败。

三、推销观念（Selling Concept）

这是20世纪20年代末至50年代前盛行的企业经营哲学。这一时期，由于科技进步，社会生产力有了巨大的发展，市场趋势由卖方市场向买方市场过渡，尤其是在1929～1933年特大经济危机期间,大量产品卖不出去,因而驱使企业不能只注重大力发展生产,还必须重视采用广告术与推销术去推销产品。

推销观念认为,如果让消费者和企业自行抉择,他们不会大量购买某一企业的产品,因为消费者通常表现出一种购买惰性或者抗衡心理。因此,企业必须积极推销和大力促销,以刺激消费者大量购买企业产品。可见,推销观念既盛行于20世纪50年代以前时期,也存在于50年代以后,以至于当今社会推销术依然大行其道。这种观念虽然比前两种观念前进了一步,开始重视广告术与推销术,但其实质仍以企业为导向,以生产为中心,以产定销,而不是以消费者需求为导向。

四、市场营销观念(Marketing Concept)

市场营销观念产生于20世纪50年代以后。第二次世界大战后,随着第三次科技革命的兴起,社会生产力迅速发展,市场趋势逐步呈现为供过于求的买方市场。同时,广大消费者个人收入迅速提高,消费需求不断变化,有能力对产品进行选择,企业之间为实现产品价值的竞争加剧。许多企业开始认识到,必须转变经营哲学,才能求得生存和发展。

市场营销观念认为:实现企业目标的关键在于确定目标市场的需要与欲望,并且比竞争者更有效能和效率地传递目标市场所期望的产品或服务。

市场营销观念的出现,使企业经营哲学发生了根本性的变化,哈佛大学教授西奥多·李维特(Theodore Levit)对推销观念与市场营销观念作了深刻的比较:推销观念注重卖方需要,营销观念则注重买方需要;推销观念以卖主需要为出发点,考虑如何把产品变为现金,而市场营销观念则考虑如何通过产品以及提供、传递与最终消费品有关的所有东西,来满足顾客需要。推销观念与市场营销观念的比较见图1-4。

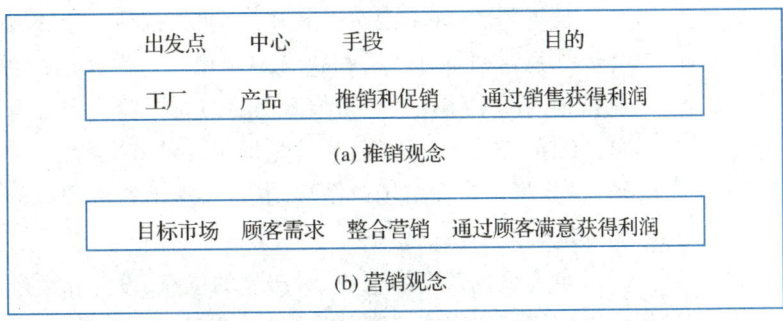

图1-4 推销观念与市场营销观念比较

由图 1-4 可见，市场营销观念基于四个支柱：目标市场、顾客需求、整合营销、赢利能力。从本质上说，市场营销观念是一种以顾客需求为导向的经营哲学。

五、社会营销观念（Social Marketing Concept）

社会营销观念产生于 20 世纪 70 年代。市场营销的发展，一方面给社会及广大消费者带来巨大的利益；另一方面造成了资源短缺、环境污染，破坏了社会生态平衡；同时出现了假冒伪劣产品及欺骗性广告，引起了广大消费者的不满，并掀起了保护消费者利益运动及保护生态平衡运动，迫使企业营销活动必须考虑消费者及社会的长远利益。

社会营销观念认为，企业的任务是确定各个目标市场的需要、欲望和利益，并以保护消费者和提高社会福利的方式，比竞争者更有效、更有利地向目标市场提供所期待的满足物。

社会营销观念要求企业在营销活动中考虑社会与道德问题。营销者必须不断平衡和评判公司利润、消费者需要的满足及公众利益三者的矛盾。

六、当代营销观念的创新

1. 朋友圈营销

基本理念：通过朋友圈转发，直接推送广告，最终实现包括利润在内的企业目标。

营销视野 1-7

借助朋友圈视频广告"小视频＋长视频＋H5"的组合广告模式，广告主能够有效传达品牌核心信息，并在与用户互动过程中深化品牌价值，树立在细分市场中的品牌优势。宝马于 2015 年 12 月 10 日在朋友圈发布的"贪吃蛇"广告，堪称此类玩法的一次创新尝试。

2. 绿色营销

基本理念：谋求消费者利益、企业利益与人类环境利益的协调。

绿色营销具有广义和狭义两个概念。广义的绿色营销系指企业营销活动中体现社会价值观、伦理道德观，充分考虑社会效益，既自觉维护自然生态平衡，又自觉抵制各种有害营销。狭义的绿色营销，主要指企业在市场营销活动中，谋求消费者利益、企业利益与人类环境利益的协调。

实施绿色营销的企业，对产品的创意、设计和生产，以及定价与促销的策划和实施，都要以保护生态环境为前提，力求减少环境污染，保护和节约自然资源，维护人类社会的长远利益，实现经济的可持续发展。

3. 整合营销

基本理念:要求各种营销因素方向一致,形成合力,共同为企业的营销目标服务。

整合营销观念改变了将营销活动作为企业经营管理的一项职能的观点,它要求企业把所有的活动都整合协调起来,努力为顾客的利益服务。同时强调企业与市场之间互动的关系和影响,努力发现潜在顾客和创造新市场,注重企业、顾客和社会的共同利益。

企业把与顾客之间的交流、对话、沟通放在特别重要的地位,并形成以顾客为中心的新的营销组合。

4. 关系营销

基本理念:将建立与发展同所有利益相关者之间的关系作为企业营销的关键变量,把正确处理这些关系作为企业影响的核心。

它把营销活动看成是一个企业与消费者、供应商、分销商、竞争者、政府机构和其他公众发生互动作用的过程,企业营销活动的核心在于建立并发展与这些公众的良好关系。

关系营销更为注意的是维系现有顾客,认为丧失现有顾客无异于失去市场、失去利润的来源。这就要求企业要及时掌握顾客的信息,随时与顾客保持联系,并追踪顾客的动态。因此,仅仅维持较高的顾客满意度和忠诚度还不够,还必须分析顾客产生满意感和忠诚度的根本原因。满意的顾客会对产品、品牌乃至公司保持忠诚,忠诚的顾客会重复购买某一产品或服务,不为其他品牌所动摇,且会购买企业的其他产品;同时顾客的口头宣传,有助于树立企业的良好形象。

5. 客户关系营销

基本理念:以客户价值和客户让渡价值为核心,通过完善的客户服务和深入的客户分析来满足客户的需求,在使客户让渡价值最大化的同时,实现企业的价值。

客户关系营销源于关系营销,但又不同于关系营销。客户关系营销认为客户是企业最重要的资源,高质量的客户关系正在成为企业唯一重要的竞争优势。所以客户关系营销比关系营销更注重企业与客户的关系。

客户关系营销既是一种营销管理思想,又是一套管理企业与客户关系的运作体系。一方面,客户关系营销要求以"客户为中心"来构架企业,追求信息共享,完善对客户需求的快速响应机制,优化以客户服务为核心的工作流程,搭建新型管理系统;另一方面,客户关系营销实施于企业与客户相关的所有领域,使企业与客户保持一种卓有成效的"一对一"关系,向客户提供更快捷、更周到的优质服务,以吸引和保持更多的客户资源。

6. 网络营销和电子商务

基本理念:企业以电子信息技术为基础,以互联网为媒介进行的各种营销活动。

网络营销符合顾客主导、成本低廉、使用方便、充分沟通的要求,使得企业的营销活动始终和三个流动要素(信息流、资金流、物流)结合并流畅运行,形成企业生产经营的良性循环。

电子商务主要是指将销售业务借助计算机网络系统完成商品交易的形式。其中计算机网络系统包括企业网络和互联网络,网上完成的商务内容包括网上商品资源查找、网上定价、在线谈判、网上签约、网上支付等具体与商品销售环节相关的手续。电子商务不能等同于网络营销,它只是网络营销的部分业务。无论网络营销还是电子商务都需要物流配送的支撑,才能最终完成有形商品的实物销售。

网络营销和电子商务丰富了营销或销售的形式,其意义主要不是营销观念的变革,而是在于它们促进了营销方式和手段的创新。

7. 营销道德

基本理念:维护和增进全社会和人民的长远利益。

企业营销活动中道德问题的产生,或是由于经营者个人道德哲学观同企业营销战略、策略、组织环境的矛盾;或是由于经营者为实现赢利目标同消费者要求获取安全可靠的产品、合理价格、真实广告信息之间的矛盾;或是由于企业领导者错误的价值取向迫使经营者违背道德经营,诸如为增加利润及提高产品市场占有率迫使经营者去窃取竞争对手的商业秘密,或有意将伪劣产品推向市场等。

企业具有"经济人"及"社会人"双重身份。作为"经济人",追求利润最大化成为其根本目的,因而,对社会责任往往难以自觉地履行。作为"社会人",要求企业自觉承担社会责任。我们对自觉承担社会责任的企业应当给予肯定和支持,对不尽社会责任的企业要加以约束和限制以至惩处。

对不尽社会责任的企业如何调控呢?

从宏观方面看,政府要采用法律、行政监督管理手段及社会公众的监督手段。从外部对企业经营行为进行规范和控制,促使企业履行社会责任。

从微观方面看,企业进行自律是对企业社会责任调控的重要方式。企业自律是指企业从法律与道德角度对其经营指导思想及营销行为进行规范、约束和控制。

1. 解释以下概念：
汽车营销　需要　欲望　需求　关系和网络　营销渠道　供应链
2. 什么是市场营销与市场营销学？
3. 什么是微观营销与宏观营销？
4. 市场营销主要包括哪些核心概念？
5. 企业经营哲学的发展经历了哪些阶段？市场营销观念的革命性及其局限性表现在哪里？
6. 市场营销学的发展经历了哪些阶段？各阶段的主要特点是什么？
7. 市场营销在社会经济发展中有哪些作用？

1. 营销讨论：营销能创造汽车消费者的需要和欲望吗？说明你的理由。
2. 讨论：你身边的汽车营销方式发生变化了吗？比如人们获取信息的方式、喜欢的赠品、购买时间等。你觉得是哪些因素导致了这些变化？请分组讨论。
3. 描述一个公司的营销组合。为了获得信息，你可以查阅一些出版物，如《汽车之友》、《商业时代》等，最好利用互联网，在百度中输入你感兴趣的公司，看看都有哪些收获。
4. 你身边有亲戚朋友最近买了车吗？问问他买的时候是怎么考虑的。

第二章 汽车市场营销分析

学习目标

1. 了解研究汽车市场营销环境的含义和特点；
2. 了解影响汽车企业营销决策的微观环境与宏观环境因素；企业如何识别所处的营销环境的特点和变化，及时调整营销策略以适应营销环境的变化；
3. 掌握竞争者行为分析的内容和方法；
4. 了解消费者行为特征对市场营销决策的影响；集团组织行为特征对市场营销决策的影响。

第一节 汽车市场营销环境及其特征

一、汽车市场营销环境的概念

情景导入

什么是市场营销环境？按照美国著名市场学家菲利普·科特勒的解释是：影响企业市场营销活动的不可控制的参与者和影响力。因此，市场营销环境是指与企业营销活动有潜在关系的所有外部力量和相关因素的集合，它是影响企业生存和发展的各种外部条件。

企业市场营销环境的内容既广泛又复杂。不同的因素对营销活动各个方面的影响和制约也不尽相同，同样的环境因素对不同的企业所产生的影响和形成的制约也会大小不一。一般来说，市场营销环境主要包括两方面的构成要素，一是微观环境要素，即指与企业联系紧密，直接影响其营销能力的各种参与者，这些参与者包括企业的供应商、营销中间商、顾客、竞争者以及社会公众和影响营销管理决策的企业内部各个部门；二是宏观环境要素，即影响企业微观环境的巨大社会力量，包括人口、经济、政治、法律、科学技术、社会文化及自然地理等多方面的因素。微观环境直接影响和制约企业的市场营销活动,而宏观环境主要以微观营销环境为媒介间接影响和制约企业的市场营销活动。

二、汽车市场营销环境的特点

汽车市场营销环境是一个多因素、多层次而且不断变化的综合体。其特点主要表现为以下几点。

(一) 客观性

企业总是在特定的社会经济和其他外界环境条件下生存、发展的。不管你承认不承认,企业只要从事市场营销活动,就不可能不面对着这样或那样的环境条件,也不可能不受到各种各样环境因素的影响和制约,包括微观的、宏观的。一般来说,企业是无法摆脱营销环境影响的,它们只能积极主动地适应营销环境的变化和要求。

(二) 差异性

市场营销环境的差异性不仅表现在不同的企业受不同环境的影响,而且同样一种环境因素的变化对不同企业的影响也不相同。例如,不同的国家、民族、地区之间在人口、经济、社会文化、政治、法律、自然地理等各方面存在着广泛的差异性,这些差异性对企业营销活动的影响显然是很不相同的;再如,我国企业处于相同的国内经济环境、政治法律环境、技术环境、竞争环境等,但这些环境对不同企业影响的程度是存在差异的。由于外界环境因素的差异性,企业必须采取不同的营销策略才能应付和适应这种情况。

营销视野 2-1

(三) 相关性

市场营销环境是一个系统,在这个系统中各个影响因素是相互依存、相互作用和相互制约的。这是由于社会经济现象的出现,往往不是由某一单一的因素所能决定的,而是受到一系列相关因素影响的结果。例如,企业开发新产品时,不仅要受到经济因素的影响和制约,更要受到社会文化因素的影响和制约。再如,价格不但受市场供求关系的影响,而且还受到科技进步及财政政策的影响。因此,要充分注意各种因素之间的相互作用。

(四) 动态性

营销环境是企业营销活动的基础和条件,这并不意味着营销环境是一成不变的、静止的。恰恰相反,营销环境总是处在一个不断变化的过程中,今天的环境与十多年前的环境相比已经有了很大的变化。例如国家产业政策,过去重点放在重工业上,现在已明显向农业、轻工业、服务业倾斜,这种产业结构的变化对企业的营销活动带来了决定性的影响。再如我国消费者的消费倾向正在从追求物质的数量化为主流向追求物质的质量及个性化转变,也就是说,消费者的消费心理正趋于成熟。这无疑对企业的营销行为会产生最直接的影响。

(五)不可控性

影响市场营销环境的因素是多方面的,也是复杂的,并表现出企业不可控性。

思考:为什么营销环境不可控?

第二节 汽车市场营销环境分析

一、汽车市场微观营销环境分析

微观环境指与企业关系密切、能够直接影响企业服务顾客能力的各种因素,包括企业自身、供应商、销售渠道、顾客、竞争对手和公众等。如图2-1所示。

这些因素构成企业的价值传递系统,而这个系统的运行(运作)效率,在很大程度上决定着企业市场营销的绩效。通常,微观环境对企业营销活动的影响具有直接性和局部性,企业对微观营销环境在一定程度上也具有可控性,企业可以结合自身的营销目标,对部分微观环境因素进行必要的调整和控制。

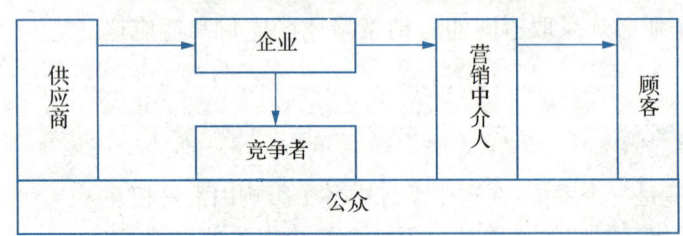

图2-1 企业的微观环境因素

(一)企业内部

企业内部环境系指企业的类型、组织模式、组织机构、研发能力及企业文化等因素。其中企业组织机构,即企业职能分配、部门设置及各部门之间的关系,是企业内部环境最重要的因素。

一般而言,企业内部基本的组织机构包括:高层管理部门、财务部门、产品研发与技术部门、采购部门、生产部门、营销部门等。这些部门之间的分工是否科学、协作是否和谐、精神是否振奋、目标是否一致、配合是否默契,都会影响营销的决策和营销方案的实施。

（二）供应商

供应商系指向企业提供生产经营所需资源（如设备、能源、原材料、配套件、半成品等）的组织或个人。供应商的供应能力包括供应成本（供应价格）、供应的产品或服务的质量、供应的及时性（交货期及交货的节拍）等，这些能力短期将影响企业的生产和销售数额，长期将影响顾客的满意度。所以企业应不断地处理好同生产供应者之间的关系，本着合作、共赢的原则，打造富有竞争力的产品供应链条，为企业的市场营销营造有利的"小气候"。

思考：以某家汽车公司为例，找一找他的供应商有哪些？

营销视野 2-2

（三）营销中介人

营销中介人系指协助汽车厂商从事市场营销的组织或个人。营销中介对汽车厂商市场营销的影响很大，如影响到汽车厂商的产品市场覆盖、营销效率、经营风险、资金融通等。因而汽车厂商应重视营销中介的作用。营销中介的种类包括中间商、物流商、营销服务机构和汽车金融服务机构等。

1. 中间商

中间商，也称销售渠道公司，系指能帮助汽车厂商寻找顾客并最终把产品售卖出去的商业组织或个人。一般商品的中间商主要有批发商、零售商等，汽车产品的中间商包括代理商、特许经销商等。

2. 物流商

物流商系指专门帮助汽车厂商运入原材料、协作配套件和运出产成品（如商品车）的商业组织和个人，其主要业务包括运输、储存、包装、商检等作业。

3. 营销服务公司

营销服务公司系指专门向汽车厂商提高营销相关服务业务的商业组织和个人，主要包括市场调查公司、广告公司、信息传媒机构、营销咨询机构等。由于这些公司在服务资质、服务能力、服务质量及服务价格等方面差异较大，汽车厂商在选择营销服务机构时，应认真考察比较，择优利用。

4. 汽车金融服务机构

汽车金融服务机构系指为促进汽车厂商的产品（含服务）营销，专门提供金融服务的机构，包括商业银行、信贷联盟、信托公司、汽车金融服务公司、保险公司和汽车企业集团财务公司等。它们能够为交易提供金融支持或对货物买卖中的风险进行保险。

（1）商业银行。在我国，商业银行是汽车消费贷款的主要供应商，也是唯一可以吸收公众存款的汽车金融机构。多年来，受我国经济体制和金融自由化发展程度的影响，商业银行无论是风险管理还是产品创新,同发达国家相比都还存在一定差距。我国商业银行尽管垄断着近80%的资金资源,并占据绝对主要的汽车消费信贷市场的份额,但是目前提供的汽车金融产品非常有限,基本只有分期贷款这种产品,而且产品的同质性很强。

(2) 信贷联盟。信贷联盟最早起源于19世纪40年代的美国。它由会员发起,旨在提高会员经济和社会地位而创立,并以公平合理的利率为其会员提供金融服务的一种非营利性信用合作组织。资金来源除了会员存款和储蓄外,还可以向银行、其他信贷联盟筹措。

(3) 信托公司。信托公司有两种不同的职能,一是财产信托,即作为受托人代人管理财产和安排投资;二是作为真正的金融中介机构,吸收存款并发放贷款。

(4) 汽车金融公司。国外的汽车金融公司是办理汽车金融业务的企业,通常属于汽车销售母公司,向母公司及其下属经销商提供贷款服务,并为经销商向消费者提供多种选择的贷款或租赁服务提供金融支持。设立汽车金融公司是推动母公司汽车销售的一种手段。由于它们与汽车制造商、经销商关系密切,具有成熟的运作经验和风险控制体系,因而能为消费者、经销商和生产商提供专业化、全方位的金融服务。在国外,汽车金融公司的发展已经非常成熟。

(5) 汽车企业集团财务公司。按照《企业集团财务公司管理办法》的规定,企业集团财务公司是指以加强企业集团资金集中管理和提高企业集团资金使用效率为目的,为企业集团成员单位提供财务管理服务的非银行金融机构。目前我国已有9家汽车企业集团设立了财务公司。在汽车消费信贷领域,由于资金来源有限,经营管理缺乏经验等原因,其在汽车金融领域的专业化优势还有待发挥。

(四) 顾客

企业的一切营销活动都是以满足顾客的需要为中心的,因此,顾客是企业最重要的环境因素。顾客是企业服务的对象,顾客是企业的目标市场。顾客可以从不同角度以不同的标准进行划分。按照购买动机和类别分类,顾客市场可以分为:

(1) 消费者市场,即为满足个人或家庭需要而购买商品和服务的市场。

(2) 生产者市场,即为赚取利润或达到其他目的而购买商品和服务来生产其他产品和服务的市场。

(3) 中间商市场,是指通过转售和服务以期获得利润的市场。

(4) 非营利组织市场,是指为提供公共服务或将商品与服务转给需要的人而购买商品和服务的政府和非营利机构。

(5) 国际市场，指国外买主，包括国外的消费者、生产者、中间商和政府等。

上述每一种市场都有其独特的顾客及不同的需求，而这些市场上顾客的不同的变化着的需求，必定要求企业以不同的服务方式提供不同的产品(包括劳务)，从而制约着企业营销决策的制定和服务能力的形成。因此，企业要认真研究为之服务的不同顾客群，主要研究其类别、需求特点、购买动机及购买行为等，使企业的营销活动能针对顾客的需要，符合顾客的愿望。

(五) 竞争者

从消费需求的角度划分，企业的竞争者可划分为愿望竞争者、属类竞争者、形式竞争者和品牌竞争者。

(1) "愿望竞争者"，是指提供不同产品以满足不同需求的竞争者。假如你是电视机制造商，那么生产冰箱、洗衣机、地毯等不同产品的厂家就是愿望竞争者。因为如何促使消费者更多地购买电视机而不是其他产品，就是一种竞争关系。

(2) "属类竞争者"，是指提供能够满足同一需求的不同产品的竞争者。例如，自行车、摩托车、小轿车等都可以作为家庭交通工具，这3种产品的生产经营者之间必定存在着一种竞争关系，这种竞争关系是一种平行的竞争关系。

(3) "形式竞争者"，即产品形式竞争者，它是指生产同种产品但提供不同规格、型号、款式满足相同需求的竞争者。例如汽车有手动挡、自动挡，还有三厢车、两厢车等不同形式，这些就是产品形式竞争者。

(4) "品牌竞争者"，是指产品相同，规格、型号等也相同，但厂牌不同的竞争者，如汽车有"奥迪"、"奔驰"、"宝马"、"大众"等不同品牌，这些企业相互之间必定存在着一种品牌竞争的关系。

营销视野2-3

(六) 社会公众

社会公众是指对企业实现其市场营销目标构成实际或潜在影响的任何团体。它可以是企业附近的居民和社区组织；也可以是各种民间组织，如消费者权益保护组织、环境保护组织和少数民族组织等；还可以是一般大众。

社会公众可能并不与企业直接发生交易关系，但他们对企业的营销决策及其效果有着十分重要的影响。

(1) 社会公众通过对消费者施加压力来影响企业的营销活动。公众群体的舆论导向可以是消费者购买决策的重要参考。比如，社会公众对自然环境和生活质量的普遍关注，导致越来越多的消费者开始热衷于"绿色消费",从而迫使一些企业在某种程度上导入"绿色营销"的理念,在生产、运输、销售等方面注意节能、保护环境的问题。

(2) 社会公众通过对立法机关和行政执法机关施加压力来影响企业的营销活动。社会公众普遍关注的问题必然会引起政府机关的高度重视。如果企业的营销活动危及了公众的利益或伦理道德,他们可以通过对政府施加压力来限制甚至禁止企业的行为。比如人们对生态环境的高度关注,导致许多旨在保护环境的法律和机关、团体不断涌现,从而约束、引导企业走上可持续发展的道路。

二、汽车市场宏观营销环境分析

企业宏观营销环境由人口环境、技术环境、社会文化环境、经济环境、自然环境、政治法律环境构成。如图2-2所示。

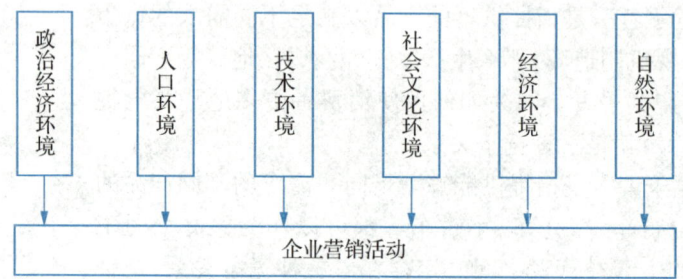

图2-2 企业的宏观环境因素

(一)人口环境

人口环境系指一个国家和地区(企业目标市场)的人口数量、人口质量、家庭结构、人口年龄分布及地域分布等因素的现状及其变化趋势。人口环境是一切社会经济活动的基础和出发点,是影响企业市场营销的基本宏观因素。

对汽车营销产生影响的人口变动趋势主要表现在:

1. 人口总量增长

随着科技进步、生产力发展和生活条件的改善,世界各国的人口平均寿命大为延长,死亡率大幅度降低,尽管出生率有所下降,但总人口仍呈现增长态势,这为汽车营销提供了新的潜在市场。

2. 人口的地域分布出现城市化、郊区化趋势

城市化是工业化和现代化的必然趋势。随着社会经济的发展,农村剩余人口大量向城市转移,直接促进城镇人口的增加,加快城镇的发展。另一方面,由于市区人口拥挤,空气污染和噪声污染严重,市区人口不断向郊区流动,出现在市区上班、在郊区居住的格局。

第二章 汽车市场营销分析

3. 人口年龄老龄化、家庭规模小型化、人口性格独立化

随着经济的发展,人口平均受教育程度提高,独生子女增多,使得社会的家庭规模减小,单亲家庭和空巢家庭增加;成年男女的经济比较独立,工作流动性增强,人们工作和生活的节奏加快,使得人口富有个性和独立性;人口平均寿命延长,老年人的人口比重增加,社会出现老龄化现象。这些变化都会为汽车营销增加新的市场机会,如私家车消费数量,能够彰显车主个性的车辆,方便老年人驾驶的车辆,需求都会增加。

(二)经济环境

经济环境指企业营销活动所面临的外部经济条件,其运行状况及发展趋势会直接或间接地对企业营销活动产生影响。

1. 直接影响营销活动的经济环境因素

市场不仅是由人口构成的,这些人还必须具备一定的购买力。一定的购买力水平则是市场形成并影响其规模大小的决定因素,它也是影响企业营销活动的直接经济环境。主要包括:

(1) 消费者收入水平的变化

消费者收入,是指消费者个人从各种来源中所得的全部收入,包括消费者个人的工资、退休金、红利、租金、赠予等收入。消费者的购买力来自消费者的收入,但消费者并不是把全部收入都用来购买商品或劳务,购买力只是收入的一部分。因此,在研究消费收入时,要注意以下几点:

个人可支配收入。这是在个人收入中扣除税款和非税性负担后所得余额,它是个人收入中可以用于消费支出或储蓄的部分,它构成实际的购买力。

个人可任意支配收入。这是在个人可支配收入中减去用于维持个人与家庭生存不可缺少的费用(如房租、水电、食物、燃料、衣着等项开支)后剩余的部分。这部分收入是消费需求变化中最活跃的因素,也是企业开展营销活动时所要考虑的主要对象。

家庭收入。很多产品是以家庭为基本消费单位的,如冰箱、抽油烟机、空调等。因此,家庭收入的高低会影响很多产品的市场需求。一般来说,家庭收入高,对消费品需求大,购买力也大;反之,需求小,购买力也小。

需要注意的是,企业营销人员在分析消费者收入时,还要区分"货币收入"和"实际收入"。

(2) 消费者支出模式和消费结构的变化

① 消费支出模式

19世纪中叶,德国统计学家恩斯特·恩格尔(Ernest Engel,1821～1896年)根据他对英国、法国、德国、比利时的许多工人家庭收支预算的

营销视野 2-4
营销视野 2-5

思考:为什么要区分"货币收入"和"实际收入"?

调查研究,发现了关于工人家庭收入变化与各方面支出之间比例关系的规律,即恩格尔定律。恩格尔定律通常用恩格尔系数来反映。恩格尔系数的计算公式:

$$恩格尔系数=\frac{食物支出变动百分比}{收入变动百分比}$$

恩格尔系数表明,在一定的条件下,当家庭个人收入增加时,收入中用于食物开支部分的增长速度要小于用于教育、医疗、享受等方面的开支增长速度。食物开支占总消费量的比重越大,恩格尔系数越高,生活水平越低;反之,食物开支所占比重越小,恩格尔系数越小,生活水平越高。

恩格尔系数是衡量一个国家、地区、城市、家庭生活水平高低的重要参数。按联合国划分富裕程度的标准,"恩格尔系数"在60%以上的国家为饥寒;在50%~60%之间的为温饱;40%~50%之间的为小康;40%以下的为富裕。按此标准,我国已向小康阶段迈进,而到2010年,则已进入中等收入国家行列。表2-1展示了我国从2009年到2016年恩格尔系数变化情况。

表2-1 我国恩格尔系数表

恩格尔系数	2009	2010	2011	2012	2013	2014	2015	2016
农村	43.00%	41.10%	40.40%	40.80%	37	40	37.1	33.5
城镇	37%	35.70%	36.30%	37.10%	35	36	34.8	30.1

数据来源:中国统计局

② 消费结构

消费结构指消费过程中人们所消耗的各种消费资料(包括劳务)的构成,即各种消费支出占总支出的比例关系。优化的消费结构是优化的产业结构和产品结构的客观依据,也是企业开展营销活动的基本立足点。第二次世界大战以来,西方发达国家的消费结构发生了很大变化:

a. 恩格尔系数显著下降,目前大都下降到20%以下;
b. 衣着消费比重降低,幅度在20%~30%之间;
c. 住宅消费支出比重增大;
d. 劳务消费支出比重上升;
e. 消费开支占国民生产总值和国民收入的比重上升。

(3)消费者储蓄和信贷情况的变化

消费者的购买力还要受储蓄和信贷的直接影响。

① 消费者的储蓄

消费者储蓄一般有两种形式:一是银行存款,增加现有银行存款额;二是购买有价证券。当收入一定时,储蓄越多,现实消费量就越小,但潜在消费量越大;反之,储蓄越少,现实消费量就越大,但潜在消费量越小。企业营销人员应当全面了解消费者的储蓄情况,尤其是要了解消费者储蓄目的的差异。

② 消费者信贷

西方国家广泛存在的消费者信贷对购买力的影响也很大。所谓消费者信贷,就是消费者凭信用先取得商品使用权,然后按期归还贷款,以购买商品。这实际上就是消费者提前支取未来的收入,提前消费。当市场供大于求时,可以发放消费者信贷,刺激需求;当市场供不应求时,必须收缩信贷,适当抑制、减少需求。

营销视野 2-6

2. 间接影响营销活动的经济环境因素

除了上述因素直接影响企业的市场营销活动外,还有一些经济环境因素也对企业的营销活动产生间接的影响。

(1) 经济发展水平

企业的市场营销活动要受到一个国家或地区的整个经济发展水平的制约。经济发展阶段不同,居民的收入不同,顾客对产品的需求也不一样,从而会在一定程度上影响企业的营销。例如,以消费者市场来说,经济发展水平比较高的地区,在市场营销方面,强调产品款式、性能及特色,品质竞争多于价格竞争。在经济发展水平低的地区,则较侧重于产品的功能及实用性,价格因素比产品品质更为重要。在生产者市场方面,经济发展水平高的地区着重投资较大而能节省劳动力的先进、精密、自动化程度高、性能好的生产设备。在经济发展水平低的地区,其机器设备大多是一些投资少而消耗劳动力多、简单易操作、较为落后的设备。因此,对于不同经济发展水平的地区,企业应采取不同的市场营销策略。

(2) 经济体制

世界上存在着多种经济体制,有计划经济体制,有市场经济体制,有计划－市场经济体制,也有市场－计划经济体制,等等。不同的经济体制对企业营销活动的制约和影响不同。现阶段,我国的社会主义市场经济体制已初步建立,但是政府的直接干预也还比较常见,因而企业的营销活动在一定程度上受到制约。另外,市场发育不完善,市场秩序混乱,行业垄断和地方保护主义盛行,极不利于企业开展营销活动。因此,企业要尽量适应这种局面,注意选择不同的营销策略。

(3) 地区与行业发展状况

我国地区经济发展很不平衡,逐步形成了东部、中部、西部三大地带和东高西低的发展格局。同时在各个地区的不同省市,还呈现出多极化发展趋势。这种地区经济发展的不平衡,对企业的投资方向、目标市场以及营销战略的制定等都会带来巨大影响。

思考：城市化进程对汽车营销的影响是什么？

（4）城市化程度

城市化程度是指城市人口占全国总人口的百分比，它是一个国家或地区经济活动的重要特征之一。城市化是影响营销的环境因素之一。这是因为，城乡居民之间存在着某种程度的经济和文化上的差别，进而导致不同的消费行为。

（三）科技环境

众所周知，人类历史上经历了四次科技革命。第一次以蒸汽机技术为标志，第二次以电气技术为标志，第三次以电子技术为标志，第四次以信息技术为标志。

从汽车营销角度看，科技环境的影响表现在以下几方面。

1. 科技水平的整体进步为汽车营销增加机遇

一个国家或地区科技水平的整体进步，会直接促进国民经济的发展，增强百姓的消费力，从而有利于汽车厂商赢得更多的营销机会。

2. 汽车营销的竞争本质是汽车科技的竞争

汽车厂商谁掌握和应用了先进的汽车科技成果，必然会在产品成本、产品质量、产品性能等方面赢得竞争优势，从而掌握汽车营销的主动权。当前，汽车科技的发展方向主要有：

（1）汽车电子化

对于传统汽车，电子技术是综合解决节能、减排、安全、舒适等课题最有效的技术手段。当代汽车电子是汽车科技最活跃的因素。汽车电子化包括的主要技术有：

改善汽车排放和节能性能的电子技术。这类技术往往可以同时起到降低排放和节约能源的效果，如电子燃油喷射技术、发动机电控系统或发动机综合管理系统等。目前，这类技术发展相对比较成熟，在汽车上的装车率较高。

汽车安全电子技术。由于汽车安全包括主动安全和被动安全，因此相应的电子技术可以分为两类。其中，主动安全电子技术有ABS电子控制防抱死制动系统、ASR驱动防滑系统、EDL电子差速锁、EBD电子制动力分配装置、ESP电子增稳系统、轮胎压力监测系统、雷达测距报警系统、车辆安全状态监控系统、智能车灯等；被动安全电子技术有安全气囊、安全带等。

提高汽车舒适性的电子技术，包括自动空调控制系统、座椅位置调节与记忆系统、自动变速器控制系统、电子控制悬架系统等。

其他电子技术，如电子防盗系统、电子控制转向系统、车身附件电子控制系统、门窗或门锁控制系统、电源控制系统、电子仪表等。

（2）汽车网络化

20世纪90年代以后，车上媒体网络、线控系统网络和智能交通

营销视野 2-7
营销视野 2-8

系统网络的研究开始兴起,在网络协议、软硬件支撑技术和元器件等方面进入试制阶段。

随着汽车视听设备、通信设备和信息服务设备的广泛应用,1998年汽车媒体网络 most 诞生。因此,现代高档汽车的网络由车载局域网 CAN,局部连接网络 LIN 及媒体 MOST 网络构成。

(3) 汽车智能化

汽车智能化是当代汽车技术的重要发展方向,它有利于降低汽车驾驶的劳动强度,甚至实现无人驾驶,有利于提高汽车的安全性。当前,随着人工神经网络、模糊识别与控制、图像实时处理等人工智能技术的发展,智能汽车正越来越成为可能。

营销视野 2-9
营销视野 2-10

(4) 汽车轻量化

汽车轻量化对于合理利用各种材料,降低汽车自重,提高能源的有效利用率,降低油耗,减少排放,均具有重要意义,因此它是当代汽车的又一个重要发展方向。汽车轻量化的途径主要包括优化结构设计和选用轻量化材料。

结构优化设计,可以使得汽车的结构布局更加合理,结构尺寸更小,结构更为紧凑,在保证结构强度、刚度满足机械性能要求的前提下,降低非结构件的重量,减少材料的使用,从而实现汽车的轻量化。

选用轻量化材料,包括减少使用自重较大的铸铁、铸钢等传统汽车材料,提高使用高强钢的比例,推广使用轻质的、高强度的铝合金、镁合金等有色合金材料,增加工程塑料、碳纤维增强树脂基复合材料、有机纤维复合材料等非金属材料的使用率等。

(5) 能源多样化

能源多样化和开发利用新型能源,对于汽车节约传统石油资源,合理利用现有的各种能源形式,解决能源危机,降低汽车有害废气(主要包括一氧化碳、碳氢化合物、氮氧化合物、硫化物、铅化物等)、颗粒物和温室气体(二氧化碳)排放,具有十分明显的意义。

汽车能源多样化的途径,主要是开发利用除传统汽油、柴油以外的油气资源,可再生的生物燃料资源和其他清洁能源等。

作为适合汽车使用的油气资源,主要包括天然气和液化石油气(LPG)。其中,天然气来自地表下的矿物层或海洋中的可燃冰,其利用形式包括压缩天然气(CNG)、液化天然气(LNG)和吸附天然气(ANG);而液化石油气则是从石油中提炼出来的。

生物燃料的常见种类包括乙醇(又称酒精)和生物柴油等。其他清洁燃料包括甲醇、二甲醚(DME)、燃料氢等。它们都可以从煤炭资源中提炼,如用煤直接提炼甲醇,利用甲醇再合成二甲醚,从焦炭厂或化工厂生成的伴随气体中提取氢气等。

(6) 生产柔性化

在激烈的汽车市场竞争中,汽车厂商越来越重视提高顾客的满意度,充分满足汽车消费者的个性化需求。在这种背景下,汽车厂商也改变了传统的大批量生产体制,基于准时供应(JIT)、精益生产(Lean Production)、组装自动化和计算机网络技术等先进生产和管理技术,采取大批量定制模式,实现汽车多品种的柔性生产。

总之,节能、减排、安全,成为当代汽车发展需要解决的三个突出课题。从某种意义上讲,它们也是当今世界政治的主题。要解决好这些课题,汽车科技必须充分吸收电子信息科学、能源科学和材料科学等相关学科的发展成果。

3. 科技进步促进了汽车营销的现代化

科技进步特别是信息技术、网络技术、办公自动化等技术成果在汽车营销领域的应用,带来了汽车营销策略的革新,促进了汽车营销手段的现代化,提高了汽车营销的工作效率和工作效果。如汽车厂商建立汽车营销管理信息系统、营销环境监测系统以及营销预警系统,增强了企业营销决策的能力;基于互联网和企业局域网,企业可以异地实现产品的同步开发,可以实施网络调研,进行网上促销和与消费者实现"一对一"的销售互动,让消费者参与企业的营销过程,减少市场的不确定因素;可以彻底突破时间和空间的限制,开展电子商务,在网上实现订货和结算,并借助物流体系完成商品交付。

(四)政治法律环境

政治与法律环境是影响企业营销活动的重要宏观环境因素。政治因素像一只有形的手,调节着企业营销活动的方向,法律则为企业规定商贸活动行为准则。政治与法律相互联系,共同对企业的市场营销活动发挥影响和作用。

1. 政治环境因素

政治环境因素是指有可能对企业市场营销活动带来影响的外部政治形势和状况以及国家方针政策。

(1)政治局势

政治局势是指企业营销所处的国家或地区的政治稳定状况。一个国家的政局稳定与否会给企业营销活动带来重大的影响。如果政局稳定,生产发展,人民安居乐业,就会给企业营造良好的营销环境。相反,政局不稳,社会矛盾尖锐,秩序混乱,这不仅会影响经济发展和人民的购买力,而且对企业的营销心理也有重大影响。

(2) 方针政策

各个国家在不同时期,根据不同需要颁布一些经济政策,制定经济发展方针,这些方针、政策不仅要影响本国企业的营销活动,而且还要影响外国企业在本国市场的营销活动。目前,国际上各国政府采取的对企业营销活动有重要影响的政策和干预措施主要有:

① 进口限制。这指政府所采取的限制进口的各种措施,如许可证制制度、外汇管制、关税、配额等。它包括两类:一类是限制进口数量的各项措施;另一类是限制外国产品在本国市场上销售的措施。政府进行进口限制的主要目的在于保护本国企业,确保本国企业在市场上的竞争优势。

② 税收政策。政府在税收方面的政策措施会对企业经营活动产生影响。比如对某些产品征收高额税,则会使这些产品的竞争力减弱,给经营这些产品的企业效益带来一定影响。

③ 价格管制。当一个国家发生了经济问题时,如经济危机、通货膨胀等,政府就会对某些重要物资甚至所有产品采取价格管制措施。政府实行价格管制通常是为了保护公众利益,保障公众的基本生活,但这种价格管制直接干预了企业的定价决策,影响企业的营销活动。

营销视野 2-11

④ 外汇管制。指政府对外汇买卖及一切外汇经营业务所实行的管制。它往往是对外汇的供需与使用采取限制性措施。外汇管制对企业营销活动特别是国际营销活动产生重要影响。例如,实行外汇管制,使企业生产所需的原料、设备和零部件不能自由地从外国进口,企业的利润和资金也不能或不能随意汇回母国。

⑤ 国有化政策。指政府由于政治、经济等原因对企业所有权采取的集中措施。例如为了保护本国工业避免外国势力阻碍等原因,将外国企业收归国有。不过国家一般也不会无偿征收,对企业的所有者会有一定的补偿。

(3) 国际关系

这是国家之间的政治、经济 文化、军事等关系。发展国际的经济合作和贸易关系是人类社会发展的必然趋势,企业在其生产经营过程中,都可能或多或少地与其他国家发生往来,开展国际营销的企业更是如此。这种国际关系主要包括两个方面的内容。

① 企业所在国与营销对象国之间的关系。例如,中国在国外经营的企业要受到市场国对于中国外交政策的影响。如果该国与我国的关系良好。则对企业在该国经营有利;反之,如果该国对我国政府持敌对态度,那么,中国的企业就会遭到不利的对待,甚至受到攻击或抵制。

② 国际企业的营销对象国与其他国家之间的关系。国际企业

对于市场国来说是外来者,但其营销活动要受到市场国与其他国家关系的影响。

2. 法律环境因素

法律是体现统治阶级意志,由国家制定或认可,并以国家强制力保证实施的行为规范的总和。对企业来说,法律是评判企业营销活动的准则,只有依法进行的各种营销活动,才能受到国家法律的保护。因此,企业开展市场营销活动,必须了解并遵守国家或政府颁布的有关经营、贸易、投资等方面的法律、法规。

(五)自然环境

一个国家、一个地区的自然地理环境包括该地的自然资源、地形地貌和气候条件,这些因素都会不同程度地影响企业的营销活动,有时这种影响对企业的生存和发展起决定性的作用。

1. 物质自然环境

物质自然环境是指自然界提供给人类各种形式的物质财富,如矿产资源、森林资源、土地资源、水力资源等。这些资源分为三类:一是"无限"资源,如空气、水等;二是有限但可以更新的资源,如森林、粮食等;三是有限但不可再生资源,如石油、锡、煤、锌等矿物。自然资源是进行商品生产和实现经济繁荣的基础,和人类社会的经济活动息息相关。由于自然资源的分布具有地理的偶然性,分布很不均衡。自然环境对企业营销的影响还表现在两个方面:

① 自然资源短缺的影响。
② 环境的污染与保护。

2. 地理环境

一个国家或地区的地形地貌和气候,是企业开展市场营销所必须考虑的地理环境因素,这些地理特征对市场营销有一系列影响。有些国家地域辽阔,南北跨度大,各种地形地貌复杂、气候多变,企业必须根据各地的自然地理条件生产与之相适应的产品,才能适应市场的需要。

(六)社会文化环境

社会文化是指一个社会的民族特征、价值观念、生活方式、风俗习惯、伦理道德、教育水平、语言文字、社会结构等的总和。它主要由两部分组成:一是全体社会成员所共有的基本核心文化;二是随时间变化和外界因素影响而容易改变的社会次文化或亚文化。社会文化所包含的内容很多,下面仅就与企业营销关系较为密切的社会文化因素进行讨论。

1. 教育水平

教育水平是指消费者受教育的程度。一个国家、一个地区的教

营销视野 2-12

育水平与经济发展水平往往是一致的。不同的文化修养表现出不同的审美观,购买商品的选择原则和方式也不同。一般来讲,教育水平高的地区,消费者对商品的鉴别力强,容易接受广告宣传和接受新产品,购买的理性程度高。

2. 语言文字

语言文字是人类交流的工具,它是文化的核心组成部分之一。不同国家、不同民族往往都有自己独特的语言文字。即使同一国家,也可能有多种不同的语言文字,即使语言文字相同,也可能表达和交流的方式不同。

语言文字的不同对企业的营销活动有巨大的影响。一些企业由于其产品命名与产品销售地区的语义等相悖,给企业带来巨大损失。例如,美国一家汽车公司生产了一种牌子叫"Cricket"(奎克脱)的小型汽车,这种汽车在美国很畅销,但在英国却不受欢迎。其原因就在于语言文字上的差异。"Cricket"一词有蟋蟀、板球的意思,美国人不喜欢玩板球,所以一提到"Cricket"就想到是蟋蟀,汽车牌子叫"Cricket",意思是个头小、跑得快,所以很受欢迎。但在英国,人们喜欢打板球,所以一说到"Cricket"就认为是板球。人们不喜欢牌子叫板球的汽车。后来,美国公司把其在英国的产品改为"Avengex",意思是复仇者。因为这个名称不是说明它小,而是说明它很有力量,结果很受欢迎,销量大增。同样,美国汽车公司的"Matador"(马塔多)牌汽车,通常是刚强、有力的象征,但在波多黎各,这个名称意为"杀手",在交通事故死亡率较高的地区,这种含义的汽车肯定不受欢迎。企业在开展市场营销尤其是国际市场营销时,应尽量了解市场国的文化背景,掌握其语言文字的差异,这样才能使营销活动顺利进行。

3. 价值观念

价值观念是人们对社会生活中各种事物的态度、评价和看法。不同的文化背景下,人们的价值观念差别是很大的,而消费者对商品的需求和购买行为深受其价值观念的影响。

思考:以我国和美国为例,说一说价值观对汽车销售的影响。

4. 宗教信仰

不同的宗教信仰有不同的文化倾向和戒律,从而影响人们认识事物的方式、价值观念和行为准则,影响着人们的消费行为,带来特殊的市场需求,与企业的营销活动有着密切的关系。

5. 审美观

审美观通常是指人们对事物的好坏、美丑、善恶的评价。不同的国家、民族、宗教、阶层和个人,往往因社会背景不同,其审美标准也不尽一致。不同的审美观对消费的影响是不同的,企业应了解不同的审美观所引起的不同消费需求,特别要把握不同文化背景下的消费者审美观念及其变化趋势,针对性地制定市场营销策略。

6. 风俗习惯

风俗习惯是人们根据自己的生活内容、生活方式和自然环境，在一定的社会物质生产条件下长期形成并世代相袭的一种风尚和由于重复、练习而巩固下来并变成需要的行动方式等的总称。它在饮食、服饰、居住、信仰、节日、人际关系等方面，都表现出独特的心理特征、伦理道德、行为方式和生活习惯。不同的国家、不同的民族有不同的风俗习惯，它对消费者的消费嗜好、消费模式、消费行为等具有重要的影响。

第三节 竞争者分析

企业要制定出有利的竞争性营销战略，必须了解竞争者的有关情况，诸如谁是我们的竞争者？它们的战略是什么？它们的目标是什么？它们的优势和劣势是什么？它们的反应模式是什么？

一、识别竞争者

一个企业识别竞争者似乎很容易，如福特汽车公司识别日本丰田汽车公司是主要竞争对手。然而，企业的现实与潜在竞争者的范围是很广泛的。一个企业很可能被新出现的竞争对手打败，而非当前竞争者。

（一）从销售商数量及产品差异化程度识别竞争者

销售商数量与产品差异化这两个要素组合产生4种行业竞争结构类型。

（1）完全垄断。指在一定地理范围内（如一国或一个地区），只有一个公司提供一定的产品或服务。完全垄断可能是由规章法令、专利权、许可证、规模经济及其他因素造成的。在完全垄断条件下，由于缺乏密切替代品，垄断者追求最大的利润。

（2）寡头垄断。指一个行业的结构是少数几个大企业生产从高度差别化到标准化的系统产品。寡头垄断有两种形式：完全寡头垄断，指某行业由几家生产本质共属于同一类产品（石油、钢铁等）的公司所构成，每个企业只能按现行价格水平定价，只能通过降低成本、增加服务来实现差异化；差异寡头垄断，指一个行业由几家生产部分有差别的产品（汽车、电冰箱、发电机）的公司组成，在质量、特性、款式或服务等方面实现差异化，各竞争者在其中某一方面居领先地位，吸引顾客偏爱该属性并接受该价格。

（3）垄断竞争。指某一行业内许多能从整体上或部分地区提供的产品或服务的差异性，并通过产品或服务的差异性去吸引顾客的公司开展的竞争。其竞争的焦点在于扩大本企业品牌与竞争者品牌的差异,突出特色。

(4)完全竞争。指某一行业内由许多提供相同产品或服务的公司所构成的竞争。众多公司只能按市场供求关系来确定价格,它们是"价格接受者"而不是"价格的决定者"。其竞争战略焦点是通过降低生产成本、分销成本来提高利润率。

(二)从市场角度识别竞争者

除了从行业角度识别竞争者外,还可以从市场角度,即把其他竞争者看作是力求满足相同顾客需求或服务于同一顾客群的公司。如从顾客需求观点看,文字处理软件是获取书写能力。这种需要可由铅笔、钢笔、计算机等予以满足,因而,铅笔制造商、钢笔制造商、电脑制造商成为文字处理软件商的竞争者。可见,从市场角度看,对竞争者的识别开阔了公司的视野,扩大了实际和潜在竞争者的范围,使企业制定出更具竞争性的营销战略。

二、判定竞争者的战略与目标

(一)判定竞争者的战略

公司最直接的竞争者是那些对相同目标市场推行相同战略的公司。战略群体指在某个特定行业中推行相同战略的一组企业。一个企业必须识别与其竞争的战略群体。

识别行业内战略群体不仅从质量形象与纵向一体化进行,还应从技术先进水平、地区范围、制造方法等方面了解每个竞争者更详细的信息,具体包括:竞争者的研究与开发、制造、营销、财务与人力资源管理;产品质量、特色及产品组合;顾客服务;定价策略;分销;广告、人员推销等。

(二)判定竞争者的目标

企业不仅要识别竞争者的战略,还必须了解它们的目标。竞争者最终目标是获取利润,但不同公司对于长期与短期利润的重视程度不同:有的公司注重长期利润,有的公司重视短期利润;有的公司重视利润最大化,有的只重视适度利润。

三、评估竞争者的实力与反应

(一)评估竞争者的优势与劣势

1. 收集每个竞争者的信息

主要是收集有关竞争者最关键的数据,诸如销售量、市场份额、心理份额、情感份额、毛利、现金流量、设备能力等。

2. 分析评价

根据已收集的信息综合分析竞争者的优势与劣势。见表 2-2。

思考：任选一家公司，对其优劣进行分析。

表 2-2 竞争者优势与劣势分析

	顾客知晓度	产品质量	产品利用率	技术服务	推销人员
A	优	优	差	差	良
B	良	良	优	良	优
C	中	差	良	中	中

表中，优劣分四个等级，即优、良、中、差。根据四个等级评估 ABC 三个竞争者的优劣势，可见：A 在顾客知晓度与产品质量方面是最好的，而在产品利用率与技术服务方面最差，处于劣势；B 产品的顾客知晓度、产品质量及技术服务方面不如 A，产品利用率与推销人员优于 A；C 则无明显的优势，产品质量差，其他方面均处于不利地位。

3. 寻找标杆

指找出竞争者在管理和营销等方面较好的做法作为标准，然后加以模仿、组合和改进，并力争超过标杆者。如施乐公司实行标杆法而缩短了其成为行业领导者的时间。柯达使用标杆法使其产品更可靠并成为行业的领头羊。

标杆法包括七个步骤：(1) 确定标杆项目；(2) 确定评估关键绩效的变量；(3) 识别最佳级别的公司，即寻找出标杆公司；(4) 衡量标杆公司的绩效；(5) 衡量公司绩效；(6) 制定缩小差距的计划与行动；(7) 执行和监测结果。

(二) 评估竞争者的反应模式

由于每个竞争者的经营哲学、企业文化、价值观念不同，他们对竞争者的反应模式也不同。概括起来，大约有以下四种反应模式：

1. 从容型竞争者

指一个竞争者对某一特定竞争者的行动没有迅速反应或反应不强烈。其原因有多种，或者认为其顾客忠于他们，不会转移购买；或者他们实行短期收割榨取策略而不必理睬竞争者；或者由于他们缺乏资金，对竞争者行动没有作出迅速反应。

2. 选择型竞争者

指竞争者只对某些类型的竞争攻击作出反应，而对其他竞争攻击无动于衷。竞争者经常对削价作出反应，而对广告费的增加可能不作出任何反应，因为它相信此因素对其威胁不大。了解主要竞争者在哪方面作出反应，可以为企业提供最为可靠的攻击类型。

3. 凶狠型竞争者

指对所有竞争者的攻击行为作出迅速而强烈的反应。这类竞争者在警告其他企业最好停止任何攻击。

4. 随机型竞争者

指对竞争攻击的反应具有随机性,让人捉摸不定。许多小公司往往是随机型的竞争者。

四、企业面对行业竞争者的一般竞争战略

行业是指生产彼此可密切替代的产品的厂商群。行业内部的竞争状态取决于五种基本的竞争势力,即新参加竞争的厂商、替代产品的威胁、买方的讨价还价能力、供应方的讨价还价能力以及行业现有竞争者之间的抗衡。为了在长期中形成与这五种竞争势力相抗衡的防御地位,而且能在行业中超过所有的竞争者,企业可选择以下三种互相有内在联系的一般竞争战略,即成本领先战略、差异化战略和集中性战略。

(一)成本领先战略

1. 成本领先战略的含义

成本领先战略是指通过有效途径,使企业的全部成本低于竞争对手的成本,以获得同行业平均水平以上的利润。实现成本领先战略需要有一整套具体政策,即要有高效率的设备,积极降低经验成本,紧缩成本和控制间接费用以及降低研究开发、服务、销售、广告等方面的成本。

2. 成本领先战略的优点

只要成本低,企业尽管面临着强大的竞争力量,仍可以在本行业中获得竞争优势。这是因为:

(1)在与竞争对手的斗争中,企业由于处于低成本地位上,具有进行价格战的良好条件,即使竞争对手在竞争中处于不能获得利润、只能保本的情况下,本企业仍可获利。

(2)面对强有力的购买者要求降低产品价格的压力,处于低成本地位上的企业仍可以有较好的收益。

(3)在争取供应商的竞争中,由于企业的低成本,相对于竞争对手具有较大的对原材料、零部件价格上涨承受能力,能够在较大的边际利润范围内承受各种不稳定经济因素所带来的影响;同时,由于低成本企业对原材料或零部件的需求量一般较大,因而为获得廉价的原材料或零部件提供了可能,同时也便于和供应商建立稳定的协作关系。

(4)在与潜在进入者的竞争中,那些形成低成本地位的因素常常使企业在规模经济或成本优势方面形成进入障碍,削弱了新进入者对低成本者的进入威胁。

营销视野 2-13

(5) 在与替代品的竞争中,低成本企业可用削减价格的办法稳定现有顾客的需求,使之不被替代产品所替代。当然,如果企业要较长时间地巩固企业现有竞争地位,还必须在产品及市场上有所创新。

3. 成本领先战略的缺点

(1) 投资较大。企业必须具备先进的生产设备,才能高效率地进行生产,以保持较高的劳动生产率。同时,在进攻型定价以及为提高市场占有率而形成的投产亏损等方面也需进行大量的预先投资。

(2) 技术变革会导致生产工艺和技术的突破,使企业过去大量投资和由此产生的高效率一下子丧失优势,并给竞争对手造成以更低成本进入的机会。

(3) 将过多的注意力集中在生产成本上,可能导致企业忽视顾客需求特性和需求趋势的变化,忽视顾客对产品差异的兴趣。

(4) 由于企业集中大量投资于现有技术及现有设备,提高了退出障碍,因而对新技术的采用以及技术创新反应迟钝,甚至采取排斥态度。

4. 成本领先战略的适用条件

低成本战略是一种重要的竞争战略,但是,它也有一定的适用范围。当具备以下条件时,采用成本领先战略会更有效力:

(1) 市场需求具有较大的价格弹性。

(2) 本行业的企业大多生产标准化产品,从而使价格竞争决定企业的市场地位。

(3) 实现产品差异化的途径很少。

(4) 多数客户以相同的方式使用产品。

(5) 用户从一个销售商改变为另一个销售商时,不会发生转换成本,因而特别倾向于购买价格最优惠的产品。

(二) 差异化战略

1. 差异化战略的含义

所谓差异化战略,是指为使企业产品与对手产品有明显的区别,形成与众不同的特点而采取的战略。这种战略的重点是创造被全行业和顾客都视为独特的产品和服务以及企业形象。实现差异的途径多种多样,如产品设计、品牌形象、技术性、销售网络、用户服务等。

2. 差异化战略的优点

只要条件允许,产品差异化是一种可行的战略。企业奉行这种战略,可以很好地防御五种竞争力量,获得竞争优势:

(1) 实行差异化战略是利用了顾客对其特色的偏爱和忠诚,由此可以降低对产品的价格敏感性,使企业避开价格竞争,在特定领域形成独家经营的市场,保持领先。

(2) 顾客对企业(或产品)的忠诚性形成了强有力的进入障碍,

进入者要进入该行业则需花很大气力去克服这种忠诚性。

（3）产品差异可以产生较高的边际收益，增强企业对付供应者讨价还价的能力

（4）由于购买者别无选择，对价格的敏感度又低，企业可以运用产品差异战略来削弱购买者的讨价还价能力。

（5）由于企业具有特色，又赢得了顾客的信任，在特定领域形成独家经营的市场，便可在与代用品的较量中，比其他同类企业处于更有利的地位。

3. 产品差异化战略的缺点

（1）保持产品的差异化往往以高成本为代价，因为企业需要进行广泛的研究开发、产品设计、采用高质量原料和争取顾客支持等工作。

（2）并非所有的顾客都愿意或能够支付产品差异所形成的较高价格。同时，买主对差异化所支付的额外费用是有一定支付极限的，若超过这一极限，低成本低价格的企业与高价格差异化产品的企业相比就显示出竞争力。

（3）企业要想取得产品差异，有时要放弃获得较高市场占有率的目标，因为它的排他性与高市场占有率是矛盾的。

4. 差异化战略的适用条件

（1）有多种使产品或服务差异化的途径，而且这些差异化是被某些用户视为有价值的。

（2）消费者对产品的需求是不同的。

（3）奉行差异化战略的竞争对手不多。

（三）集中战略

营销视野 2-14

1. 集中战略的含义

集中战略是指企业把经营的重点目标放在某一特定购买者集团，或某种特殊用途的产品，或某一特定地区，来建立企业的竞争优势及其市场地位。

集中战略所依据的前提是，厂商能比正在更广泛进行竞争的竞争对手更有效或效率更高地为其狭隘的战略目标服务，厂商或由于更好地满足其特定目标的需要而取得产品差异，或在为该目标的服务中降低了成本，或两者兼而有之。

2. 集中战略的优点

实行集中战略具有以下几个方面的优势：

（1）经营目标集中，可以集中企业所有资源于一特定战略目标之上。

（2）熟悉产品的市场、用户及同行业竞争情况，可以全面把握市场，获取竞争优势。

（3）由于生产高度专业化，在制造、科研方面可以实现规模效

益。这种战略尤其适用于中小企业,即小企业可以以小补大,以专补缺,以精取胜,在小市场做成大生意,成为"小型巨人"。

3. 集中战略的风险

集中战略也包含风险,主要是注意防止来自三方面的威胁,并采取相应措施维护企业的竞争优势。

(1) 以广泛市场为目标的竞争对手,很可能将该目标细分市场纳入其竞争范围,甚至已经在该目标细分市场中竞争,构成对企业的威胁。

(2) 该行业的其他企业也采用集中战略,或者以更小的细分市场为目标,构成了对企业的威胁。这时选用集中战略的企业要建立防止模仿的障碍,当然其障碍的高低取决于特定的市场细分结构。另外,目标细分市场的规模也会造成对集中战略的威胁,如果细分市场较小,竞争者可能不感兴趣,但如果是在一个新兴的、利润不断增长的较大的目标细分市场上也采用集中战略,开发出更为专业化的产品,就会剥夺原选用集中战略的企业的竞争优势。

(3) 如果社会政治、经济、法律、文化等环境的变化,技术的突破和创新等多方面原因引起替代品出现或消费者偏好发生变化,导致市场结构性变化,此时集中战略的优势也将随之消失。

表2-3列出了三种竞争战略所需要的技能和要求。

表2-3 一般竞争战略的要求

一般竞争战略	共同需要的技能和资源	共同的组织要求
成本领先战略	1. 持续的资本投资和获得资本的途径 2. 生产加工工艺技能 3. 严密的劳动监督 4. 设计容易制造的产品 5. 低成本的分销系统	1. 严密的成本控制 2. 经常而又详尽的成本控制报告 3. 结构严密的组织和责任 4. 以实现严格的目标为基础的刺激
差异化战略	1. 强有力的市场营销能力 2. 产品工艺技术 3. 创造性的眼光 4. 强有力的基础研究能力 5. 公司在质量或技术领先方面的声誉 6. 行业内长期形成的传统或吸取其他企业经营技能的独特的组合方式 7. 各种销售渠道强有力的合作	1. 对研究开发、产品开发和市场营销等职能活动强有力的协调 2. 用主观测定和刺激代替定量化的测定 3. 吸引高技能的工人、科研人员或有创新能力人才的舒适环境
集中性战略	针对特定战略目标的上述各种政策的结合	针对特定战略目标的上述各种政策的结合

同样,一般性竞争战略还需要不同的领导风格,适合各种战略的企业文化,这些因素对能否成功实施一般战略影响也较大。

第四节 购买者行为分析

市场营销的过程就是充分满足顾客需要的过程。而顾客需要的满足,总是在观念支配下,通过一系列的购买和消费行为去实现的,因而市场营销必须对顾客的行为进行研究,掌握其中的规律和特点。

一、汽车产品的使用特点

汽车与其他工业产品一样是一种有形商品,但与其他的工业产品相比又有其明显的使用特点。这种在使用上的特殊性主要体现在以下两个方面。

1. 汽车既是生产资料又是消费资料

从使用的角度看,汽车产品按其用途可以分为以下两类。

(1) 作为生产资料使用

各种生产型企业都利用自己所拥有的汽车进行原材料、零配件、半成品、备用品及辅助用品的运输。因为这类运输活动构成企业生产活动的一部分,所以汽车是生产资料。绝大部分载货汽车、专用汽车、自卸汽车和部分客车及轿车都是作为生产资料使用的。

(2) 作为消费资料使用

汽车作为消费资料的一种表现是它属于一种集团消费资料。用于满足各类企事业单位、各级各类政府机关、非营利团体组织等公务及事业活动需要的轿车,用于解决职工上下班的通勤客车以及用于解决学生上学放学的通学客车等,都属于集团消费资料。汽车尤其是轿车作为消费资料的另一种表现形式是它作为一种生活耐用品,进入到广大居民家庭消费领域。

2. 汽车是一种最终商品

从产品的加工程度来看,汽车属于一种产品成品。无论是作为生产资料使用的汽车还是作为消费资料使用的汽车,都是最终可以直接使用的产品。从这个意义上来说,汽车与那些作为原材料、中间产品、生产协作件等中间产品形态的生产资料存在差别。

汽车的上述使用特点,决定了汽车用户的广泛性,也决定了汽车购买行为既有与一般生产资料和消费资料等商品相似的一面,又有不同的一面。汽车营销者必须对其进行深入研究。

二、汽车私人消费市场及购买行为

汽车私人消费市场由汽车的消费者个人构成。研究这个市场的特点及其发展规律，对于那些以这个市场为目标市场的汽车厂商而言，具有非常重要的意义。

1. 汽车私人消费市场的需求特点

汽车私人消费市场的消费者由于受经济、社会、文化等因素的影响，呈现出千差万别、纷繁复杂的形态。但从总体上讲，各种需求之间存在着共性。具体来说，有以下特点。

（1）消费需求的多样性。众多的汽车消费者，其收入水平、文化素质、职业、年龄、性格、民族生活习惯等各不相同，因而在消费需求上也表现出不同的需求特性。

（2）消费需求的层次性。消费者由于在社会上所处地位的不同，或者由于经济收入与消费能力的不同，对汽车所需求的档次也就不同。社会阶层的存在，使得汽车的消费需求表现出层次性。

（3）消费需求的伸缩性。一方面，汽车作为一种高档耐用商品具有较强的价格弹性，即汽车的售价对汽车的个人需求有较大的影响。另一方面，这种需求的结构是可变的。

（4）消费需求的可诱导性。对于大多数私人消费者而言，由于他们缺乏足够的汽车知识，往往会受到周围环境、消费风尚、人际关系、宣传报道等因素的影响，对某种车型产生较大的需求。

（5）消费需求的习惯性。有的人在长期的消费活动中积累下来的一些偏好和倾向是很难改变的。

（6）消费需求的可替代性。私人购买汽车（尤其是首次购买）在面临多种选择时，一般都要进行反复的比较、鉴别，也就是俗话所说的"货比三家"，只有那些对私人消费者吸引力强、各种服务较好的商家的汽车产品才会导致消费者最终购买。

（7）消费需求的发展性。人的需求永远是进步和发展的，某种需求被满足后，新的需求又会产生。

（8）消费需求的集中性和广泛性。一方面，私人的购买水平与其经济实力有密切的关系，只有达到一定经济收入的消费者才可能购买汽车。另一个方面，达到一定经济收入的人各地都有，而随着经济的发展会不断地增多，因此又表现出消费需求在地理上的广泛性。

2. 汽车私人消费者的购买行为模式

研究消费者购买行为的理论中最有代表性的是刺激-反应模式（如图2-3所示）。从图中可见，市场营销刺激因素由四个P组成：产品（Product）、价格（Price）、地点（Place）和促销（Promotion）；外在的环境刺激主要包括经济的、技术的、政治的、文化的和社会的因素。这些刺激因素进入消费者的"黑匣子"中,在里面转换成一系列可以观察到的购买者反应:产品选择、品牌选择、经销商选择、购买时间选择及购买地点选择。

购买者的特征	购买者的决策过程		营销刺激	外部刺激		购买者的反应
经济 文化 社会 个人 心理	问题认识 信息收集 评估决策 购后行为	⇨	产品 价格 地点 促销	经济的 技术的 政治的 文化的	⇨	产品选择 品牌选择 经销商选择 购买时机 购买数量

图 2-3 消费者购买行为模式

营销人员要想了解市场刺激因素和外部环境刺激因素在消费者的"黑匣子"中如何转换成特定的购买反应,首先必须了解消费者购买特征及其影响因素。另外还要熟悉消费者购买的决策过程。

3. 消费者购买行为类型

消费者购买行为的类型,有多种多样的划分方法,其中最具有典型意义的有两种。一是根据消费者的购买行为的复杂程度和产品差异程度加以区分(见表 2-4),另一种是根据消费者的性格进行划分。

(1) 根据消费者购买行为的复杂程度和所购产品的差异程度划分

表 2-4 消费者购买行为类型

		消费者购买行为复杂程度	
		高	低
产品差异程度	高	复杂型	多变型
	低	和谐型	习惯型

① 复杂型

这是消费者初次在购买差异性很大的消费品时所发生的购买行为。购买这类商品时,通常要经过一个较长的考虑过程。购买者首先要广泛搜集各种相关信息,对可供选择的产品进行全面评估,在此基础上建立起自己对该品牌的信念,形成自己对各个品牌的态度,最后慎重地作出购买决策。

② 和谐型

这是消费者购买差异性不大的商品时所发生的一种购买行为。

由于各个品牌之间没有显著差异,消费者一般不必花费很多时间去收集并评估不同品牌的各种信息,关心的重点在于价格是否优惠,购买时间、地点是否方便等。因此,和谐型购买行为从产生需要和动机再到作出购买决定所用的时间较短,购买过程迅速而简单。

③ 习惯型

所谓习惯型购买决策,是指消费者对所选购的产品和品牌比较了解,已经发展起了相应的选择标准,主要依据过去的知识和经验习惯性地作出购买决定。

④ 多变型

多变型的购买行为是指消费者了解现有各品牌和品种之间的明显差异,在购买产品时并不深入收集信息和评估比较就决定购买某一品牌,购买时随意性较大,只在消费时才加以评估,但是在下次购买时又会转换其他品牌。

(2) 根据消费者性格划分

① 习惯型

消费者是某一种或某几种品牌的忠诚顾客,消费习惯和偏好相对固定,购买时心中有数,目标明确。

② 理智型

作出购买决策前对不同品牌加以仔细比较和考虑,相信自己的判断,不容易被他人打动,不轻易作出决定,决定后也不轻易反悔。

③ 冲动型

易受产品外观、广告宣传或相关群体的影响,决定轻率,缺乏主见,易于动摇和反悔。营销者在促销过程中争取到这类消费者并不困难,但要想使他们转变为忠诚的顾客就不太容易了。

④ 经济型

对价格特别敏感,一心寻求经济合算的商品,对产品是否物美价廉特别看重。

⑤ 情感型

对产品的象征意义特别重视,联想力较丰富。如有些宾馆在对客房编号时,专门在每个房号前后加"8",就是为了迎合某些旅客希望"发财"的心理。

⑥ 不定型

此类消费者往往比较年轻,独立购物的经历不多,消费习惯和消费心理尚不稳定,没有固定偏好,易于接受新的东西。

4. 影响消费者购买行为的主要因素

(1) 文化因素

1) 文化

文化是决定人类欲望和行为的最基本因素,对消费者购买行为的影响最为广泛和深远。文化是指某一特定社会生活方式的总和,包括语言、法律、宗教、风俗、价值观、信仰、工作方式等独特的现象。每一个人都生活在一定的社会文化境中,通过家庭和其他社会组织的社会化过程学习和形成了基本的文化观念。不同地区、民族的文化是不尽相同的,文化的差异会引起消费行为的差异。

2) 亚文化

每一个国家的文化内又包含若干亚文化群,主要有四种:

① 民族亚文化群

世界上许多国家,除了各具有相对同一的某种文化类型外,都还存在着以民族传统为基础的亚文化。不同民族的消费者具有不同的消费行为,诸如食品、服饰和娱乐方面的要求因民族不同而存在差异。

② 宗教亚文化群

每个国家往往存在许多不同的宗教。不同的宗教,其教规、戒律不同,从而对商品的偏好和禁忌也会有所不同,在购买行为和购买种类上也表现出各自的特征。

③ 种族亚文化群

一个国家可能有不同的种族,各个种族都有自己独特的生活习惯和文化传统。

④ 地理亚文化群

处于不同地理位置的各个国家,同一国家内处于不同地理位置的各个地区的消费者有着不同的习俗、口味和消费需求。

3) 社会阶层

社会阶层是根据职业、收入来源、教育水平、价值观和居住区域对人们进行的一种社会分类,是按层次排列的。每一阶层成员具有类似的价值观、兴趣、爱好和行为方式。对商品品牌、宣传媒体等有不同的偏好。

社会阶层具有以下特征:

① 属于同一个阶层的社会成员的价值观、兴趣、消费行为比较相似,因而其消费行为趋向一致。

② 人们在社会中地位的高低一般取决于他们所处的社会阶层。

③ 一个人究竟归属于哪个社会阶层往往受到职业、收入、教育、价值观和居住区域等多种因素的综合制约。

④ 一个人所处的社会阶层并不是一成不变的。有的人可能上升到更高的社会阶层,也有的人可能下降到更低的阶层。

社会阶层对消费者的影响主要体现在以下五个方面:

① 商店的选择。大部分消费者喜欢去符合自己社会地位的商店选购商品。

② 消费和储蓄倾向。有研究证明,社会阶层的层次高低与消费倾向成反比,与储蓄倾向成正比。一个人的社会阶层越高,储蓄倾向越大,消费倾向越小,反之亦然。

营销视野 2-15
营销视野 2-16

③ 消费产品的品位。高阶层的消费者常把购买活动看作是身份、地位的象征和标志。在食品消费上,阶层较高的消费者更讲究档次、氛围和营养;阶层较低的消费者考虑更多的可能是味道、分量和价格。

④ 娱乐和休闲方式。由于受时间、经济条件和精力的影响,高阶层的消费者从事较多的户外活动,一般会选择网球、高尔夫、滑雪或海滨游泳等休闲活动。

⑤ 对价格的心态。很多时候,价格也是一种身份地位的象征。对于上层的消费者来说,他们可以以很高的价格买下某件商品以显示自己的身份,低层的消费者则要购买价廉物美的商品。

(2) 经济因素

经济因素指消费者可支配收入、消费信贷、商品价格、商品效用、机会成本、经济周期等因素。经济因素是决定消费者购买行为的首要因素,决定着消费者能否发生以及发生何种规模的购买行为,决定着所购商品的种类和档次。

① 消费者收入

消费者收入水平是决定消费者购买行为的根本性的经济因素。不同的收入水平,也决定了需求的不同层次和倾向。人们的消费水平的提高,首先是与人们收入水平的提高相联系的。

② 商品价格

价格的高低是影响消费者购买行为最直接的因素。一般情况下,质量相同而品牌不同的商品中,价格低的比价格高的品牌对消费者的吸引力更高;收入低的消费者对商品价格的敏感性比收入高的消费者要高。

③ 商品效用

商品效用是人们在消费商品或服务时所获得的满足程度。消费者之所以购买某种商品主要是由于该种商品具有能够满足其某种欲望的效用。消费者得到这种商品的数量越多,他的需要得到满足的程度就越高。但是,消费者购买某种商品的数量越多,获得的边际效用反而会越少。这种现象,就是边际效用递减规律。

④ 机会成本

机会成本是指一个人购买某种商品或从事某项工作时,所不得不放弃的购买另一种商品或从事另一项工作的价值。由于消费者的购买能力总是有一定限度的,所以当他持有一定的货币时,他既可以购买一台汽车,也可以选择购买房产。消费者在作购买选择时,往往要选择对于自身来讲机会成本最小的购买对象。

⑤ 经济周期

一个国家的经济周期与消费者行为之间存在着相互影响、相互作用的关系。一方面,消费者行为影响经济周期阶段的发展。另一方面,当经济处于不同周期阶段,消费者的行为是不同的。一个国家的经济周期可以分为四个阶段:繁荣、衰退、萧条和复苏。

(3) 社会因素

1) 相关群体

相关群体指能够直接或间接影响消费者态度、价值观和购买行为的个人或集体。按照对消费者的影响强度分类,相关群体可分为主要群体、次要群体和其他群体:① 主要群体。指那些关系密切、经常发生相互作用的非正式群体,如家庭成员、亲朋好友、领导和同事等。这类群体对消费者影响最强。② 次要群体。指较为正式但日常接触较少的群体,如宗教、专业协会和同业组织等。这类群体对消费者的影响强度次于主要群体。③ 其他群体。也称为渴望群体,指有共同志趣的群体,即由各界名人如文艺明星、体育明星、影视明星和政府要员及其追随者构成的群体。这类群体影响面广,但对每个人的影响强度比主要群体和次要群体要弱。

2) 家庭

所谓家庭,是指以婚姻、血缘和有继承关系的成员为基础组成的一种社会生活组织形式或单位。家庭是社会的细胞,也是社会中最重要的消费者购买组织。家庭成员对消费者的购买行为产生的影响最直接和最为强烈。不同家庭形态和家庭生命周期的不同阶段,需求会呈现出不同的特点。同一家庭中的不同成员对购买决策的影响往往是不同的,在不同家庭类型中同一家庭角色对购买行为的影响也是有区别的。

3) 角色和角色地位

一个人在一生中要参加许多群体并担任很多角色,比如,在家庭里担任父亲、丈夫的角色,在公司里担任经理角色。消费者做出购买选择时往往会考虑自己的角色和角色地位,角色和角色地位对消费者行为的影响是多重的。首先,每一种角色都有与之对应的角色产品需求。不同角色的消费者在购买产品或服务时,一方面要考虑社会的期望,另一方面也要满足自身的心理需求。经济收入高的公司总经理会去购买豪华的轿车,穿考究的高档西服,出入奢华的酒店。其次,新的角色的产生,往往会引起对新产品的需求。角色的获取和转换会引起消费者行为上的改变。

营销视野 2-17
营销视野 2-18

(4) 个人因素

个人因素指消费者的生理、个性、生活方式等对购买行为的影响。

① 生理因素

生理因素指年龄、性别、体征、健康状况和嗜好等生理特征的差别。人从出生到死亡一般要经历儿童期、青年期、中年期和老年期四个不同的年龄阶段,处在不同年龄阶段的消费者有着不同的需求和心理行为。

② 个性

个性指一个人经常的、稳定的、本质的心理特征的总和。个性特征有若干类型,如外向与内向、细腻与粗犷、理智与冲动、乐观与悲观、领导与顺从、独立性与依赖性等。

③ 生活方式

生活方式是指一个人在生活中表现出来的活动、兴趣和态度的综合模式。来自同一社会阶层、同一亚文化群,甚至同一职业的消费者,可能具有不同的生活方式。营销人员要研究其产品和品牌与具有不同生活方式的各群体之间的关系。

(5) 心理因素

消费者的购买行为受到动机、知觉、学习、信念和态度等四个心理因素的影响。

1) 动机

动机是一种被刺激的需求,一个人的需求只有达到一定的强烈程度才能成为动机。动机迫使人们采取相应的行动来获得满足。心理学家曾提出许多人类行为动机理论,其中最著名的是亚伯拉罕·马斯洛的需求层次理论。

马斯洛认为,人类价值体系中存在两类不同的需要,一类是低级需要或生理需要,是人类沿着生物谱系上升方向逐渐变弱的本能或冲动;另一类为高级需要,是随生物进化而逐渐显现的潜能或需要。人的基本需要可以归纳为五类:生理需要、安全需要、社交需要、尊重需要和自我实现需要(如图 2-4 所示)。

图 2-4 需要层次论

① 生理需要

这是人类最原始、最基本的需要,它指人在饥饿的时候要吃,渴时要喝,严寒和酷暑时要衣服和住房。如果这些需要得不到满足,就会有生命危险,所以生理需要是最强烈的,也是不可缺少的最低层次的需要。

② 安全需要

这是确保人身安全和健康的需要,如对交通工具、社会保险、人身保险以及医疗保险的需要。如果一个人安全需要已经基本上得到满足,就会产生新的需要。

③ 社交需要

指人类对归属感、被接纳的需要。人们可能因为期望获得他人的尊重和友谊,而要求参加俱乐部、工会及各种社会团体。

④ 尊重的需要

指人们期望获得他人的尊敬。人须自重、尊重他人,才可能得到他人的尊重,才会有自信、成就、信任和荣誉感。如果这类需要得不到满足,必将产生自卑感、虚弱感和无能感。

⑤ 自我实现的需要

这是人类最高的需要,指通过发挥个人最大的才能,实现自己的理想和抱负。正如马斯洛所说:"音乐家必须演奏音乐,画家必须绘画,诗人必须写诗,这样才会使他们感到最大的快乐。是什么样的角色就应该干什么样的事,我们把这种需要叫作自我实现。"

思考:马斯洛理论对汽车营销的启示有哪些?

2) 感知

当消费者产生购买动机之后,便可能采取购买行动,但采取何种行动,则视其对客观情景的感知如何。所谓感知,是指个人搜集、选择、组织并解释信息的过程。心理学家认为,感知过程是一个有选择性的特殊性心理过程。这种过程主要包括三个方面,即选择性注意、选择性曲解和选择性记忆。

① 选择性注意

在众多信息中,人们容易接受对自己有意义的信息以及与其他信息相比有明显差别的信息。在激烈的市场竞争中,营销人员不仅要分析、了解消费者的需求,而且要采取相应的措施引起消费者对自己产品的注意。

② 选择性曲解

人们按照自己个人的认识或意愿来解释客观事物或信息,即先入为主。由于存在选择性曲解,消费者愿意接受的信息不一定与信息的本来面貌相一致。

③ 选择性记忆

人们在感知过程中更容易记住与自己的态度和信念一致的信息,忘记与自己的态度和信念不一致的信息。

3) 学习

人类的行为是多种多样的,其行为产生的原因则可归结为两个方面:一是人类本能的、与生俱来的;二是通过实践经验得来的,由经验引起的个人行为改变,即学习。人类的学习过程是由驱使力、刺激物、诱因、反应和强化等五个要素组成的(如图2-5所示)。

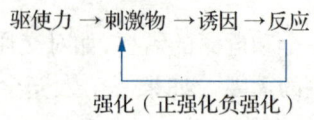

图2-5 "刺激——反应"学习模式

① 驱使力

指驱使人们产生行动的内在推动力,即内在需要。心理学家把驱使力分为原始驱使力和学习驱使力两种。原始驱使力指先天形成的内在推动力,如饥、渴、逃避痛苦等。学习驱使力则是指后天形成的内在刺激力,如恐惧、骄傲、贪婪等。

② 刺激物

指可以满足内在驱使力的物品。比如,人们感到饥渴时,饮料和食物就是刺激物。如果内在驱使力得不到满足,就会处于"紧张情绪"中,只有相应刺激物可使之恢复平静。当驱使力发生作用并找到相应的刺激物时,就变成了动机。

③ 诱因

也称为提示刺激物,指刺激物所具有的能吸引消费者购买的因素,决定着动机的程度和方向。所有营销因素都可能成为诱因,如刺激物的品种、性能、质量、商标、服务、价格、销售渠道、销售时间、人员推销、展销、广告等。

④ 反应

指驱使力对具有一定诱因的刺激物所发生的反作用或反射行为,比如是否决定购买某商品以及如何购买等。

⑤ 强化

指驱使力对具有一定诱因的刺激物发生反应后的效果。若效果良好,则反应被增强,以后遇到相同诱因的刺激物时就更容易发生相同的反应;若效果欠佳,反应则会被削弱,以后即使遇到诱因相同的刺激物也不会发生反应。

4) 信念和态度

① 信念

指一个人对某些事物所持有的描述性思想。信念的形成可以基于知识,也可以基于信仰或情感等。顾客的信念决定了企业和产品在顾客心目中的形象,影响着顾客的购买行为。

② 态度

态度是指人们对事物的看法,是由情感、认知和行为构成的综合体。人们几乎对所有事物都持有态度。消费者对某一商品所持有的正面或反面的认识上的评价,情感上的感受和行动倾向都属于对该商品的态度。态度的形成不可能是与生俱来的,有一个逐步形成的

营销视野2-19
营销视野2-20

过程。有的态度是从学习中来的,有的则是受到相关群体的影响。

三、消费者购买决策过程

典型消费者的购买决策过程,是相互关联的购买行为的动态系列,一般包括5个具体步骤,即:

确认需要→收集信息→评估选择→决定购买→购后感受和评价

上述购买过程是一种典型而完整的过程,但并不意味着所有的购买者都必须一一经过每个阶段。如有的购买者对汽车工业情况很了解,其购车过程经过的阶段就少;有的对汽车工业一无所知,其经过的阶段自然就更多。上面的购买决策模式表明,购买过程实际上在实施实际购买行为之前就已经开始,并且要延伸到购买之后的很长一段时间才会结束。基于此,企业营销人员必须研究个人购买者的整个购买过程,而不能只是单纯注意购买环节本身。

营销视野 2-21

四、集团组织市场和购买行为分析

(一)集团组织购买行为的主要类型

罗宾逊将生产者购买情况分为三类:直接再购买、修正再购买和新任务购买。

1. 直接再购买

指在所涉及的供应商、产品、服务、供货条件变化不大的情况下,生产者的采购部门按照过去惯例再订购产品。另外,生产者有时考虑到需要的产品或服务很普遍,可以轻易获取,或者价格很低廉,所需要的数量也不是很多,即使是初次购买,采购者也可能采取直接再购买的方式。

2. 修正再购买

指生产者用户原来购买的产品或服务、协议条件、供应商出现重大变故时,买卖双方需要对原来所购产品或服务的规格、数量、价格或其他交易条件进行重新商议后再行购买。

3. 新任务购买

这是生产者购买行为中最复杂的一种。指生产者用户首次购买某种产品或服务。生产者在购买之前需要进行大量的准备工作,就一系列问题作出决策,如相关产品和供应商的信息,购买的成本和重要性,本次购买与以前各种采购的类似性,员工的经验,购买全过程的效率以及产品的试用等。

(二)集团组织购买决策的参与者

由于生产者购买产品或服务的价值高,技术复杂,除了专职的

采购人员需要参与购买决策以外,还有很多其他相关者也要参与决策。生产者购买决策的采购中心包括:

1. 使用者

指组织中将直接使用所购买的产品或服务的成员,如一线的生产工人、秘书、维修工程师。使用者往往最先提出购买建议,并协助确定拟购产品的规格、型号。如果某些员工对某种产品或服务有过不愉快的使用经历,他们就会拒绝再次使用此类产品或服务。这类使用者对于购买决策影响很大。

2. 影响者

指组织中直接或间接对采购决策形成影响的人员,如生产工程师、设计师、研究人员。他们协助确定产品规格和购买条件,通过正式或非正式的渠道提供与采购有关的信息,采取建议、批评、抗议等方式对企业采购需求施加影响或予以确认。

3. 信息控制者

指组织内部能够控制信息流入采购中心的人员。如采购代理人或技术人员可以拒绝或阻止某些供应商和产品的信息流入,而接待员、电话接线员、秘书、门卫等可以阻止推销者与使用者或决策者接触。

4. 信息评估者

并非所有的信息对生产者购买决策都有用,很多信息在被采购中心的人员使用前要经过分析、评估、筛选和加工。外部咨询机构、质检人员和样品实验人员都可以承担信息评估的职责。

5. 决策者

指有权决定产品规格、购买数量和供应商,或作出最后批准决定的人员。决策者可以是企业的高层管理人员,如总经理、首席执行官、采购总监,也可以是获得授权的中级甚至是初级的管理人员。

6. 购买者

指被赋予权力进行常规采购洽谈、执行采购协议、管理与供应商关系的人员,如采购代理人、质量管理人员。如果采购活动较为重要,购买者中还可能增加高层管理人员。另外,由于购买者与供应商接触频繁,对其可靠性、声誉和竞争优势最有发言权,是企业购买决策的重要影响者。

(三)集团组织购买决策过程

集团组织购买活动属于理性购买,采购活动包括八个阶段:

(1)提出需要;
(2)确定需求内容;
(3)决定产品规格;

（4）寻求供应商；

（5）征求报价；

（6）选择供应商；

（7）发出正式定单；

（8）审查履约状况。

对于新购业务类型来说，一般包括这八个采购阶段，属于完整的采购过程。而对于修正重购和直接重购两种业务类型而言，所包括的决策过程的阶段要少一些，尤其以直接重购包括的决策阶段最少，这两种决策过程都属于不完整的采购决策过程。

总之，汽车产品的集团组织购买行为与个人购买行为很不相同，市场营销人员必须了解客户的需求、采购决策的特点等，然后在此基础上按客户的具体类型设计出合适的营销计划。

1. 解释下列概念

市场营销环境　微观营销环境　宏观营销环境　人口环境　经济环境　技术环境　政治法律环境　自然环境　社会文化环境　消费者市场　消费者行为　相关群体　选购品

2. 市场营销环境具有什么特点？

3. 微观营销环境与宏观营销环境之间存在什么关系？

4. 4S店现在所处的环境发生改变了吗？应该如何看待所处的市场营销环境？

5. 请结合你身边感受最深的环境变化，说出它对企业营销活动的启示。

案例分析

1. **课堂讨论**：你认为什么品牌和产品让你觉得能成功地和你对话，并且能有效地针对你的年龄群体？为什么？什么品牌和产品没有做到这几点？有什么是它们可以做得更好的？

2. 模拟不同类型的汽车消费者用户的特点，并指出营销人员应该分别运用什么样的营销策略？

3. 以年轻女性购买汽车为例分析其购买行为的决策过程。

第三章 di san zhang

汽车产品策略

学习目标

1. 了解产品及产品组合的概念及内容。
2. 熟悉几种重要的形式产品策略。
3. 熟悉产品生命周期理论及掌握生命周期各阶段的营销策略。
4. 了解新产品开发策略。

第一节 产品与产品组合

一、现代市场营销关于产品的概念

市场营销学对产品的定义是:凡是能够提供给市场以引起人们注意、获取、使用或消费,从而满足顾客某种欲望或需要的一切东西。它包括实物、服务、场所、组织和构思等,这就是市场营销中的"整体产品概念"。

换种说法,也可理解为产品就是顾客通过购买所获得的需要和满足。具体来讲可把整体产品划分为三个层次,即核心产品、形式产品和附加产品。核心产品是满足用户需要的核心内容,即用户所需要的基本效用或利益。汽车的核心产品就是汽车可以满足用户交通和运输的需要以及精神需要。形式产品是实质产品借以存在的形式,形式产品由产品本身的结构形式、质量水平、特色、式样、商标,以及包装装潢等方面的内容构成。附加产品指用户在购买产品时所得到的附加服务或利益,如提供信贷、免费送货、调试、维护、包换等。现代市场营销已产生了所谓"系统销售"的概念,即售给用户的不是单纯的形式产品,即不仅包括上述有形产品,而且还包括附加产品。

总之,以上三个层次相互依存共同构成了完整的产品概念,即产

情景导入

品包括有形的与无形的，物质的与非物质的，核心的与附加的等多方面的内容。整体产品概念要求企业不仅要给顾客提供生理上、物质上的满足，而且要给予心理上、精神上的满足，充分体现了以顾客为中心的现代营销观念，从而为企业有效竞争提供了新的思路。

营销视野3-1

二、产品组合概念

（一）产品组合的含义

产品组合是指企业生产经营的全部产品的结构，它既反映企业的经营范围，又反映市场开发的深度。它包含了产品线和产品项目这两个概念。

产品线，又称产品大类或产品系列。是指产品组合中使用功能相似、销售渠道、消费群体类同的一组产品，例如所谓的车型系列。

产品项目是指一个车型系列中各种不同档次、质量和价格的特定产品。

思考：上海通用的产品组合是怎样的？

（二）产品组合的因素

（1）产品组合的长度。即各条产品线所包含的产品项目的总数。

（2）产品组合的宽度。即产品线的数量。譬如我国一汽集团拥有的车型、品牌系列均是较多的，其产品组合的宽度相对较宽。

（3）产品组合的深度。即企业各条产品线中所包含的产品项目的平均数量。如一个车型系列中产品品种的多少。

（4）产品组合的关联度。即产品组合中各产品线之间在最终用途、生产技术、销售渠道以及其他方面的相关程度。例如，两个车型系列中在零部件总成上的通用性高低。

以上产品组合各因素关系如图3-1所示。

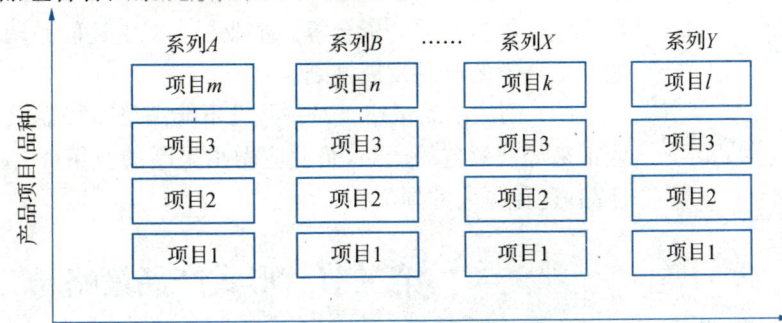

图3-1 产品组合概念

三、产品组合的调整

现代社会科学技术发展迅猛,市场需求变化大,再加上竞争形势和企业内部条件的变化。因此,企业有必要对现有产品组合进行调整。

(一)产品组合调整基本原则

(1)满足需要原则:产品的开发是为了满足消费需求服务的,产品组合中的每一项目都要能满足市场需要,生产的产品要具备一定的市场规模。

(2)利润原则:利润是企业营销的最终目的,不管是产品开发还是产品线的调整,都要考虑企业利润。

(3)竞争原则:建立产品组合时,要从竞争的角度出发,采取与竞争者"避实就虚"的策略。

(4)资源利用原则:产品结构选择要考虑企业人力资源、设备条件、财力状况等资源,如果有闲置的资源,可再增加产品组合的长度和广度。

(二)产品组合的调整策略

通常有以下几种策略:

(1)产品项目(品种)发展策略。企业如果增加产品品种可增加利润,那就表明产品项目(品种)太短;如果减少品种可增加利润,那就表示产品项目(品种)太长。产品线长度应主要取决于企业的经营目标。目前我国汽车市场已经进入买方市场,各汽车企业有增加产品项目长度,不断丰富产品品种的趋势。

营销视野 3-2
营销视野 3-3

(2)产品线(车型系列)发展策略。企业产品系列的发展受到各种因素的制约。这些因素主要有:① 其他企业的产品系列;② 本企业的经营战略如何;③ 本企业的产品开发能力以及产品线形成生产能力所需的资金等。企业至少对上述问题调查摸底后,才能制定科学的产品发展规划。

(3)淘汰产品策略。对一些已不能满足市场需求,又不能为企业带来经济效益的产品,企业应做出果断的决策,淘汰和放弃这些产品,避免更大的损失。

第二节 形式产品策略

上面讲到,实质产品要通过一定的产品形式去体现,譬如产品质量、特色特征、品牌商标甚至外观包装等。为了让产品能更好地占领市场,企业在这些方面必须采取相应的营销策略。

第三章　汽车产品策略

一、产品质量策略

产品质量是产品的生命,是竞争力的源泉。优良的质量对企业赢得信誉、树立形象、满足需要、占领市场和增加收益,都具有决定性意义。对质量的理解不仅包括产品本身质量,还包括产品质量形成全过程各个环节的质量,是一个全面质量的概念。

二、产品特色与设计策略

产品特色,是指产品基本功能之外的附加功能。它是与竞争者产品区别的有效方法,也是市场竞争的有利武器。企业可根据目标用户的需要来设计产品的特色。如丰田公司总是通过增加一些功能,以此提高价格,并获得经营上的成功。企业的营销者一定要了解用户对各种特色的感受,然后研究各种特色的成本,这样企业就可以对各种特色的利润大小做到心中有数,并在营销管理活动中,优先增加那些利润多的特色,从而实现企业经济效益与社会效益的统一。

汽车产品的设计工作除了涉及汽车专业技术问题外,从市场营销的角度看,设计工作应注意以下问题:

（1）要安排好产品的使用功能（适用性）、美学功能（外观）和贵重功能（名牌、豪华等）的组合,三者结合,综合考虑,并根据目标市场的需要有所侧重。

（2）汽车设计应力求实现驾驶室内有一个较为舒适的小环境和操纵上的方便性,室内应软化,色彩应协调,各种仪表显示应醒目,还应力求操作上的简单化、方便化,仪表开关等元器件的组合化、小型化和多功能化等。

（3）重视汽车造型。汽车造型是汽车外观的主要内容,它在很大程度上影响着产品形象,通常人们也是从造型上去认识汽车产品的。总的来讲,汽车造型经历了"四个时代",即"流线型"、"方形"、"梯形"和"理智型",而后面的造型都保留了以前造型的优点。

三、品牌和商标的策略

品牌和商标是形式产品整体概念的重要组成部分,其作用对于营销者和消费者来说都是不可或缺的。

（一）品牌和商标的概念

品牌（Brand）和商标（Trademark）,都是用以识别不同生产经

思考:举例说明你知道的汽车品牌。

营者的不同种类、不同品质产品的商业名称及其标志。但在企业的营销实践中,品牌和商标并不完全等同,商标是指受法律保护的品牌,属于品牌的一部分。

1. 品牌的概念

品牌是用以识别生产经营者的产品或服务,并使之与竞争者的产品或服务区别开来的商业名称及其标志,通常由文字、标记、符号、图案和颜色等要素组合而成。

2. 品牌的性质

品牌的性质可以通过其作用和价值去体现。首先,品牌无论对营销者,还是对消费者,都具有重要作用。对消费者而言,品牌有利于他们选择和区别商品,形成自己的品牌偏好,维护消费权益。

3. 商标的概念

商标是一个专门的法律术语,是指经过政府商标管理部门依法注册,企业取得专用权的品牌。

(二)品牌和商标策略

品牌和商标策略包含的内容比较广泛,在此主要介绍三个方面的内容。

1. 品牌设计策略

品牌和商标有制造商品牌(也称全国性品牌)、中间商品牌(也称自有品牌)和服务标记三种。

(1) 以地名作品牌名称。我国多数企业都是用生产企业所在城市名作品牌名称,如"北京"、"沈阳"、"天津"等。也有的企业用企业所在地附近的名胜名称作品牌名称,如"黄河"、"延安"以及捷克的"太脱拉"(太脱拉是捷克最大的山峰)。

(2) 以时代特征或政治色彩作品牌名称。如我国一汽集团公司的"解放",东风汽车公司的"东风",重庆汽车制造厂的"红岩"等。

(3) 以厂史作为品牌名称。如上海重型汽车厂的"交通",军工、航空航天等部门汽车产品的名称也多与厂史有关。

(4) 以人名作品牌名称。如"梅塞德斯"、"福特"、"克莱斯勒"、"松田(马自达)"等。

(5) 以产品特点作品牌名称。这种命名在特种车、专用车中常见,采用象征或寓意来命名。如武汉冷藏机械厂以"企鹅"作品牌名,叫人联想到南极洲的冰冷,也寓意该车冷藏效果好。

(6) 以产品序列化命名。如菲亚特的兰旗公司,分别以"α"、"β"、"γ"、"△"等命名,而美国万国联合收割机公司的汽车则以"货运之星"、"车队之星"、"经济之星"、"运输之星"、"北极星"等命名,均给人以产品有其系列之感,有利于扩大品牌名声。

（7）以社会阶层及其物品命名。如"皇帝"、"总统"、"王宫"、"君主"、"王子"、"公爵"、"市民"、"莫斯科人"等都是以社会阶层命名,"皇冠"、"花冠"、"御马"等都是以贵族的物品命名。

（8）以体育赛事命名。如丰田的"短跑家"、AMC 的"马拉松",大众的"水球"等。

（9）以神话、寓言作品主人翁或文化艺术命名。如"戴娜"、"蓝鸟"、"罗密欧"、"小妖精"、"幽灵"、"序曲"、"桑巴舞"、"民谣"、"五重唱"等。

（10）以动植物命名。如"美洲豹"、"猎鹰"、"小马"等。

（11）以吉利的数字命名。如英国利兰公司、美国通用公司分别用"双六"、"九十八"为其汽车命名。

（12）以引人注意的名词命名。如大众的"新设计",英国 Lotus 的"精灵"、"精华",三菱的"永久"等。

（13）以美好的愿望命名。如"桑塔纳"取名于美国加州一座山谷的旋风名,祝愿其汽车像旋风一样风靡全球。

2. **品牌定位策略**

消费者的偏好千变万化,不同地区、不同行业对品牌有不同的看法和评价。因此,建立品牌的关键是在消费者心中确定一个形象,即品牌定位。品牌定位有多种方式,有以消费者类型为主导的定位体系;有以市场形态及空隙度为主导的定位体系;有以技术在产品中的含量或质量表现为主导的定位体系;也有以不同价格来反映的定位体系。

3. **品牌延伸策略**

当企业决定使用自己的品牌后,面临的抉择是,对本企业的各种产品是分别使用不同的品牌还是使用统一的品牌,如何利用已成功的品牌的声誉来推出改良产品或新产品等。这些都是品牌延伸策略必须考虑的问题。基本的品牌应用策略有:

（1）统一品牌策略。企业所有的产品使用同一品牌,它的好处是:推出新产品时可省去命名的麻烦,并可节省大量的广告宣传费用;如果该品牌已有良好的声誉,可以很容易地用它推出新产品。但是任何一种产品的失败都会使整个品牌受损失。因此,使用单一品牌的企业,必须对所有产品的质量严加控制。

（2）个别品牌策略。即企业的各种产品分别使用不同的品牌。这种策略的最大好处是:可把个别产品的成败同企业的声誉分开,

营销视野 3-4

不至于因为个别产品的失败而有损整个企业的形象。但这要为每个品牌分别做广告宣传，费用开支较大。

（3）企业名称与个别品牌并用的策略。在每个品牌名称之前，统统冠以企业的名称，以企业的名称表明产品的出处，以品牌的名称表明产品的特点。这种策略的好处是，既可利用企业名誉推出新产品，节省广告宣传费用，又可使品牌保持自己相对的独立性。世界上大型汽车企业无不使用这一策略，如丰田、通用公司等。

四、汽车产品的包装策略

包装是企业营销管理的有机组成部分。包装作为运输、装卸与保管有关物流全过程联系在一起的手段，具有保护商品、便于存放、促进销售及传递信息的作用，尤其对于汽车配件、KD 散件，包装的作用更大一些。此外，一个好的包装，实际上也是作为商品的广告随物流而传播的。

因此，对于汽车企业来说，应重视包装工作，并在有关包装标准、法规要求下，解决好汽车产品，尤其是汽车配件的包装问题。

第三节　产品生命周期理论与营销策略

任何一种产品(如某个车型系列)，在市场上都不会永远畅销，它自投入市场到退出市场都要历经销售形势由弱到强，又由盛转衰的发展演变过程。由于这一规律的存在，企业就必须做到：第一，企业必须为其处于不同发展阶段的产品制订适当的营销策略，即产品的阶段营销策略；第二，企业必须不断地做好产品改进和新产品的开发工作，不断地向市场推出新产品，以取代那些处于衰退和即将衰退的产品。否则，企业就不可能持久地立足于市场。

一、产品市场生命周期的理论

(一) 产品市场生命周期的定义

产品生命周期是现代市场营销的一个重要概念。是指一种产品自开发成功和上市销售，在市场上由弱到强，又由盛转衰，再到被市场淘汰所持续的时间。其长短主要取决于市场竞争的激烈程度和科技进步的快慢。

(二) 产品生命周期的形态

一般认为，产品生命周期的典型形态包括以下五个阶段。

(1) 产品开发期。产品开发期是产品生命的培育阶段,它始于企业形成新产品构思。在此阶段,产品的销售量为零,企业投入的研究开发经费与日俱增。

(2) 市场导入期。在市场导入期,产品开始上市,知名度还不高,销售增长率缓慢增加,为打开市场,企业对该产品的促销宣传等费用较大,该产品很可能还没有为企业带来利润。

思考:奥迪Q3属于生命周期的哪个阶段?

(3) 快速成长期。在快速成长期,产品的知名度日益扩大,销售增长率迅速增加,利润显著增长,竞争者的类似产品也可能开始出现。

(4) 平衡成熟期。在平衡成熟期,产品开始大量生产和销售,销售量和利润额达到高峰并开始下降,销售增长率趋缓,市场竞争加剧,产品成本和价格趋于下降,但在成熟期后期,营销费用开始渐增。

(5) 衰退期。在衰退期,市场竞争激烈,开始出现替代的新产品。原产品的销售量明显下降,销售增长率为负值,利润减少,最后因无利可图而退出市场。

产品生命周期是一种理论抽象,虽然各个阶段的转化一般没有具体的数量界限,难以非常具体地去描述它,但它又是客观存在的,是可以感知的。通常根据产品销售量、销售增长率和利润等变化曲线的拐点去划分,如图3-2所示。

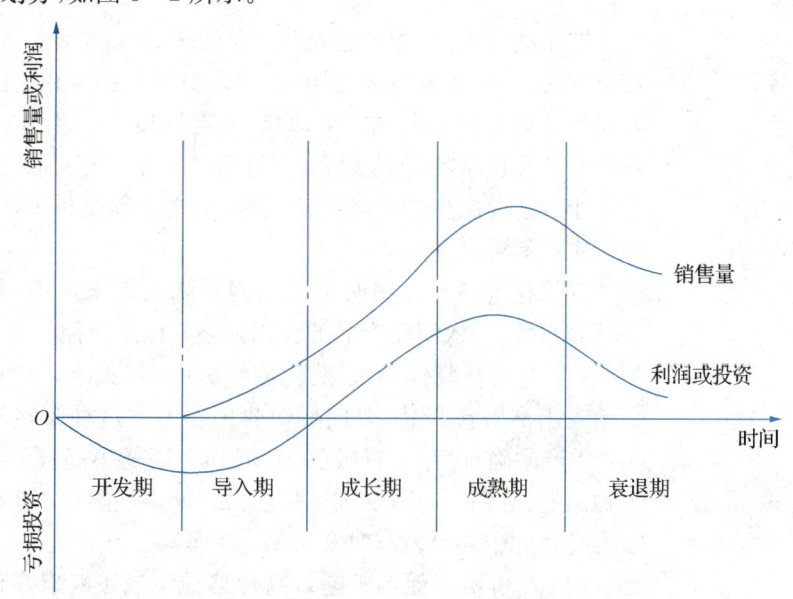

图3-2 产品生命周期示意图

现实生活中,具体产品的生命周期形态更是多种多样。例如有的产品因预测失误,在导入期便夭折;有的产品在设计时虽然看来尽善尽美,但市场却不接受,销售增长十分缓慢;有的产品在成长期后可能没有成熟期而直接转入衰退期;有的产品可能在衰退期还能"起死回生"。所以产品的生命周期并不是都呈现图3-2所示的形态。随着企业在不同阶段采取的营销策略的不同,生命周期也会表现出不同的形态,如图3-3所示。

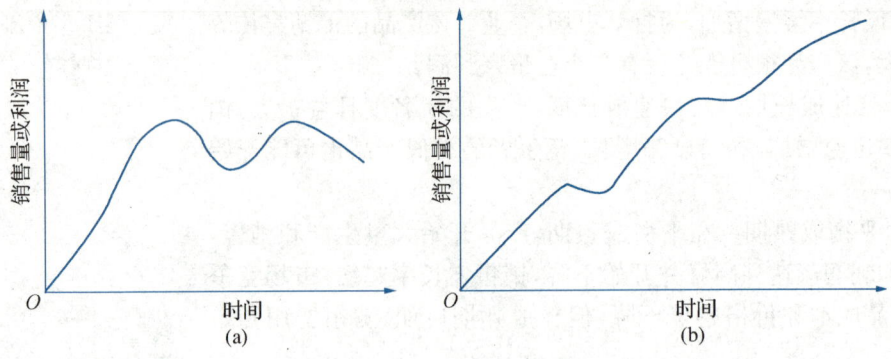

图3-3 产品生命周期的不同形态

二、产品生命周期各阶段的营销策略

产品在不同生命周期阶段具有不同的市场特点,需要制定相应不同的营销目标和营销策略。

(一)导入期营销策略

营销视野3-5

在市场导入期,为了建立新产品的知名度,企业需要大力促销,广泛宣传,引导和吸引潜在用户,争取打通分销渠道,并占领市场。营销策略要突出一个"准"字,即市场定位和营销组合要准确无误,符合企业和市场的客观实际。处于导入期的新产品由于产量小、销售量小、成本高、生产技术有待完善,加之必须支付高额促销费用,所以定价需要高些。

如果把价格与促销两个营销因素综合起来考虑,各设高低两档,则对处于导入期新产品的营销策略有以下四种。

(1)高价格高促销策略。高价格高促销策略以高价和大量的促销支出推出新产品,以期尽快收回投资。这种策略的适用条件是:① 产品确有特点,有吸引力,但知名度还不高;② 市场潜力很大,并且目标用户有较强的支付能力。如某些国外汽车公司在推出富有特色的中高级轿车时常采用这一策略。

(2)高价格低促销策略。高价格低促销策略以高价和少量的促销支出推出新产品,目的是以尽可能低的促销费用取得最大限度的收益。这种策略的适用条件是:① 市场规模有限;② 产品已有一定的知名度;③ 目标用户愿支付高价;④ 潜在的竞争并不紧迫。

(3)快速渗透策略。快速渗透策略以低价和大量的促销支出推出新产品,以争取迅速占领市场,然后再随着销量和产量的扩大,使产品成本降低,取得规模效益。这种策略的适用条件是:① 市场规模很大,但用户对该产品还不了解;② 多数购买者对价格十分敏感;③ 潜在竞争的威胁严重;④ 单位成本有可能随生产规模扩大和生产经验的积累而大幅度下降。如日本、韩国的汽车公司在刚进入北美市场时,便采用了此种营销策略。

(4) 缓慢渗透策略。缓慢渗透策略以低价和少量促销支出推出新产品。低价可扩大销售,少量促销支出可降低营销成本,增加利润。这种策略的适用条件是:① 市场规模很大且消费者熟悉该产品;② 市场对价格敏感。

企业应根据具体情况灵活运用以上策略。

(二) 成长期营销策略

新产品上市后如果适合市场的需要,即进入成长期。在此阶段,销量迅速增长,营销策略的重点应放在一个"好"字上,即保持良好的产品质量和服务质量,切忌因产品销售形势好就急功近利,粗制滥造,片面追求产量和利润。企业为了促进市场的成长,应做好如下工作。

(1) 努力提高产品质量,增加新的功能、特色。

(2) 积极开拓新的细分市场和增加新的分销渠道。

(3) 广告宣传的重点,应从建立产品知名度转向促进用户购买。

(4) 在适当时间降低售价,吸引对价格敏感的用户,并抑制竞争。

上述市场扩张策略可以加强企业的竞争地位,但同时也会增加营销费用,使利润减少。因此,对于处于成长期的产品,企业面临两难抉择:是提高市场占有率,还是增加当期利润量。如果企业希望取得市场主导地位,就必须放弃当期的最大利润,而期望下一阶段获得更大的收益。

(三) 成熟期营销策略

产品进入成熟期的标志是销售增长率渐缓,市场趋于稳定,并持续较长时间。由于销售增长率降低,竞争日益加剧,名牌逐渐形成。这个阶段的营销策略,应突出一个"争"字,即争取稳定的市场份额,延长产品的市场寿命。

企业对处于这个阶段的产品不应满足于保持既得利益和地位,而要积极进取,进攻是最好的防御。成熟期可供选择的策略有三种:

(1) 调整市场。寻找新的细分市场和营销机会,特别是要提高产品的地区覆盖率,挖掘更多的用户。

营销视野 3-6
营销视野 3-7

(2) 改进产品。企业可通过改变产品特性,吸引顾客,扩大销售。它又包括两种策略,一是提高产品质量,主要是改善产品性能。二是增加产品的功能,即提高产品的使用功效。

(3) 调整营销组合。企业可通过改变营销组合的一个或几个因素,来扩大产品的销售。如开展多样化的促销活动,改变分销渠道,扩大附加利益和增加服务项目等。营销组合之所以必须不断调整,是因为它们很容易被竞争者效仿,以致使企业失去竞争优势。

(四) 衰退期营销策略

企业对处于衰退期的产品,如仅仅采取维持策略,其代价常常是十分巨大的,不仅要损失大量利润,而且还有许多其他损失。当决定放弃某种"超龄"产品时,还要进一步做出以下决策:是彻底停产放弃,还是把该品牌出卖给其他企业;是快速舍弃,还是渐进式淘汰。需注意的是:企业的老产品停产后,应继续安排好其配件供应,以保证在用老产品的使用需要。否则,企业形象仍会受到损害。

综上所述,产品生命周期各阶段及相应的营销策略可归纳见表3-1。

表3-1 产品生命周期各阶段及相应营销策略

	开发期	导入期	成长期	成熟期	衰退期
销售额	无	低	迅速上升	达到顶峰	下降
单位成本	高	高	平均水平	低	低
利润	无	无	上升	高	下降
营销策略	尽快上市	建立知名度	提高市场占有率	争取利润最大化	推出新产品

第四节 汽车新产品开发策略

在当今激烈竞争的市场上,企业要想持久地占领市场,不产生"营销近视症",仅仅依靠现有产品是绝对不行的,产品必须不断推陈出新,才能适应经常变化的市场需求。

一、新产品的概念

市场营销学中使用的新产品概念,不是从纯技术的角度理解的,产品只要在功能或形态上得到改进,与原有产品产生营销意义上的差别,能够为顾客带来新的满足、新的利益,都可称之为新产品。它大体上包括:研制的全新产品(整体更新的产品)、新产品线的产品(进入新市场的产品)、增补产品(现有产品线的补缺产品)、

营销视野 3-8
营销视野 3-9

更新改良产品(对现行产品注入新的价值的产品)、新牌号和再定位产品(改变原来的产品市场结构的产品)以及成本减少的产品等。因而,以上各种新产品的研制与开发都可称为新产品开发。企业在完成新产品开发后,还要研究新产品的商品化问题,以保证新产品能够有效和成功地上市。

二、汽车新产品开发

(一)新产品开发的方式

企业进行新产品开发时,必须解决的一个重要问题是采取什么方式开发新产品。一般而言,有四种方式可供企业选择:

1. 独立开发

这是指企业依靠自己的力量研究开发新产品。这种方式可以紧密结合企业的特点,并使企业在某一方面具有领先地位,但独立开发需要较多的开发费用。

2. 引进

即利用已经成熟的制造技术,借鉴别人已经成功的经验来开发新产品。采用这种方式不仅可以缩短开发新产品的时间,节约开发费用,而且可以促进技术水平和生产效率的提高。但要注意引进技术与企业自身条件的适应性。

3. 开发与引进相结合

就是在新产品开发的方式上采取两条腿走路,既重视独立开发又重视技术引进,二者有机结合,互为补充会产生更好的效果。

4. 联合开发

联合开发除了企业与科研机构、大专院校的联合外,更多的是企业之间的"强强联合"。这种方式,有利于充分利用社会力量,弥补企业开发能力的不足。

除联合途径外,汽车企业的新产品开发还有多种途径。企业还可以通过技术市场获得部分或全部新产品。

营销视野 3-10

(二)新产品开发的过程

由于汽车工业发达国家的汽车厂家产品开发经验十分丰富,并且更适用于市场经济条件,因此,这里主要介绍国外汽车公司新产品开发的成熟做法。

汽车新产品开发和投放市场能否获得成功,能否为市场所接受和为企业带来效益,关键在于新产品开发是否准确。为此,新产品开发必须按科学程序办事,在每个环节上充分尊重科学,力戒主观臆断。汽车新产品开发的一般工作程序,用图 3-4 表示。

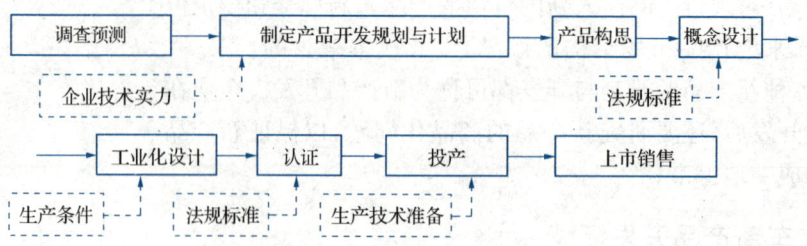

图3-4 汽车新产品开发的一般工作程序

除了各个过程包括的技术因素外,从市场营销角度看,各环节的具体操作如下:

1. 调查与预测

企业新产品开发的前期工作首先是要做好调查与预测,这项工作做得是否细致和充分,对新产品开发的准确性有直接的影响。

就企业新产品开发和制订产品规划而言,调查应包括的内容有:

(1) 市场调查。具体包括用户需求和市场容量及构成调查。调查途径大体有用户例会、特约经销商例会、改装厂例会以及对外调查部门等几种。

(2) 宏观环境调查。其中包括有关汽车产品的技术法规以及社会运输状况调查。

(3) 竞争者调查。主要包括各公司商品及其市场评价、商品价格以及他们的动向调查。

(4) 汽车产品技术发展调查。

(5) 本企业的技术实力及经营状况评价。

在上述调查中,市场调查和竞争者调查更为重要些,是企业必须认真做好的调查项目。例如,日本某汽车公司拟开发一种1.3 L～1.5 L级的普及型轿车在欧洲市场上销售。通过调查,该公司找出了该级别轿车的用户及新增用户构成,如图3-5所示。

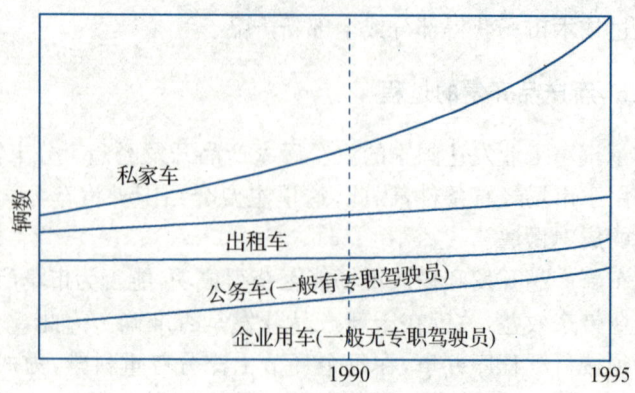

图3-5 某汽车公司对新产品用户构成的调查

在图3-5中的几类消费者中,大部分消费者已经拥有同级别的轿车,该公司对他们重新购车的可能性和要求,特别是对改进方面的要求作了调查。该公司对消费者的调查,包括了这样一些内容:

(1) 消费者的汽车知识水平;
(2) 购买此轿车的用途和使用维护方法;
(3) (对已有轿车者)当初购买此类轿车的出发点,目前的满足程度以及日常用途;
(4) 消费者对轿车魅力的看法和拥有轿车后的乐趣;
(5) 消费者希望拥有的汽车装备;
(6) 消费者的生活情况和消费意识;
(7) 消费者的个人简介、爱好和兴趣;
(8) 消费者的汽车驾驶特点。

该公司还针对竞争车型和竞争对手进行了详细的调查。调查后发现在欧洲同类型的轿车有Golf, Kadett和Escort,占这一级车的55%。对竞争者的调查包括以下内容:

(1) 静态调查。这包括竞争车型的造型、外形尺寸、室内尺寸、室内装饰、行李箱容量、居住性能和车辆装备,发动机、变速器、制动器、转向机等主要总成的构造以及各系统的构造。

(2) 动态调查。包括竞争车型的动力和经济性能、操纵稳定性、制动性能、乘坐舒适性能、噪音水平、视野、操作方便性、安全装置、法规满足程度、空调暖气性能、发动机性能、传动系匹配、维修保养的方便性等。

(3) 使用条件。包括气候情况、路面状况、弯道及坡度、经常乘车的人数;操作使用方面包括对离合器的使用、脚制动的使用、刮水器使用、下坡行驶的操作及红灯停车时的操作;维护保养方面包括多长时间洗一次车,是否按使用说明书进行保养和维护等。

(4) 质量。包括汽车出厂的质量水平,耐久性方面包括多少里程出现杂音和异常振动,多少里程出现车体变形和零件损坏,车辆的使用寿命是多少,能否再生利用,质量保证期为多少等。

(5) 服务。包括竞争对手的服务网点有多少,管理体制上与竞争对手的关系如何等。

该公司通过对消费者的调查,总结出用户的具体要求。通过对竞争对手的调查和比较,找出本企业应注意的问题和重点,为自己的产品构思打下基础。

新产品开发的预测内容一般包括:
(1) 市场容量与构成预测(如图3-5所示);

(2) 潜在市场机会；
(3) 预测具有竞争力的价格；
(4) 预测技术发展方向，研究新技术的发展动向。

2. 制订产品发展规划与计划

它是企业新产品开发的重要依据，一般是在调查与预测的基础上，再结合本企业技术实力等内部条件，科学地加以制订的。同时，产品发展规划也是企业经营战略规划的重要内容之一。国外汽车公司一般都要做出今后 5～10 年的产品发展规划。

下面是某公司拟开发一种在国外投产的新轿车，在制订计划时所考虑的内容：

(1) 开发目的。这包括为什么要开发此产品？是为了占领新市场还是为了巩固现有的份额？是为了拓宽品种还是为了更新换代？

(2) 使用对象。什么样的人使用？在什么条件下使用？用途又是什么？

(3) 产品概要。包括整体的形式、系列化车型、规格参数、性能指标、主要总成的规格等。

(4) 销售目标。什么时候投产？投产后年销售量是多少？

(5) 质量目标。产品要达到怎样的质量水平？保修里程和耐久性指标是多少？

(6) 外购件的安排。外购件占多大比例？进口件和当地生产件的比例如何？当地政府关于自制件比例的政策如何？

(7) 法规认证。明确具体的法规要求和认证手续。

(8) 生产准备。需要做哪些项目的生产准备？准备周期需要多长时间？

(9) 设备和投资。为生产该产品必须要有多少投资？要增加一些什么设备？

(10) 效益。定出目标售价、生产成本和管理费、各种税赋和企业利润。根据年销售量计算出每年的获利额，从而计算出投资收益率。

企业的产品发展规划和新产品开发计划，经企业商品规划委员会确定后，董事会作最后决策。对拟开发的新产品，商品规划主管部门应同设计开发部门一起，提出新产品构思。

3. 新产品构思

新产品构思包括的内容有：

(1) 该产品的目标。例如某公司针对较为富裕的发展中国家，在 A 型和 C 型之间推出一种 B 型轿车。B 型与 A 型、C 型之间的关系如图 3-6 所示。

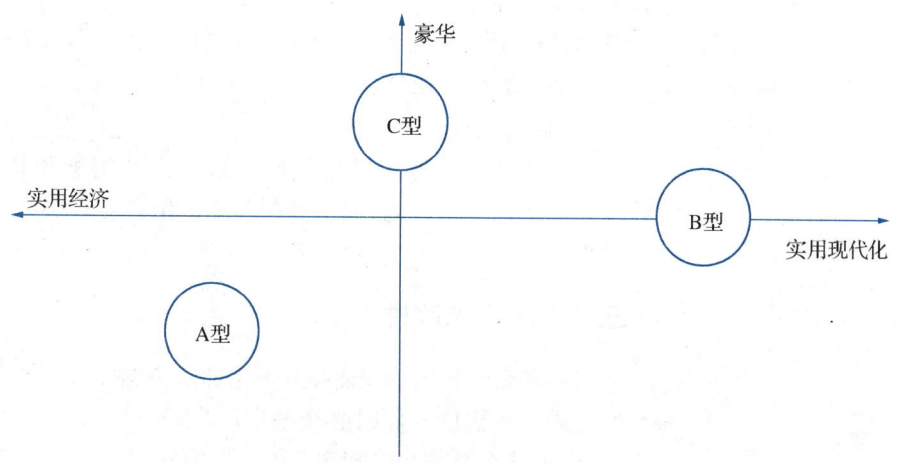

图 3-6 某公司开发新产品的构思

(2) 确立设计原则。是保持企业原有风格还是创造新风格;是一种传统派的 3 厢 4 门车,还是一种现代派车;是尽量与老车型通用,还是以尽可能满足市场要求为前提,等等。

(3) 计算销售目标价格、生产成本和销售量。

(4) 确定生产方式(如何组织生产)和投产日期。

(5) 车型的系列化。排量范围、车身形式(两厢、三厢;三门、四门;旅行车等)、驱动方式、装备分级等。

(6) 设计车型的技术参数、系统结构和总成结构及参数。

(7) 质量目标:保修里程、寿命周期、维修费用目标等。

新产品构思常常不止一种,这就需要筛选构思,即选出最优的构思,剔除不好的构思。正确的筛选必须根据企业内部和外部的具体条件,全面分析衡量,审慎地决定取舍。新产品构思一旦完成,就应确定产品开发的基本任务书,交由设计部门进行概念设计。

4. 概念设计

该步工作就是要把构思变成实物,从造型和整车设计到结构设计和试制出样车。这样,可使消费者形成一种产品印象。如企业认为有必要时,企业可以将样车拿到一组目标顾客中测试,请他们考察样车后回答这样一些问题:

(1) 你认为这种车与其他相似车型相比有何优点?还有哪些可以改进的地方?

(2) 这种车是否能充分满足你的需要?

(3) 你认为这种车价值多少钱?

(4) 你愿意购买这种车吗?购买或不购买的原因是什么?等等。

企业营销人员应研究和设计好问题。这样的测试可以帮助企业更好地修改概念设计,开发出一种适销对路的新产品。同时,还有利于企业了解预计的销售量。

概念设计完毕后,企业就应确立正式的产品开发基本任务书,交由设计部门进行工业化设计。

5. 工业化设计

本步工作就是要把构思变成能大量生产的图纸和技术文件。设计过程中要把设计原则、成本控制和满足用户要求协调地贯彻在设计思想中。

三、汽车产品改进

任何一种车型的汽车产品,由于生命周期规律的作用,都不可避免地会进入衰退期。此时必须推出换代新产品,而且产品在使用过程中,也可能会暴露出各种新问题,影响着用户的满意程度。为此,企业必须经常对在产汽车品种实施改进措施,不断完善和提高企业产品的质量和性能水平。实践表明,企业对在产汽车不断地进行技术革新,走"量变到质变"的产品发展道路是可取的;而那种平时不注重革新,待失去竞争力后再停产作"垂直换型和转产"的道路是不可取的。

四、汽车产品的商品化

新产品开发成功后,或者老产品改进后,企业均应将其商品化。严格说来,只有完成了商品化过程后,企业才能大量生产和销售。所谓商品化过程系指企业为了产品的大批上市而进行的市场试验。汽车新产品的商品化一般包括以下内容:

(1) 试用。它是企业从目标市场中选定一些有代表性的客户,如客户类型、使用条件、产品用途等方面比较符合新产品目标市场特征的客户,请他们在规定的时间内实地使用新产品,并对有关使用状况及发现的现象做出记录。然后了解客户对产品的意见和对技术咨询及服务方面的需要。

(2) 试销。经试用初步成功的新产品便可进行试销,这是比试用范围更大且直接面向市场的一种有控制的营销活动,一般应由汽车企业亲自举行,以便直接了解市场。试销活动一般可以吸引大量的购买者参观选购,企业既可以从中了解他们对新产品的反映和购买意向,又可以借以提高新产品的知名度。

(3) 测算有关项目。尽管企业在市场调研和概念设计时对有关项目进行了调查和测算,如目标市场规模、销售量、市场占有率、投资收益率、促销预算等,在新产品开发计划中也对这些项目订立了计划。但在商品化之前,上述项目都只是一种估计,而在商品化过程中对这些项目再进行测算,则大体反映了未来的实际情况。企业也可由此对新产品开发予以验证,并寻找差距,分析原因,及时采

营销视野 3-11

取补救措施。

（4）确立未来的市场营销组合策略。企业通过商品化过程后，基本可以对新产品市场的结构、购买行为和特点，未来市场发展趋势及企业收益等做到心中有数，从而制定出正确的导入期乃至其他各生命周期阶段的营销策略。

企业在商品化过程中，应认识到购买者对新产品的购买过程一般是知晓、兴趣、评估和购买等几个阶段，因而应针对处于不同阶段的客户做好营销工作，促其尽快进入购买阶段。此外，企业还应努力增加各阶段的客户数量。

1. 产品及产品组合的概念是什么？
2. 产品组合决策的原则是什么？
3. 品牌及商标的概念是什么？
4. 品牌和商标策略的主要内容？
5. 简述产品生命周期理论内容。
6. 产品生命周期各阶段的营销策略是怎样的？
7. 汽车新产品开发的主要过程是什么？

案例分析

1. 从"从产品层次的概念"角度，比较以下汽车：大众途观、本田 CR-V、丰田 RAV4。

2. 去4S店实地考察并借助互联网来浏览，神龙公司有哪些产品品种？它是否应该进一步多样化和引进新的产品？或者你认为它应该削减产品线了？

3. 去图书馆或者借助互联网，找一个新品牌成功或失败的例子，在班上与同学们分享。

4. 学生分组，教师指定不同车型，进行产品的生命周期分析。

第四章 汽车产品定价策略

1. 了解影响汽车产品定价的主要因素。
2. 掌握汽车产品定价的基本定价方法。
3. 掌握汽车产品的主要价格策略。
4. 熟悉汽车产品的定价程序。

第一节 影响汽车产品定价的主要因素

价格是产品价值的货币表达。确定产品价格是市场营销过程中一个非常重要、非常敏感的环节,它直接关系着产品受市场接受的程度,影响着生产者、经销者、用户等多方的利益。价格策略是指根据营销目标和定价原理,针对生产商、经销商和市场需求的实际情况,在确定产品价格时所采取的各种具体对策。价格策略是市场营销组合中极其重要的部分。

汽车价格的高低,主要是由汽车包含的价值量的大小决定的。但是,从市场营销角度来看,汽车的价格除了受价值量的影响之外,还要受以下十种因素的影响和制约。

一、汽车成本

汽车在生产与流通过程中要耗费一定数量的物化劳动和活劳动,并构成汽车的成本。成本是影响汽车价格的实体因素。汽车成本包括汽车生产成本、汽车销售成本和汽车储运成本。汽车企业为了保证再生产的实现,通过市场销售,既要收回汽车成本,同时也要形成一定的盈利。在汽车市场竞争中,汽车产品成本低的企业,对汽车价格制定就拥有较大的灵活性,在市场竞争中就将占有有利的地位,能获得较好的经济效益。

情景导入
营销视野 4-1

二、汽车消费者需求

汽车价格的高低直接反映了汽车买者与卖者的利益关系。汽车消费者的需求对汽车定价的影响,主要通过汽车消费者的需求能力、需求强度、需求层次反映出来。汽车定价要考虑汽车价格是否适应汽车消费者的需求能力。需求强度是指消费者想获取某品牌汽车的程度,如果消费者对某品牌汽车的需求比较迫切,则对价格不敏感,企业在定价时,可定得高一些,反之,定价应低一些。不同需求层次对汽车定价也有影响,对于能满足较高层次需求的汽车,其价格可定得高一些,反之,定价应低一些。

三、竞争者行为

汽车价格是竞争者关注的焦点和竞争的主要手段。汽车定价是一种挑战性行为,任何一次汽车价格的制定与调整都会引起竞争者的关注,并导致竞争者采取相应的对策。在这种对抗中,竞争力量强的汽车企业有较大的定价自由空间,竞争力量弱的汽车企业定价的自主性就小,通常是追随市场领先者进行定价。同时,汽车企业竞争者的定价行为也会影响到本企业的汽车的定价,迫使本企业作出相应的反应。

四、汽车特征

它是汽车自身构造所形成的特色。一般指汽车造型、质量、性能、服务、商标和装饰等,它能反映汽车对消费者的吸引力。汽车特征好,该汽车就有可能成为名牌汽车、时尚汽车、高档汽车,就会对消费者产生较强的吸引力,能给消费者带来物质和精神的双重满足。这种汽车往往供不应求,因而在定价上占有有利的地位,其价格要比同类汽车高。

五、汽车市场结构

根据汽车市场的竞争程度,汽车市场结构可分为完全竞争市场、完全垄断市场、垄断竞争市场和寡头垄断市场四种不同的汽车市场类型。

六、社会经济状况

社会经济状况从多方面影响汽车价格的变化,它的周期性变化直接影响着汽车市场的繁荣和疲软,并决定着汽车价格总水平的变化。一个国家或地区经济发展水平及发展速度高,人们收入水平增长快,购买力强,价格敏感性弱,有利于汽车企业较自由地为汽车定价。反之,一个国家或地区经济发展水平及发展速度低,人们收入

水平增长慢、购买力弱、价格敏感性强，企业就不能自由地为汽车定价。

七、货币价值

价格是价值的货币表现。汽车价格不仅取决于汽车自身价值量的大小，而且取决于货币价值量的大小。汽车价格是汽车与货币交换的比例关系。

八、政府干预

为了维护国家与消费者利益，维护正常的汽车市场秩序，国家采取制定有关的法规，来约束汽车企业的定价行为。这种约束反映在汽车定价的种类、汽车价格水平和汽车定价的产品品种等方面。在我国，汽车市场是相对受到政府干预较多的市场。

九、汽车企业销售渠道和促销宣传

汽车企业销售渠道的建设和选择、中间环节的多少直接决定着汽车销售费用的高低，直接影响着汽车的价格。汽车企业的促销宣传需要大量资金的支持，促销费用最终也要进入汽车的销售价格之中。总的来说，企业营销能力强的汽车企业，有利于在既定汽车价格水平下完成销售任务，对制定汽车价格有着较大的回旋余地。

十、汽车企业的整体营销战略与策略

各个汽车市场营销决策相协调配合，形成一个有机的整体，构成一个汽车市场营销决策体系。汽车价格策略作为汽车市场营销决策体系的重要组成部分，既要服从于汽车市场营销战略目标的实现，又要配合其他诸如汽车产品策略、汽车销售渠道策略等各项决策的制定与实施。

总的来说，只有在了解了各因素对汽车定价的影响之后，才能制定出具有竞争力的汽车价格策略。

第二节　汽车产品的价格决策

为汽车产品定价是一个系统性强、工作较为复杂的过程。一般来说，汽车厂商的价格决策遵循以下六个步骤，即明确定价目标，测定需求弹性，估算成本费用，分析竞争状况，选择定价方法，核定最终价格。

一、确定定价目标

汽车厂商在进行价格决策时，应首先明确期望价格所产生的市

场营销效果。不同的汽车厂商,所面临的生产经营形势各不相同,因而拟定的定价目标也可能有所差别。汽车厂商的定价目标主要有以下几点。

1. 维持企业生存

由于种种原因造成企业销路不畅、产品滞存、资金占用严重时,维持生存成为企业的首要目标。企业以维持生存为目标时,宜定低价吸引用户,这时价格只要能收回可变成本和部分固定成本即可。显然,这种定价目标只能是企业的短期目标,从长期来看,企业必须改善生产经营状况,谋求利润和发展,否则企业终将面临死亡。

2. 争取当期利润最大化

即企业以目前的利润最大化作为定价目标。采用这种定价目标,必须要求被定价产品市场信誉高,在目标市场上占有优势地位。因而,这种定价目标比较适合于处于成熟期的名牌产品。

3. 保持或扩大市场占有率

市场占有率是企业经营状况、产品竞争力的直接反映,企业的产品只有在市场上占有一定份额后才有较强的市场控制力,享受到更大的规模经济效益,才有可能获得更大的长期利益。为此,就要实行全部或部分产品的低价策略。这种定价目标比较适合投产不久的新产品或不为市场所熟悉的产品。

4. 抑制或应付竞争

有些企业为了阻止竞争者进入自己的目标市场,或者想打入别人的市场,故意将产品价格定得比竞争对手低。这种定价目标比较适合于目标实现的可能性很大,而且实力雄厚的企业。

5. 保持最优产品质量

有的企业的经营目标是以高质量的产品占领市场,这就需要实行"优质优价"策略,以高价来保证高质量产品的研究与开发成本以及生产成本。这一定价目标比较适合于市场美誉度好的知名产品。

6. 保持良好的分销渠道

为了保证分销渠道畅通无阻和中间商的利益,企业必须研究价格对中间商的影响,为中间商留出一定的利润空间,从而调动其销售本企业产品的积极性。这一定价目标比较适合那些大部分产品都由中间商销售的企业。

7. 保持稳定的价格

价格稳定可以有效地避免不必要的价格竞争。而价格波动太大且较频繁,则容易造成市场紊乱,用户无所适从,损害产品乃至企业在用户心目中的形象。这种定价目标比较适合在行业中占主导地位的大型企业,这种企业往往后备资源丰富,主要着眼于长远发展,需要一个稳定的市场。

8. 达到目标投资利润率

即企业追求获取满意的利润。许多企业都是根据产品的成本水平和预定的目标利润率来确定价格水平的。

除上述定价目标外,企业还可有其他的定价目标。对于大多数企业来说,产品价格往往不是由单一定价目标所决定的。在这些定价目标中,企业可能会同时追求或兼顾几个目标,但其中各个目标的重要程度是不同的。

企业在制定自身的定价目标时,会遇到不同的情况和约束条件,每一价格目标又可能包含多重要求,因此定价目标的设置是一种相当复杂的工作。为了提高企业定价的效果,企业决策者可以按照一定的科学程序来确定产品的定价目标,如图4-1所示。

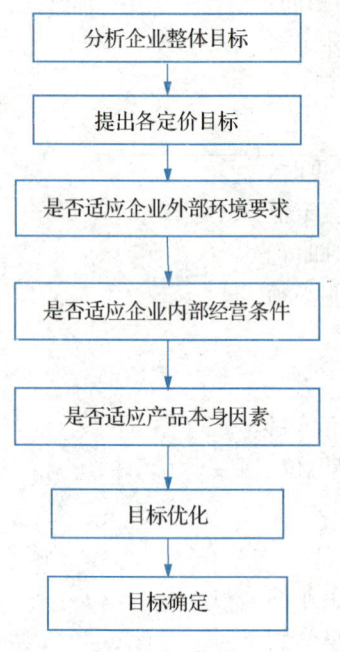

图4-1 制定定价目标程序图

二、测定需求弹性

营销理论中通常使用需求价格弹性,以反映价格变动而引起需求变动的情况,或者说需求对价格变动的敏感程度。

1. 需求的价格弹性的概念及其应用

不同商品,其市场需求量对价格变动的反应程度不同,通常采用需求价格弹性来表征商品需求量对价格变动的敏感程度。需求价格弹性,是指商品的市场需求量随着价格变化而变化的程度,即价格变化率引起的需求量变化率大小。用公式表示如下:

$$E_d = \frac{\frac{Q_2-Q_1}{Q_1}}{\frac{P_2-P_1}{P_1}} \quad \text{(式4-1)}$$

式中:E_d—需求价格弹性函数

P—价格

Q—需求量

通常情况下,价格上涨将导致需求量下降,因而需求价格弹性 $E_d<0$,但有时在人们"买涨不买落"的心理驱使下,也会出现 $E_d>0$ 的情况。

分析商品的需求价格弹性,通常采用其绝对值 $|E_d|$ 形式。因而,需求价格弹性在理论上有五种情况:完全无弹性($|E_d|=0$);单位弹性($|E_d|=1$);完全有弹性($|E_d|=\infty$);缺乏弹性 $|E_d|<1$ 和富有弹性 $|E_d|>1$。但是,在现实生活中,前三种情况非常罕见,主要还是缺乏弹性和富有弹性两种情况。

2. 需求交叉弹性

需求交叉弹性是指相关两种商品中一种商品的价格变动比率,

引起的另一种商品的需求量变动比率,即一种商品的需求量变动对另一种商品价格变动的反应程度。用公式表示如下:

$$E_{XY} = \frac{\dfrac{Q_{X2}-Q_{X1}}{Q_{X1}}}{\dfrac{P_{Y2}-P_{Y1}}{P_{Y1}}} \qquad (式4-2)$$

式中:E_{XY}——X 商品对 Y 商品的需求交叉弹性;

P_Y——Y 商品的价格;

Q_x——X 商品的需求量。

上式中,如 $E_{XY} > 0$,表明此种产品价格上涨,会导致另一种产品需求量增加,这两种产品互为替代品,例如不同车型的汽车产品即属于这种情况。如 $E_{XY} < 0$,表明此种产品价格上涨,会导致彼种产品需求量下降,这两种产品即为互补品,例如整车与其零配件即属互补品。

3. 影响需求弹性系数的因素

影响需求弹性系数的因素很多,就汽车产品而言,主要有以下因素:

(1) 消费者对汽车的需求程度。即汽车对于消费者而言到底是生活必需品还是奢侈品,一般而言,奢侈品比生活必需品需求弹性大。

(2) 替代品或竞争产品的数量和竞争力的强弱。凡是商品的替代品或竞争产品少并且竞争力不强时,该产品的需求弹性就小;反之,需求弹性就大。

(3) 产品质量和币值的影响。凡用户认为价格变动是产品质量变化或币值升降的必然结果时,需求弹性就小;反之,需求弹性就大。

企业定价时考虑需求价格弹性的意义在于,不同产品具有不同的需求弹性。如果需求弹性较强,厂商就可考虑降低价格,以刺激需求,促进销售,增加销售收入。如果需求缺乏弹性,厂商可考虑适当提高价格,也会增加收入。

三、估算成本费用

企业都不能随心所欲地制定价格。一般情况下,某种产品的最高价格取决于市场需求(消费者愿意支付),最低价格取决于这种产品的总成本。从长远看,企业要获得健康稳定的发展,任何产品的销售价格都必须高于产品成本。只有这样才能以销售收入来抵偿生产成本和经营支出。

企业的成本包括制造成本、管理成本、营销成本、储运成本和提取折旧基金等,通常可分为不变成本和可变成本两种。不变成本,是指在短期内并不随着企业的产量和销售收入的变化而变化的费用,具有相对不变特性,其构成包括服务和设备的折旧费、租金、利息、企业管理经费、员工的固定薪金等。这种成本在企业存在期间都需要支出,即使企业未进行生产也需负担。

可变成本,是指直接随着企业的产品产出和销售收入变化而变化的费用支出,包括原材料费、能源动力消耗、储运费用、计件工资等,其特点是企业不进行生产时,可变成本应等于零。

产品总成本,系指分摊到单位产品上的不变成本与可变成本的总和。显然,在产品总成本的构成中,可变成本大体是稳定的,因为单位产品的直接消耗基本是不变的;而不变成本则会随着产品产量的增加而下降,因为企业在统计期的总不变成本是大体一定的,因此分摊到单位产品中就会与产销量有关。

四、分析竞争状况

企业在最高价格和最低价格的幅度内,究竟怎样确定自己的产品价格,主要取决于竞争对手的同种产品价格、企业的产品质量和定价目标。因此,定价者必须了解竞争对手的产品质量和价格,并据此来进行分析和比较,从而为本企业制定出具有竞争力的价格。本企业和竞争对手的同种产品如果质量大体一样,那么二者的价格水平应该大体一致;如果本企业的产品质量较低,那么价格也应该较低,以便争取同类产品的低端客户;如果本企业的产品质量较高,那么价格水平就可以定得比较高,以争取同类产品的高端客户。

营销视野 4-2

五、选择定价方法

汽车企业根据竞争者同种汽车的价格水平,在汽车市场需求的最高价格和汽车成本费用的最低价格之间,制定不同高低的汽车价格。在实际操作中,往往侧重于影响因素中的一个或几个因素来选定汽车定价方法,以解决汽车定价问题。由此产生了汽车成本导向定价法、汽车需求导向定价法和汽车竞争导向定价法三种汽车定价方法。

(一)汽车成本导向定价法

顾名思义,汽车成本导向定价法就是以汽车成本为基础,加上一定的利润和应纳税金来制定汽车价格的方法。这是一种按汽车卖方意图定价的方法。汽车的成本包括汽车企业在汽车生产经营过程中所发生的一切费用。

常用的以汽车成本为基础的定价方法主要有以下三种。

1. 汽车成本加成定价法

汽车成本加成定价法是一种最简单的汽车定价方法。即在单台汽车成本的基础上,加上一定比例的预期利润作为汽车产品的售价。售价与成本之间的差额,就是利润。由于利润的多少是按一定比例反映的,这种比例习惯上称为"几成",所以这种方法被称为汽车成本加成定价法。其计算公式如下:

$$汽车加成价格 = 单台汽车成本 \times (1 + 汽车成本利润率)/(1 - 税率) \qquad (式4-3)$$

其中:汽车成本利润率 = 要求达到的总利润/总成本 × 100%

例如,设某个汽车企业一年要求达到的总利润为 6 000 万元,总成本是 30 000 万元,只生产某种汽车产品 2 000 台,产品税率为 10%,计算得:

$$汽车成本利润率 = 6\,000/30\,000 \times 100\% = 20\%$$

$$汽车加成价格 = (30\,000/2\,000) \times (1 + 20\%)/(1 - 10\%) = 20(万元)$$

此定价法主要适用于汽车生产经营处于合理状态下的企业和供求大致平衡、成本较稳定的汽车产品。

2. 汽车加工成本定价法

汽车加工成本定价法是将汽车企业成本分为外购成本与新增成本后分别进行处理,并根据汽车企业新增成本来加成定价的方法。对于外购成本企业只垫付资金,只有企业内部生产过程中的新增成本才是企业自身的劳动耗费。因此,按汽车企业内部新增成本的一定比例计算自身劳动耗费和利润,按汽车企业新增价值部分缴纳增值税,使汽车价格中的赢利同汽车企业自身的劳动耗费成正比,是汽车加工成本定价法的要求。其计算公式如下:

$$汽车价格 = 外购成本 + 汽车加工新增成本 \times (1 + 汽车加工成本利润率)/(1 - 加工增值税率) \qquad (式4-4)$$

其中:汽车加工成本利润率 = 要求达到的总利润/加工新增成本 × 100%

加工增值税率 = 应纳增值税金总额/(销售总额 - 外购成本总额) × 100%

这种汽车加工成本定价法主要适用于加工型汽车企业和专业化协作的汽车企业。此方法既能补偿汽车企业的全部成本,又能使协作企业之间的利润分配和税收负担合理化,避免按汽车成本加成法定价形成的行业之间和协作企业之间利益不均的弊病。

3. 汽车目标成本定价法

汽车目标成本定价法是指汽车企业以经过一定努力预期能够达到的目标成本为定价依据,加上一定的目标利润和应纳税金来制定汽车价格的方法。这里,目标成本与定价时的实际成本不同,它是企业在充分考虑未来营销环境变化的基础上为实现企业的经营

目标而拟定的一种"预期成本",一般都低于定价时的实际成本。其计算公式如下:

汽车价格＝汽车目标成本×(1＋汽车目标成本利润率)/(1－税率)

(式4-5)

其中:汽车目标成本利润率＝要求达到的总利润/(目标成本×目标产销量)×100％

汽车目标成本定价法是为谋求长远和总体利益服务的,较适用于经济实力雄厚,生产和经营有较大发展前途的汽车企业,尤其适用于新产品的定价。采用汽车目标成本定价法有助于汽车企业开拓市场、降低成本、提高设备利用率,从而提高汽车企业的经济效益和社会效益。

(二)汽车需求导向定价法

这种方法是企业在广泛调研和认真测算的基础上,对企业的产品确定一个市场可以接受,能够使企业获得较多利润,并具有一定竞争力的价格作为产品的目标定价。这就是说,价格要定在成本之前,是价格决定成本。这种定价过程与成本导向定价方法正好相反。

采用需求导向定价法,要做好以下两项关键的工作:

1. 找到比较准确的顾客感受价值

所谓"顾客感受价值",是指买方根据自己的经验、标准或观念对产品的认同价值。例如顾客在看了产品后,营销者向顾客询问"你认为这一产品值多少钱?"或者"此产品的售价为××元,你认为值这个价吗?"用户对这些问题的回答,反映的即是顾客感受价值。

2. 准确测算不同价格下的销售量

运用量本利分析公式,根据预测的各种销量,测算各种价格相应的利润,以最大总利润对应的价格作为产品的定价,相应的需求量作为该种产品的生产量。这个过程见表4-1,即如果总利润最大时,那么所定价格 P 就为 max。

表4-1 需求导向定价法的基本过程

序号	价格	销售量	变动成本 C_v	固定成本 C_f	利润
1	P_1	Q_1			R_1
2	P_2	Q_2			R_2
…	…	…			…
k	P_k	Q_k			R_k
…	…	…			…
n	P_n	Q_n			R_n

需要说明的是，感受价值并非总是与产品的实际价值一致。实际上，卖方可运用各种营销策略和手段去影响买方的感受，增加买方对产品的感受价值，使之形成对卖方有利的价值观念。所以，感受价值定价法如果运用得当，会给企业带来额外利益。例如，汽车厂商可以生产质量优异、性能独特、内饰考究的汽车，以此来增加用户的感受价值，提高产品的身价，从而带动本企业产品在用户心目中的价值地位。

需求导向定价法的优点有：① 考虑了市场需求对产品价格的接受程度，不会出现产品滞销或者损失盈利机会的风险；② 能够为企业带来降成本的压力和动力，从而提高企业的经营素质。因为顾客的感受价值既定时，企业的成本越低，实现的利润就越大。但同时也应该看到，需求导向定价法也有一些缺点：① 定价过程复杂，特别是各种价格下的市场需求量，难以做到准确估计；② 由于技术等各种因素的限制，不一定总能做到将产品成本降到用户的感受价值之下。由此可见需求导向定价法与成本导向定价法的优缺点刚好相反。

（三）汽车竞争导向定价法

竞争导向定价法，是企业依据竞争产品的品质和价格来确定本企业产品价格的一种做法。其特点是：只要竞争产品的价格不变，即使本企业的产品成本或需求发生变化，价格也不轻易改变。这种方法定价简便易行，所定价格竞争力强，但价格比较僵死，有时企业获利较小。

竞争导向定价法常见的具体方法有两种：

（1）随行就市定价法。指按行业近似产品的平均价格定价，是同质产品惯用的定价方法，也比较适合产品的成本难以估计、企业打算与竞争者和平共处、对购买者和竞争者的反应难以估计等场合。

（2）投标定价法。当产品出现供不应求时，汽车营销者可以向社会（主要是中间商）进行招标竞价，其过程与采购招标大体类似。企业采取这种定价方法往往可以使得自己获得最大利益。

值得强调的是，企业在使用竞争导向定价法时，必须考虑竞争者可能针对本企业的价格所做出的反应。从根本上来说，企业使用竞争导向定价法是为了利用价格来为本企业的产品适当定位，同竞争者抗争。

营销视野 4-3
营销视野 4-4

六、核定最佳价格

经过前述五个步骤，企业就可以制定出一个基本价格。但是，在企业选定最终价格时还需考虑其他方面的要求、意见和情况，力争把价格定在最佳水平。

第三节　汽车产品的价格策略

价格是影响企业营销活动最活跃的因素。企业在充分考虑了各种定价的影响因素以及采用适当方法所确定的价格,还只是产品的基本价格。实际营销过程中,企业还应围绕基本价格,根据不同情况,采取灵活多变的价格策略,使企业能更有效地实现其营销目标。

一、新产品定价策略

(一) 高价策略

高价策略即为新产品定一个较高的上市价格,以期在短期内获取高额利润,尽快收回投资。采用高价策略有下列前提条件:

(1) 新产品生产能力有限,高价有利于控制市场需求量;

(2) 新产品成本较高,暂时难以立即降低价格,且索取高价存在好处;

(3) 新产品较难仿制,竞争性小,需求价格弹性相对不高;

(4) 高价不会使用户产生牟取暴利的感觉;

(5) 产品的用途、质量、性能或款式等产品要素,与高价格相符合。

采用高价策略有利有弊。好处是:

(1) 利用了新产品上市时用户求新、好奇的心理,以及竞争和替代品都很少的有利时机,通过高价在短时间内收回投资;

(2) 企业获得高额利润后,更能提高企业的竞争实力,进而可有效地抑制竞争者的竞争;

(3) 为以后的降价留下了利润空间。

弊端在于:

(1) 如果没有特殊的技术、资源等优势,高价格高利润会引来大量竞争对手,使高价格难以维持太久;

(2) 当新产品尚未在用户心中树立起相应的声誉时,高价格不利于市场开拓,甚至会引起公众的反感。

(二) 低价策略

低价策略即为新产品定一个较低的上市价格,以期吸引大量用户,赢得较高的市场占有率。采用低价策略有一定的前提条件:

(1) 新产品的价格需求弹性高;

(2) 企业具有规模效应;

(3) 新产品的潜在需求量大。

营销视野 4-5
营销视野 4-6

这种策略的利弊与高价策略刚好相反,是一种着眼于企业长期发展的策略。但在利用这种策略进入国际市场时,应注意不要让进口国指控为倾销,否则有可能遭到倾销指控。另外,还要注意不要引发市场价格大战。这是因为当时汽车市场上各大汽车公司实力都很雄厚,谁都难以靠低价击垮对方,低价竞争的结果只能是数败俱伤。比较现实的做法是:各自在被分割和相对垄断的市场上,采取中价策略,把竞争的重点放在汽车的质量性能、品种和服务上。

对于企业来说,到底采取高价还是低价策略,应综合考虑各种因素的影响(见表 4-2)。

表 4-2 定价因素表

制约因素	高价	低价	制约因素	高价	低价
1. 促销手段	很多	很少	10. 商品用途	多	单一
2. 产品特性	特殊品	便利品	11. 售后服务	多	少
3. 生产方式	预定	标准化	12. 产品生命周期	短	长
4. 市场规模	小	大	13. 需求价格弹性	小	大
5. 技术变迁性	创新速度快	相对稳定	14. 生产周期	长	短
6. 生产要素	技术密集	劳动密集	15. 商品差异化	大	小
7. 市场占有率	低	高	16. 产品信誉	优良	一般
8. 市场开发程度	导入	成长	17. 质量	优	一般
9. 投资回收期	短	长	18. 供给量	小	大

二、产品组合定价策略

对大型汽车企业来说,其产品并不只有一个品种,而是某些产品的组合,这就需要企业制定一系列的产品价格,使产品组合取得整体的最大利润。这种情况的定价工作一般比较复杂,因为不同的产品,其需求量、成本和竞争程度等情况是不相同的。

产品组合定价策略有以下几种形式:

(一)产品线定价策略

在同一产品线中,各个产品项目是有着非常密切的关系和相似性的,企业可以利用这些相似性来制定同一条产品线中不同产品项目的价格,以提高整条产品线的盈利。如企业同一产品线内有 A、B、C 三种产品,分别定价为 a(高价)、b(中价)、c(低价)三种价格,则用户自然会把这三种价格的产品分为不同的三个"档次",并按习惯去购买自己期望的那一档次的产品。

（二）选择品及非必需附带产品的定价策略

企业在提供汽车产品的同时，还提供一些与汽车相关的非必需产品，如汽车收录机、暖风装置、车用电话等。一般而言，非必需附带品应另行计价，以让用户感到"合情合理"。

非必需附带产品的定价，可以适当定高价。如汽车厂商的销售展厅内摆放的全是有利于显示产品高贵品格的产品，在强烈的环境感染下，用户常常会忽视这些选择品的性价比。

（三）必需附带产品定价策略

必需附带产品又称连带产品，指必须与主机产品一同使用的产品，或主机产品在使用过程中必需的产品（如汽车零配件）。一般来说，企业可以把主机产品价格定得低些，而将附带产品的价格定得高些，这种定价策略既有利于提高主绑产品价格的竞争性，而又不至于过分牺牲企业的利润。这是一种在国际汽车市场营销中比较流行的策略。

（四）产品群定价策略

为了促进产品组合中所有产品项目的销售，企业有时将有相关关系的产品组成一个产品群成套销售。用户有时可能并无意购买整套产品，但企业通过配套销售，使用户感到比单独购买便宜、方便，从而带动了整个产品群中某些不太畅销的产品的销售。使用这一策略时，要注意搭配合理，避免硬性搭配（硬性搭配的销售行为是不合法的）。

三、心理定价策略

（一）声望定价策略

指利用用户仰慕名牌产品或企业声望的心理来定价的策略，往往把价格定得较高。这种方法尤其适用于产品成本、质量不易鉴别的产品。因为用户在不容易区分不同产品的成本、质量的情况下，往往以品牌及价格来决定取舍。此外，一些"炫耀"性产品也适合保持较高的价格水平，如"凯迪拉克"汽车。

（二）尾数定价策略

指利用用户对数字认识上的某种心理，在价格的尾数上做文章。如，企业故意将产品的定价定出个尾数，让用户感到企业的定价比较公平合理；又如，将尾数定为"9"，以满足人们长长久久的心理；将尾数定为"8"，以迎合用户"恭喜发财"的心理等。

四、地区定价策略

企业要决定卖给不同地区客户的产品,是否要实行不同的价格,实行差别定价。概括地看,地区定价策略有:

(1) 统一定价。即对全国各地的客户,实行相同的价格,客户不管去哪家经销商购买,产品的价格都是一样的。执行这种策略,有利于吸引各地的客户,规范市场和规范企业的营销管理。

(2) 基点定价。即企业选定某些城市作为基点,在这些基点城市实行统一的价格,客户或经销商在各个基点城市就近提货。如在制造厂商设在全国的地区分销中心或地区中转仓库提货,客户负担出库后至其家里的运送费用。

(3) 分区定价。即将全国市场划分为几个市场销售区,各区之间的价格不一,但在区内实行统一定价。这种定价方法的主要缺点是价格不同的两个相邻区域,处于区域边界的用户对相同的商品却要付出不同的价款,且容易出现"串货"或商品的"倒卖"现象。

(4) 产地定价。即按产地的价格销售,经销商或用户负责从产地到目的地的运输,负担相应的运费及相关风险费用。这种定价策略已经不大采用,除非在销售较为旺盛时,部分非合同销售才可能出现这种情况。

五、折扣定价策略

折扣定价是应用较为广泛的定价策略。主要的类型有:

(1) 功能折扣,又作贸易折扣。即厂商对功能不同的经销商给予不同折扣的定价策略,以促使他们执行各自的营销功能(推销、储存、服务等)。

(2) 现金折扣。即给予立即付清货款的客户或经销商的一种折扣。其折扣直接与客户或经销商的货款支付情况挂钩,当场立即付清时得到的折扣最多,而在超过一定付款期后,不仅得不到折扣,反而还可能要交付一定的滞纳金。

思考:举例说明常见的折扣方式。

(3) 数量折扣。即与客户或经销商的购买批量挂钩的一种折扣策略,批量越大,享受的折扣越大。我国很多汽车企业均采取了这种策略。

(4) 季节折扣。即与时间有关的折扣,这种折扣多发生在销售淡季。客户或经销商在淡季购买时,可以得到季节性优惠,而这种优惠在销售旺季是没有的。

(5) 价格折让。当客户或经销商为厂商带来其他价值时,厂商为回报这种价值而给予客户或经销商的一种利益实惠,即折让。如客户采取"以旧换新"方式购买新车时,客户只要付清新车价格与旧车价格间的差价,这就是以旧换新折让。又如,经销商配合厂商进行了促销活动,厂商在与经销商清算货款时则给予一定折扣,这种折扣就是促销折让。

六、价格调整策略

产品价格制定之后,由于市场环境的变化,企业需及时对产品的价格进行调整。产品价格的调整一般可分为主动调整和被动调整两种。

(一)价格的主动调整

在市场营销中,企业出于某种营销目的,经常主动地对价格进行调整,包括主动降价和主动提价。

1. 主动降价

企业降价的原因很多,有来自企业外部的因素,也有企业内部策略的转变等,主要有:(1)产品供过于求,严重积压,运用各种营销手段(价格策略除外),仍难以打开销路;

(2)市场争激烈,只有通过降价来提高市场占有率;

(3)企业的产品成本比对手低;

(4)产品的使用价值下降;

(5)市场需求进入淡季;

(6)政治、法律、环境的影响及经济形势的变化,特别是出现通货紧缩、市场疲软、经济萧条的宏观经济形势,或者出现币值上升,社会物价整体水平下降的情况。

企业降价的具体方式,既可以选择直接降价,也可以选择间接降价。

采用直接降价策略,可以刺激用户的购买欲望,增加产品的销售量,但如果降价时机选择不当或降价方式不合适、宣传不够,也会产生不良影响。一般来说,降价时购买者可能理解为:

(1)该产品可能被淘汰;

(2)产品有缺陷;

(3)产品已经停产,零配件供应将会有困难;

(4)降价还会持续,特别是小幅连续降价时,最易引起购买者持币待购;

(5)企业遇到了财务困难。

因此降价策略必须谨慎使用。

间接降价(又作变相降价),可以缓解价格竞争,避免误导购买者,促进产品销售,是常用降价方式。常见的间接降价方式有:

(1)增加价外服务项目。

在欧美日等国家,此种方法被大量采用,如:① 对购买者提供低息贷款;② 赠送车辆保险或一定数量的燃油;③ 免费送货上门;

④ 增加质量保修内容,延长质保期限或里程等。国内的汽车厂商也大量采用这种方法。

(2) 赠送礼品和礼品券。

(3) 举办产品展销,展销期间价格优惠。如开展"销售优惠月"活动,优惠月内价格优惠,这种短期的降价活动有很强的促销作用。

(4) 在不提高价格的前提下,提高产品质量,改进产品性能,提高产品附加值。

(5) 给予各种价格折扣。

营销视野 4-7

2. 主动提价

企业调高价格的原因也很多,主要有:

(1) 产品供不应求;

(2) 成本费用增加;

(3) 通货膨胀,货币贬值,原有价格就会低于产品价值,为了避免损失,必须提高价格;

(4) 产品进行了改进,质量、性能都有所提高;

(5) 政府为了限制某些商品的消费,可能会征收高额税收,导致价格提高。

产品提价通常会抑制需求,但有时会使用户将提价理解为:

(1) 此产品为走俏产品;

(2) 该产品有新功能或特殊价值;

(3) 可能还要涨价,迟买不如早买。

所以,如果提价时机好,促销广告宣传有力,提价有时反而会激发增强购买欲望,增加产销量。但要注意,提价时一定不能引起用户反感。有时,在需要提价的情况下,企业为了不招致用户的注意和反感,会采用间接提价策略,例如:

(1) 在签订大宗合同时,规定价格调整条款,即对价格不作最后限价,规定在一定时期内(一般为交货时),可以按当时价格与供求行情对价格进行调整。

(2) 减少系列产品中利润较少产品的生产,扩大利润较高产品的生产。

(3) 减少某些服务项目,以降低生产和服务成本。

(4) 开展价值工程研究,节约某些项目成本,以降低生产成本。

(二) 价格的被动调整

价格的被动调整是对竞争对手调整价格后做出的反应。如果竞争对手进行了价格调整,为了让本企业不失去商机,企业就要仔细研究以下问题:竞争对手为什么要调整价格?是为了夺取市场,还是其生产成本发生了变化?竞争者调价是长期的还是短期的?是局部调整,还是全局调整?其他企业将会如何反应?如果本企业不予应对,其他企业是否会给予应对?如果本企业进行价格调整,竞争者又会有什么反应等。

综合考虑以上问题后,企业就可选择相应的价格措施,例如降低价格、维持价格或通过非价格竞争达到目的。

1. 影响汽车定价的主要因素有哪些?
2. 常见的汽车定价方法是哪几种并简述之。
3. 常见的几种汽车产品价格策略是哪些?
4. 汽车定价过程包括的主要环节是什么?

案例分析

1. 讨论:对奥迪 A4L 而言,沃尔沃 S60L 降价和大众捷达降价对它的影响一样吗?为什么?
2. 学生每四个人为一组,找两个互为竞争对手的车型,对他们的定价进行分析。

第五章 汽车分销策略

1. 了解分销渠道的一般理论。
2. 熟悉汽车产品分销渠道的发展现状。
3. 掌握汽车销售物流管理的内容。

第一节 分销渠道的一般理论

汽车企业有了适销对路的产品和合理的价格,还必须通过适当的分销渠道,才能克服产品在厂商与用户之间存在着的时间、地点、数量和所有权等方面的差异和矛盾,实现产品从生产者到用户的流通,并不断增强企业抵御市场风险的能力。

一、分销渠道的概念

(一)分销渠道的定义

分销渠道(Distribution Channel)又被称为营销渠道、交易渠道、配销通路,自20世纪60年代营销管理理论体系确立以来,学术界与企业界从不同的视角各自为分销渠道进行了定义,比较有代表性的有以下几种:

美国市场营销协会(AMA)的定义委员会在1960年给分销渠道下的定义是:"厂商内部和外部的代理商和经销商(批发和零售)的组织机构,通过这些组织,商品(产品和劳务)才得以上市行销"。

肯迪夫和斯蒂尔给分销下的定义是:"产品或劳务从制造商向消费者移动的过程中,直接或间接转移所有权所经过的途径"。

美国著名营销学家菲利普·科特勒(Philip Kotler)教授在《市场营销管理》一书中对分销渠道下的定义是:"分销渠道是使产品或服

务能被使用或被消费而配合起来的一系列相对独立的组织的集合"。

综上所述,汽车分销渠道是指汽车产品或服务从制造厂商向用户转移过程中所经过的一切取得所有权(或协助所有权转移)的商业组织和个人,即汽车产品或服务从制造厂商到用户的流通过程中所经过的各个环节连接起来形成的通道。分销渠道通过其组织成员的协调运作,弥补产品或服务的生产与消费在消费形式、所有权转移、消费时间以及消费地点之间的差异,为最终使用者创造价值。

(二) 分销渠道的功能

营销视野 5-1

结合汽车产品的分销实际,分销渠道一般应具有以下功能:

(1) 售卖功能。这是分销渠道最基本的职能,产品只有被售出,才能完成向商品的转化。汽车厂商与其经销商的接洽,经销商与用户的接洽,以及他们之间所进行的沟通、谈判、签订销售合同等业务,都是在履行分销渠道的售卖职能。

(2) 投放与物流功能。由于各地区的市场和竞争状况是不断变化的,分销渠道必须要解决好何时将何种商品以何种数量投放到何种市场上去,以实现分销渠道整体的效益最佳。

(3) 促销功能。即进行关于所销售的产品的说服性沟通。几乎所有的促销方式都离不开分销渠道的参与,而人员推销和各种营业推广活动,则基本是通过分销渠道完成的。

(4) 服务功能。现代社会要求销售者必须为消费者负责。同时,服务质量也直接关系到企业在市场竞争中的命运。因而分销渠道必须为用户提供满意的服务,并体现企业形象。汽车产品因其结构特点、使用特点和维修维护特点,要求分销渠道必须对用户提供良好的服务,而且趋势是要求越来越高。

(5) 市场研究和信息反馈功能。由于市场是一个时间和空间的函数,分销渠道应密切监视市场动态,研究市场走势,尤其是短期市场变化,收集相关信息并及时反馈给生产厂家,以便厂家的生产能够更好地与市场需求协调一致。

(6) 资金结算与融通功能。为了加速资金周转,减少资金占用及相应的经济损失,生产厂家、中间商、用户之间必须及时进行资金清算,尽快回笼货款。此外,生产厂家与中间商、中间商与用户之间,还需要相互提供必要的资金融通和信用,共同解决可能的困难。

(7) 风险分担功能。汽车市场有畅有滞,中间商与生产厂家应是一个命运共同体,畅销时要共谋发展,滞销时也要共担风险。只有如此,中间商与生产者才能共同得到长期发展。

(8) 管理功能。大部分整车厂家的分销渠道是一个复杂的系统,需要能够进行良好的自我管理。

需说明的是,分销渠道的以上功能,并不意味着所有的中间商都必须具备,中间商的具体功能可以只是其中的一部分,这与中间商的类型和作用有关。通常对从事汽车(轿车)整车分销业务的中间商,基本的功能要求主要集中在整车销售、配件供应、维修服务、信息反馈等方面(称作"四位一体")。当然,随着汽车市场的发展,汽车中间商的功能也会变化,如履行车辆置换、旧车回收、二手车交易、汽车租赁等业务职能。

(三) 分销渠道的类型

根据不同的市场环境和条件,制造厂商分销渠道的类型多种多样,为了清楚地表述厂商分销渠道,一般使用渠道长度和宽度来对其进行描述。渠道长度是指在向消费者(用户)转移过程中所经历的环节(中间商)的多少,即一条渠道所包含中间商(组织或个人)数目的多寡,中间环节数目多,渠道就长。渠道宽度是指产品(服务)向消费者(用户)转移的渠道(通道)的多少,任何一条渠道(通道)都可以实现产品(服务)向消费者(用户)的转移功能。

按照渠道长度与宽度的不同,厂商的分销渠道可分为不同的结构类型。

1. 厂商的分销渠道按其有无中间环节一般分为直接渠道和间接渠道两大类

直接分销渠道。也叫零层渠道,是指厂商根据市场目标和市场条件的实际情况设立自有的销售机构,配备销售人员,将产品或服务直接销往用户的渠道形式。直接分销渠道是长度最短的分销渠道,此时厂商与销售商可能是相互独立的法人,也可能是从属或者同时隶属于一个法人集团。直销渠道适用于厂商销售力量雄厚、产品技术含量高或作为工业品销售的厂商。当新产品处于导入期时,为了更加有力地执行厂商的市场政策,有时也使用直销渠道。

间接分销渠道。间接分销渠道是指厂商对产品和服务的分销是在中间商参与的条件下实现的,按照中间层次的多少又可分为:一级渠道、二级渠道、三级渠道等,如图5-1所示。根据厂商与中间商合作方式的不同,间接渠道分为经销制和代理制。

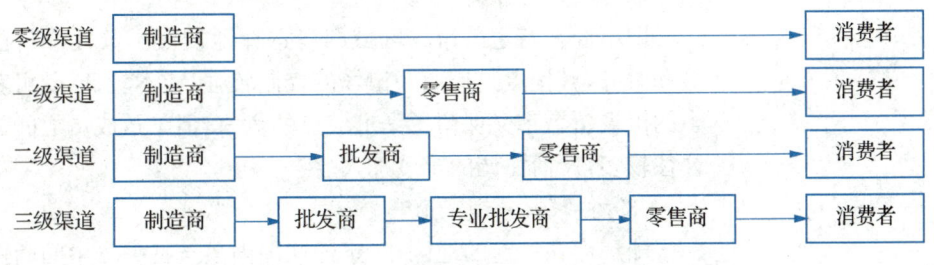

图5-1 分销渠道的长度结构模式

(1) 经销制

在制造商与中间商双方协商的基础上,制造商以优惠的价格将产品卖给经销商,然后由经销商加价转卖给其他中间商或消费者,其加价部分形成经销商的经营毛利。经销制的根本特征是商品所有权发生了转移,即随着买卖行为的发生,销售风险由制造商转给了经销商。作为风险补偿,制造商除对经销商提供较大的价格折扣或较低的出厂价以外,一般还对目标市场进行广告宣传等促销投入,以帮助经销商开发市场。

(2) 代理制

代理制是制造商通过合同等契约形式把产品销售权交给代理商,从而形成制造商与代理商之间长期稳定的代理关系。代理制作为产品分销渠道,其形式多种多样。从国外的实践来看,按代理商与厂商的交易方式,代理可以分为两大类:佣金代理和买断代理,如图5-2所示。

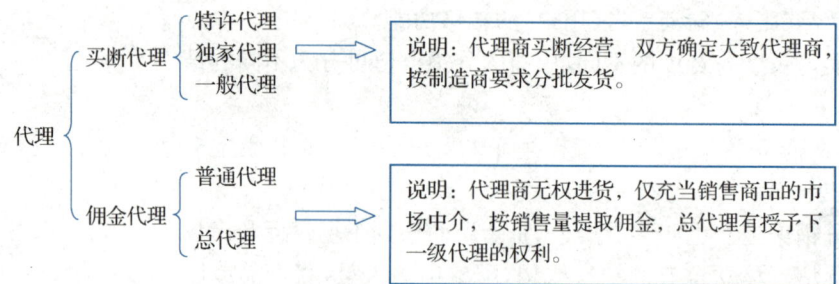

图5-2 代理制的分类

以上经销商、代理商等渠道成员,又统称为中间商。

2. 厂商分销渠道的宽度结构

厂商分销渠道的宽度结构类型,包括以下三种。

(1) 密集式分销渠道

指制造商在一个销售地区发展尽可能多的中间商销售自己的产品和服务,其优点是可以广泛占领市场,方便消费者购买,交货及时,但中间商市场分散,难以控制。

(2) 选择式分销渠道

即厂商在特定的市场区域内有选择地发展少数几个自己的产品和服务,其优点是厂商对市场的控制较强、成本较低,既可获得适当的市场覆盖率又保留了渠道成员的竞争,但渠道成员之间的冲突往往较多,厂商协调的难度加大。

(3) 独家式分销渠道

即厂商在一定的地区,一定的期限内只选择一家中间商销售自己的产品和服务,其优点是厂商对渠道的控制力强,有利于统一市场政策和市场形象,渠道成本较低,但渠道成员缺乏竞争压力,厂商在当地的销售受中间商影响大,市场覆盖率较小。

3. 系统结构

根据渠道成员相互联系的紧密程度,分销渠道还可以分为传统销售渠道和整合渠道系统两大类,其系统机构如图5-3所示。

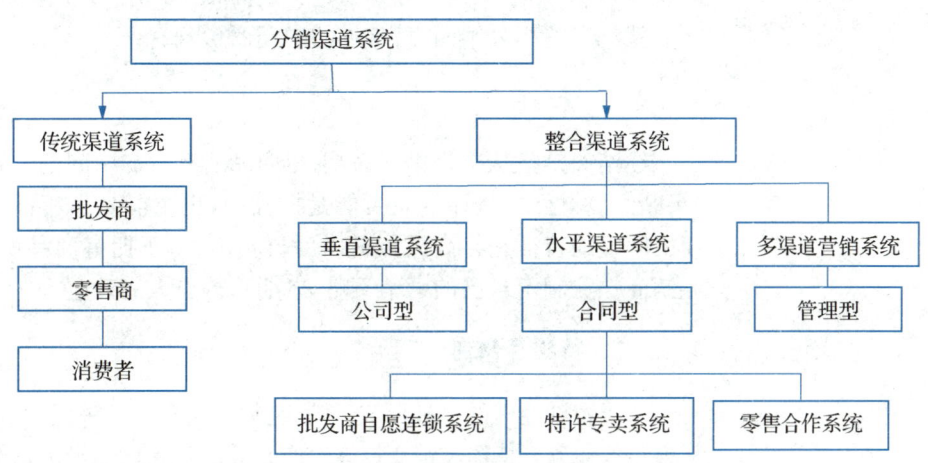

图5-3 分销渠道系统

(1) 传统渠道系统

是指由独立的制造厂商、批发商、零售商和消费者组成的分销渠道。传统渠道系统成员之间的系统结构是松散的。由于这种渠道的每一个成员均是独立的,他们往往各自为政,各行其是,都为追求其自身利益的最大化而激烈竞争,甚至不惜牺牲整个渠道系统的利益。在传统渠道系统中,几乎没有一个成员能完全控制其他成员。

(2) 整合渠道系统

是指在渠道系统中,渠道成员通过不同程度的一体化整合形成的分销渠道。整合渠道系统主要包括:

① 垂直渠道系统。这是由制造商、批发商和零售商纵向整合组成的统一系统。该渠道成员或属于同一家公司,或将专卖特许权授予其合作成员,或有足够的能力使其他成员合作,因而能控制渠道成员行为,消除渠道冲突。

② 水平渠道系统。这是由处于渠道同一层次的两家或两家以上的公司横向联合,共同开拓新的营销机会的分销渠道系统。这些公司或因资本、技术、营销资源不足,无力单独开发市场;或因惧怕承担风险;或因与其他公司联合可实现最佳协同效应,因而组成共生联合的渠道系统。这种联合,可以是暂时的,也可以组成一家新公司,使之永久化。

③ 多渠道营销系统。这是对同一或不同的细分市场,采用多渠道的分销体系。

二、汽车产品中间商的类型与特征

中间商是指居于生产者与用户之间,参与商品交易业务,促使交易实现的具有法人资格的经济组织和个人。中间商是分销渠道的主体,企业产品绝大部分是通过中间商转卖给用户的。

就汽车整车分销而言,常见的中间商形式有:

(一)经销商

经销商是指从事货物交易,取得商品所有权的中间商。它属于"买断经营"性质,具体形式可能是批发商,也可能是零售商。经销商最明显的特征是将商品买进以后再卖出,由于拥有商品所有权,经销商往往制定自己的营销策略,以期获得更大的效益。

(二)特约经销商

属于特许经营的一种形式,是通过契约建立的一种组织,一般只从事零售业务。特约经销商具有生产企业的某种(类)产品的特许专卖权,在一定时期和在指定市场区域内销售生产企业的产品,并且只能销售生产企业的产品,不能销售其他企业的相同或相近产品。

特约双方每一年度商定大致的销售量(一般签订年度销售合同作为考核目标)。生产企业按特约经销商的要求分批发货(如按月订单发货),明确规定产品的出厂价,特约经销商用出厂价实行买断经营,按生产企业规定的市场限价(或价格波动幅度)售出产品,并承担市场风险(生产企业宣布产品降价除外,此时生产企业将对特约经销商手中尚未售出的降价产品,给予降价补贴)。

汽车产品特约经销商的条件有:除一般经销商的条件外,还应建立了品牌专营机构,有符合要求的专用展厅和服务、管理设施,有专职的销售、服务人员,有较强的资金实力和融资能力,有良好的信用等级。

(三)销售代理商

销售代理商属于佣金代理形式,是指受生产企业委托,在一定时期和在指定市场区域及授权业务范围内,以委托人的名义从事经营活动,但未取得商品所有权的中间商。代理商最明显的特征是,寻找客户,按照生产企业规定的价格向用户推销产品,促成交易,以及代办交易前后的有关手续。若交易成功,便可以从委托人那里获得事先约定的佣金或手续费;若商品没有销售出去,也不承担风险。销售代理商一般是"品牌专营"的企业法人。

(四)总代理

总代理是指负责生产企业的全部产品所有销售业务的代理商,多见于实行产销分离体制的企业集团。总代理商一般与生产企业同属一个企业集团,各自分别履行销售和生产两大职能。除了为生产企业代理销售业务外,还为生产企业开展其他商务活动。

综上所述,批发商与零售商是相对应的概念,而经销商与代理商是相对应的概念;经销商赚取商品的购销差价,代理商赚取的是佣金。

三、分销渠道设计、组织与管理

总的来讲,分销渠道设计要围绕营销目标进行,要有利于企业的产品不断提高市场占有率、地区覆盖率和各地用户满足率(当地供应资源与市场需要量的比率),要有利于企业抵御市场风险。在此基础上形成能够充分履行渠道功能,长期稳固而又能适应市场变化的渠道,将不断地为企业开辟稳定的用户群或区域市场。

(一)影响分销渠道设计的因素

企业在进行分销渠道设计前,必须首先分析其分销渠道的设计将会受到哪些因素的影响。影响汽车产品分销渠道设计的因素有:

1. 企业特性

各生产企业在生产规模、企业声誉、财务能力、产品组合、渠道经验等方面存在差异,因而其分销渠道就应存在差别。如相对小型企业而言,大型企业宜在市场上适当的地方,设立一些营销子公司,而不是办事处。企业特性不同,对中间商具有不同的吸引力和凝聚力,影响到企业对中间商的类型和数量的决策,如大型企业较容易得到各地有实力的中间商的加盟。

2. 产品特性

产品的产量、销量、价值、需求、产品结构、储运及技术服务等方面的具体特点不同,要求渠道的形式、中间商类型不同。因而分销渠道的设计应在兼顾辅助产品和未来发展产品需要的基础上,围绕主导产品的特点去组建,以利于企业主导产品的分销。如主导产品的用途是特别专业化的,企业可能不需要中间商,而直接采用人员推销销售方式。

3. 市场特性

产品销售的地理范围、购买者类型以及市场竞争特点的差异,也影响着渠道设计。例如,市场集中就适合组建短渠道;市场需求分布较广,就要采取宽渠道;市场竞争激烈,宜采取封闭渠道成员的措施等。要研究竞争对手的渠道特点,分析本企业的分销渠道是否比竞争者更具活力。

4. 营销目标特性

各企业的目标市场,决定了其分销渠道的具体特点。一般而言,企业应重视自己的传统市场区域的分销渠道的建设与管理,这是保证企业市场稳定的有效途径。同时,企业对拟开发的新兴目标市场,也应选择合适的分销商,以起到事半功倍的作用。

5. 中间商特性

中间商的经济实力、资信等级、销售能力、服务能力、展示条件、存储设施及其交通方便性,都将影响到他的功能和作用,这是发展分销渠道须重点考察考评的。

6. 环境特性

各地方的政策特性,是欢迎还是排斥企业在当地设立分销商,是否还有其他重要的环境因素需要考虑,这些都是企业必须认真研究的。

企业在分析了以上因素的影响后,就可以开展分销渠道的设计了。

(二) 分销渠道设计的内容

销售渠道设计主要包括确定渠道长度、宽度和规定渠道成员彼此的权利、责任和义务三方面的内容。

1. 确定渠道长度

企业销售渠道设计首先要决定采取何种类型的销售渠道,即是采取自销还是通过中间环节分销。如果决定采用中间商分销,还需进一步决定运用何种类型和规模的中间商。

2. 确定中间商数目

即决定渠道的宽窄。通常有以下三种策略可供选择:

(1) 开放型策略

开放型策略指的是只要企业信得过,不管是哪一类型的中间商,也不限制其数量,都可以经营本企业的产品,这种策略较适应卖方市场,而且费用比较少。但其缺陷是渠道多而混乱,企业对整体渠道系统难以控制,难以同较有实力的中间商形成长期合作关系。

(2) 封密性策略

封密性策略即独家经销或排他性策略,它要求生产企业和中间商之间用协议方法或组建营销全资、控股子公司等办法,规定中间商只能在指定地方销售本企业的产品,而不能销售其他厂家的产品,尤其是不能销售竞争对手的产品。

封密性策略对生产企业的好处是:

① 由于只能经销一个企业的产品,中间商必须成为企业的有

力支持者,必然关心企业的产品改进,洞察市场行情和周到地为用户服务。

② 企业可以集中精力管理和控制好销售渠道,便于企业贯彻营销策略,限制渠道系统内的"无政府"行为。

③ 企业只同少数中间商打交道,有利于降低营销费用,也便于在中间商处建立产品中转分流站,提高中间商的规模经济效果。

④ 容易保证渠道系统的信息畅通,便于企业及时掌握市场行情和销售动态。

封密性策略对生产企业的缺点是:

① 企业对中间商依赖性较大,如果中间商工作不力,企业容易失去一部分市场。

② 不利于更宽地扩大市场覆盖面,容易出现市场盲点。

③ 企业必须要有足够多的品种、规格和数量供应,否则中间商因业务量过少,能力闲置而积极性不高。

封密性策略对中间商的好处是:

① 有生产企业作坚强的后盾,可以提高中间商在当地的地位和影响力。

② 易得到生产企业强有力的支持,如包括投资的直接支持和企业所做广告等的间接支持。

封密性策略对中间商的缺点主要是:中间商失去了独立性,生产企业如有政策变化而选择另一中间商,则原中间商可能会陷入不利局面。

(3) 选择性分销策略

选择性分销策略指在每个地区选择一定数量的具备一定条件的批发商或零销售商经销生产企业的产品。被选中的中间商不仅经营本企业的产品,还允许自由地经营其他企业的产品。这一策略的优点是,企业可以选择经营规模大、资金雄厚、经营效率高、容易协作的中间商作为渠道成员。这一策略所选的中间商数目比开放型策略少,企业也便于对渠道成员进行控制、指导和管理。

按照策略三,企业在选择中间商时应考虑其经营范围、经营规模、经济实力、支付能力、管理水平、存储设施、服务能力、用户声誉、价格态度、用户群特征、当地影响力等,选择其中的优秀者作为企业销售渠道成员。

(三) 渠道方案的评估

企业在渠道设计方案确定后,必须对方案进行评估,以保证方案的科学性和合理性,尽量有利于企业的长远目标。评估主要从三个方面来进行:一是渠道的经济效益;二是企业对渠道的控制能力;三是渠道对市场适应性。

1. 渠道经济效益的评估

这种评估主要是考虑每一渠道的销售额与成本的关系。企业一方面要考虑自销和利用中间商哪种方式销售量大;另一方面还要比较二者的成本。一般来说,利用中间商的成本比企业自销要小,但当销售额超过一定水平时,利用中间商的成本则愈来愈高,因为中间商通常要收取较大固定比例的价格折扣,而企业自销只需支付自己的销售员工资加部分奖励。因此规模较小的企业或大企业在销售量不大的地区或产量较小的产品品种,利用中间商较合算,当销售量达到一定规模后,则宜设立自己的分销机构。

2. 渠道控制力的评估

一般来说,自销渠道比利用中间商更有利于企业对于渠道系统的控制。因为中间商是独立的商业组织,他们必须关心自己的经济效益,而不仅是生产企业的利益,只有那些能为中间商带来持久利润的产品和营销政策才使他们感兴趣。

3. 渠道适应性的评估

企业与中间商在签订长期合约时要慎重从事,因为在签约期间,企业不能根据需要随时调整渠道成员,这会使企业的渠道失去灵活性和适应性。所以涉及长期承诺的渠道方案,只有在经济效益和控制力方面十分优越的条件下,企业才可能考虑。

(四) 分销渠道的组织

分销渠道的组织是对分销渠道方案的落实。企业在招募中间商时,可能会遇到两种情况,一是申请要求加盟的中间商很多,二是申请要求加盟的中间商很少。前者可能是由于企业的实力强,社会声望高,或者是企业给予的独家分销或选择分销的特权的吸引力较强。后一种情况则反之。但无论如何,"获得经济利益"是中间商加盟的"硬道理",所以企业无论大小,只要产品好销,能够获利,企业就能找到合适的中间商。

采取不同的组织方式,将会建立性质不同的中间商,并决定了企业与中间商今后的关系。分销渠道的组织方式有三种:

(1) 企业在目标市场设立自己的销售网点(子公司、分公司或销售点)。

(2) 企业与各地的中间商共同组建分销机构(合资公司、股份公司或合作公司)。

(3) 企业在社会中间商中招募经销商、特约经销商或销售代理商。

(五) 分销渠道的管理

分销渠道的管理,主要包括对各类中间商的培训、激励、考核、调整和协调等内容。

1. 培训与激励

企业需要仔细地制定渠道成员的培训计划,并认真执行,特别是产品的技术含量较高的企业,尤其如此。培训的对象包括中间商负责人、中高级管理人员,属于高级层次的培训;中间商的各种业务的骨干人员,属于业务层次的培训。高级培训的培训内容,包括战略培训,企业对中间商管理规范的培训等。业务培训的内容,涉及会计与财务业务、销售和服务管理业务、信息管理业务、配件业务、新型拓展业务及产品关键技术等。

2. 考核与调整

对中间商的工作绩效要定期考核,如对销售定额完成情况、平均存货水平、送货时间、对残次品的处理情况、促销和培训计划的合作情况、货款返回状况、对顾客提供的服务水平和顾客的满意度、经营设施的投资水平及改进情况、执行生产企业营销政策的情况等,都是经常性考核的项目内容。这些考核一般以年度为周期进行,考核的结果将是企业对中间商进行计酬、奖励、惩处,乃至调整或取消某些渠道成员的依据。

3. 协调与管理

渠道成员间经常出现冲突,需要加以协调。渠道冲突主要有三种类型:

(1)垂直渠道冲突。即同一条渠道中不同层次之间的冲突。如生产商与代理商之间,批发商与零售商之间,可能就购销服务、价格和促销策略等方面发生矛盾和冲突。

(2)水平渠道冲突。即不同渠道内同一层次渠道成员之间的冲突。如经销商之间的区域市场冲突。

(3)多渠道冲突。即两条以上的渠道向同一市场出售产品引起的冲突。

营销视野 5-2
营销视野 5-3

四、渠道间的冲突、合作和竞争

对渠道无论进行再好的设计和管理,总会有某些冲突,最基本的原因就是各个独立的企业实体的利益不可能一致。当一个渠道成员为了自己的利益而做出不利于渠道的行为时就会发生渠道冲突。

(一)冲突和竞争的类型

假定一个汽车制造商建立了包括批发商和零售商在内的垂直渠道。制造商希望渠道合作,该合作产生的利润高于各自为政的各个渠道成员的利润。然而,垂直、水平和多渠道的冲突也产生了。

(1)垂直渠道冲突:垂直渠道冲突指在同一渠道中不同层次企

业之间的冲突,这种冲突较之水平渠道冲突要更常见。例如,某些批发商可能会抱怨生产企业在价格方面控制太紧,留给自己的利润空间太小,而提供的服务(如广告、推销等)太少;零售商对批发商或生产企业,可能也存在类似的不满。例如通用汽车公司为了实行有关服务、价格和广告方面的一系列政策,与它的经销商产生了矛盾。

(2) 水平渠道冲突:水平渠道冲突指的是同一渠道模式中,同一层次中间商之间的冲突。在水平渠道中,各成员之间的联系是一种横向的关系,大家都是平等的,即他们在权力上处于同一个水平线,但利益是独立的。在芝加哥,一些福特汽车经销商对该城市的另外一些福特汽车经销商感到不满,埋怨它们在价格和广告方面过于激进。

(3) 多渠道冲突:多渠道冲突是指企业建立了两条或两条以上的渠道向同一市场分销产品而产生的冲突,其本质是几种分销渠道在同一个市场内争夺同一种客户群而引起的利益冲突。当某个渠道成员降低价格(在大量购买基础上)或者降低毛利时,多渠道冲突就会变得更强烈。

(二)渠道冲突的原因

确定产生渠道冲突的不同原因是重要的。有些原因很容易解决,另一些却很难协调,渠道冲突产生的根本原因是制造商与中间商目标的不一致。例如,制造商想要通过低价政策获取快速市场增长,另一方面,经销商更偏爱毛利而追求短期的赢利率,或者相反。有时候,冲突产生于不明确的任务和权利。

冲突还产生于认知差异,比如,制造商可能对近期经济前景表示乐观并要求经销商多备存货,但经销商却对经济前景并不看好;冲突的原因还在于中间商对制造商的依赖性。例如,一些专营性经销商如汽车经销商的前途受制造商产品设计和定价的连带影响。这是产生冲突的隐患。

(三)渠道冲突管理的主要策略

一般看来,渠道冲突的管理主要有两种方式:其一,设立超级目标,即设立超越具体组织利益满足大多数或所有组织利益的目标。其二,加强渠道成员的沟通联系,即通过加强成员间的沟通和联系,从基本关系上尽可能消除彼此间的障碍和不一致。

营销视野 5-4

第二节 汽车产品分销渠道的发展

汽车产品的分销渠道既符合一般产品分销渠道的基本特征,又具备自身的特点。营销者不仅应了解分销渠道设计的有关理论,更重要的是要在实践中,为企业建立有效的分销渠道系统做出成绩。本节将主要分析汽车企业分销渠道的具体实践问题,对国内外汽车企业分销渠道的发展现状、发展经验进行归纳总结,并探讨其发展方向。

一、国内外汽车分销渠道运行现状

(一)汽车交易市场

和其他的交易市场一样,汽车交易市场是指各种不同的汽车产品和众多的经销商集中在同一场所,以店面的方式开展经营,由多个代理经销商分销,形成集中的多样化交易场所。从经营模式即市场的管理者是否同时是经营者可以分为:以管理服务为主,以自营为主(目前这种模式占有形市场的80%～90%),管理经营并重等三种模式。

这种方式出现在20世纪90年代,其主要优势在于多样化的品种选择和完善的配套服务。在我国,由于占市场主体的个体消费者大都是第一次购买而且非常注重价格,因此,货比三家是他们的必然选择。而交易市场可以最大限度地满足他们的这种需求。然而伴随着消费者的成熟、市场竞争的加剧和各种渠道的相继建立,其在销售后期缺乏服务功能、服务与销售功能相脱离、无法适应消费者日益增长的对质量和服务的要求的劣势将会显现出来。

(二)品牌专卖店

品牌专卖是一种以汽车制造商的营销部门为中心,以区域管理中心为依托,以特许或特约经销商为基点,集新车销售(Sale)、零部件供应(Spare part)、维修服务(Service)、信息反馈与处理(Survey)为一体,受控于制造商的渠道模式,主要以"三位一体"(sale\spare part\service)和"四位一体"(sale\spare part\service\survey)为表现形式。4S专卖店的产生可以说是市场竞争到一定程度的必然结果。

(三)连锁经营店

连锁经营模式是指由一家大型商店控制的,许多家经营相同或者相似业务的分店共同形成的商业销售网。其核心就是"六统一"即:统一订货,统一配送,统一结算,统一管理,统一形象和统一服务标准。根据所有权、经营权的不同,它可以分为正规连锁(所有权统一)、自愿连锁(所有权独立)和特许连锁(授权经营)等三种形式。而按照连锁总部主导类型的不同,可以划分为制造商主导连锁、批发商主导连锁和零售商主导的连锁。

连锁经营的主要优势在于有利于形成规模经济,降低汽车及零部件进货和销售成本,方便消费、维修以及保证质量的稳定等;与此同时,它要求要有出色的管理能力和强大的自有资金或融资实力来买断制造商的产品资源。然而,如今在实际运作过程中,连锁经营店与制造商的特约经销商操作如出一辙,只是名义上多了一个统一采购,并且由此还带来利润的分配上多了一个总部。另外,伴随着其他渠道如专卖店的升级,连锁经营在销售环境和服务质量上的优势也越来越不明显。

(四) 代理模式

在代理模式中,总代理一般与制造商属于一个集团公司,分别履行生产和销售两大职能。总代理渠道中可以分为多级代理,其中一级代理商是指具有市场开拓能力和资金实力的经制造商特约定点销售的商家。二级代理商是指自己与制造商没有直接的进货渠道而依靠一级代理商进货的商家。它们之间一般以产权或者合作为纽带,可以把商品迅速推向市场,缺点是制造商压力过大,部分代理商缺乏销售动力。在竞争激烈、利润空间越来越小的时候,这种模式将面临巨大的挑战。这种渠道模式在我国汽车市场的发展中曾经起着非常重要的作用。目前,进口汽车主要采取这种模式,如奔驰、宝马、劳斯莱斯等。

(五) 汽车超市

汽车超市主要是指那些特许经销模式之外、多品牌经营的汽车零售市场。

二、我国汽车分销的发展展望

(一) 我国汽车分销的发展环境展望

综观各种因素,我国汽车分销的发展将会面临以下 3 大环境:

(1) 加入 WTO,中国汽车工业已经面临即将到来的与国际汽车强国的全面竞争。国外知名的汽车厂商必将凭借其雄厚的实力和成熟的市场经验大举进攻国内市场,其投资的重心将由目前的制造领域向服务领域延伸。

(2) 高新技术特别是信息技术(IT 产业)的飞速发展,将为汽车分销方式的不断创新提出挑战。以计算机、通信和网络为代表的 IT 产业的蓬勃发展,一方面使我们能够对传统的生产管理形式和制造技术进行不断改造创新;另一方面数字化革命将会大大改变传统的汽车营销方式。

(3) 私人消费购车将成为拉动市场增长的主力军,汽车分销体系将以满足私人轿车消费需要为价值取向。

(二) 我国汽车分销的发展展望

进入21世纪,我国汽车企业将会在目前已有的基础上,进一步借鉴国际通行模式建设自己的汽车分销体系。例如广泛采用代理制、特许经营、品牌专营等新兴业态形式,汽车分销渠道的职能将根据需要重新设计,除传统的"四位一体"功能外,还可能会增加诸如旧车交易、汽车租赁、汽车俱乐部等职能。同时,为适应国际市场营销的需求,汽车分销将会向出口转运、分销、零售、售后服务等全程服务的新型职能转变。

另一方面,随着国际互联网、电子商务等技术的发展和数字化时代的到来,汽车营销方式必将出现重大变革。企业营销中的信息流、物流、商流和资金流将会因为EDI、网上浏览、网上支付等技术的运用而大大提高效率。传统的汽车分销由于B2B、B2C业务的发展,将导致经销商逐渐向服务商角色的转变,主要承担售后服务、商品配送和储运等业务。

营销视野 5-5

第三节　汽车销售的物流管理

销售物流管理具体承担着适时、适地、适量地将产品提供给用户和经销商的职责,以让用户和经销商的需求得以实现。

一、物流的含义与职能

物流,长期以来被称为产品的实体分配。美国物流管理协会对物流的定义是"把产成品从生产线的终点有效地移动到有关消费者(用户)的广泛活动,也包括将原材料从供给源有效地移动到生产线始点的活动"。

物流的职能有二:一是创造地点效用,即完成将产品由其生产地到市场消费地的转移;二是创造时间效用,即完成将产品由其生产时间保质保量地保管储存至消费时间的活动。

二、销售物流管理的目标

从市场营销的观点看,物流规划应从市场需要开始,并将信息反馈到企业的相关部门。企业要考虑购买者对购买提货方便性的要求,要制定一个综合的物流策略,包括产品的运输方式、仓库的存货水平以及仓库的布局分布,进而向目标顾客提供更好的顾客服务。此外,物流策略还要考虑竞争者的服务水平,设法赶上或超过竞争对手。

具体地讲,销售物流的目标包括顾客服务水平最佳和物流整体成本最低,求得这两个相互矛盾的目标的统一,兼顾服务水平与服务成本的要求。

三、销售物流规划与管理的内容

(一)物流成本的规划与管理

物流成本是一个复杂的系统,有些成本是可以通过加强工作质量予以控制的,实际工作中常常要将复杂问题简单化,因而我们可以只考虑那些最重要的成本因素。对一个特定的物流系统,主要是考虑仓库数目、区位、存货规模、企业运输政策以及存货政策等因素构成的一组决策。因此,每一个可能的物流系统都隐含着这样的一套总成本,即总运输成本、总固定仓储费用、总变动仓储费用和因延迟分销导致的销售机会损失成本之和。

(二)物流配送规划

汽车企业主要面临"一个工厂、多个市场"的物流模式。通常可以选择的物流方案有:

(1) 直接运送产品至顾客。直接运送常常在物流成本上较高,但可以保证更好地服务于顾客,满足顾客的及时性需要。一般对特殊订单、专用产品、急需产品等,可以采取此种方案。

(2) 成批量运送至企业设在各地的中转库(分销中心)。对大多数通用性产品,且在市场区域内有一定的较为稳定的需求时,均适宜采用此种方案。目前,倾向于建立地区中转库的主机企业越来越多。当然,仓库的建设可以在自建、租赁不同方式比较后做出决策。

(3) 在目标市场设立装配厂。将零部件运到目标市场进行装配,也是一种物流方案。它常见于国际物流,如企业在国外建厂,既可以减少物流费用,因为零部件运输可以采取成批大量、更加经济的运输方式,又可以更好地开拓国际市场,因为有些国家可能限制整车进口,但可能支持设立工厂。

(三)销售物流的具体业务管理

这项工作涉及的管理内容主要有:订货过程、运送和仓储等。

1. 订货过程

销售物流的具体业务是从用户订货开始的。企业的销售部门在接到订单后,对需要发送的汽车产品开出发放单分送有关部门,各部门分工负责,共同完成好商品车的发送。我国汽车企业的大部分产品,尤其是整车产品,通常是按合同销售给中间商的,即在每一年的年末或在下一年的年初举行订货会,汽车生产企业同用户,更主要的是同汽车经销商签订下一年度或几年的购销合同。在履约过程中,企业按经销商的临时订单(通常按月发出)要求的车型、品种、数量、交车地点和交车时间等发车,中间商则按当时的价格(或计价方式)、支付方式、支付时间等付款内容到指定银行办理付款。

2. 新车发运

汽车企业要做好新车的发运工作,必须要对可能利用的各种运送形式进行比较,选择最恰当的形式,以保证所选择的运送方式在运送成本和交车时间两方面的统一。一般来说,汽车产品的发运可以选择的运输方式主要有铁路运输、水路运输和公路运输。在新车发运过程中,企业必须建立有关的规章制度,严格管理,防止可能出现的质量和被盗等事故。

3. 仓储

合理的仓储有利于消除商品车及配件供给与用户购买要求在时间上和数量上存在的矛盾。企业为了做到仓储成本最低和购买方便性的统一,必须做好下列工作:合理规划好仓储地点布局;确定合理的仓储规模;管理好仓储;确立经济订货规模。

决策好存货水平和订货时间是仓储管理十分重要的工作。因为存货过多,会增加企业流动资金占用,导致贮存费用的上升;而存货过少,又可能导致脱销,而且会增加订货次数,从而增加订货费用(订货费用一般与订货次数成正比,而与订货量关系不大)。以上两种情况都可能会造成仓储工作综合费用上升,增加企业的营销成本。仓库存货水平大小决定了每次订货的订货量,因而存货水平决策实质上就是订货量的决策。订货量的确定应综合考虑库存成本(包括占用流动资金的利息支出,物品功能维护费用等)和进货成本(包括进货人员差旅费、手续费、运输计划费、运费等),选择综合成本最小时相应的订货量。以上费用同订货量的关系以及订货量的确定可用图5-4表示。仓库管理应根据仓储管理模型,科学地确定订货量。

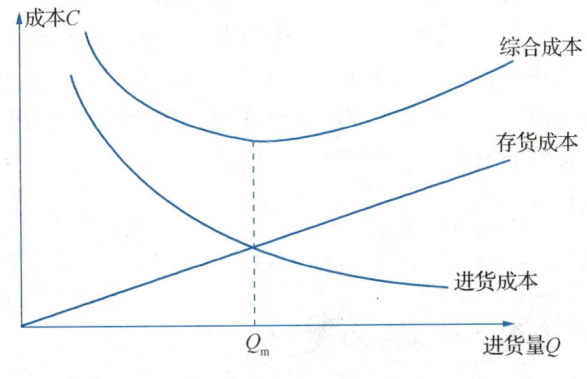

图5-4 最佳库存决策模型

进货时间的确定通常要综合考虑销售频率、办理订货手续的繁简、运送时间的长短以及其他情况(如意外情况、用户对交货的要求等)。

四、销售物流管理的现代化

营销视野5-6

目前,随着计算机技术的发展,国外汽车生产企业较多采用订单式生产和销售方式,这是对传统物流的较大变革。订单式生产和销售是相对于仓储式生产和销售而言的,订单式生产和销售有很多优点:

(1)经销商或代理商直接与用户订合同,并把订单通过计算机通信发往汽车厂家,汽车厂家根据订单内容安排生产。因此工厂可以做到提前一定时期(通常为2~3个月),对未来市场情况了如指掌。如果每日的生产计划排满,新合同须在三个月以上才能提到车,说明产品畅销,企业可以考虑调整营销策略(如提价);如果订单能够维持生产能力的80%以上,说明产品平销;订单不足生产能力的80%,说明产品滞销,企业也应考虑调整营销策略(如降价)。如果一个工厂同时生产几个产品,各产品的订单比例也可以反映不同品种的畅滞情况,这就有利于企业进行正确的经营决策(如调整各品种的产量)。

(2)国外目前一种车型,有多种车身颜色和不同的内饰水平,可选装多种型号的发动机、变速箱、收音机等和大量的其他选装件,基于这些变化可装配成品种数量较多的汽车。用户在挑选自己喜爱的选装件时,使他们感到汽车就是专门为他精心设计的。由于订单式生产和销售,销售商直接与最终用户打交道,因而用户可以根据自己的偏好确定选装件。

(3)订单销售使得经销商有充分的时间为用户提供更多的服务,如在用户接车前,经销商已经帮助用户办理完验车、交购置费、上汽车牌照、交养路费和保险等繁杂的手续。

综上,我国汽车企业在销售物流方面,同国际汽车公司的先进水平相比,还有较大差距。我国汽车企业应以围绕交给用户一辆崭新的汽车为中心,展开工作;加快中转分流和仓库建设,发展自己的运输设备;强化一条龙服务等规范化管理,不断增加新的服务项目;真正树立起"用户第一"的经营思想;同时,积极加大科技投入,逐步实现现代化。

1. 分销渠道的功能与类型有哪些?
2. 简述汽车产品中间商的类型与特征。

3. 简述分销渠道设计的内容。

4. 简述国内外汽车分销渠道现状。

5. 销售物流规划与管理的内容包括哪些?

案例分析

1. 同学们分成小组,对你所在城市的某品牌汽车销售渠道进行分析。

2. 访问互联网,找到一个主机厂与 4S 店之间的案例,并与本小组成员进行讨论。

第六章 汽车产品促销策略

1. 理解促销的含义,认识促销对企业成功营销的重要作用。
2. 正确制定企业的促销组合决策。
3. 了解人员推销的特点,明确推销人员的主体作用,学会人员推销的策略,了解对推销队伍的组织管理。
4. 明确广告的含义,正确选择广告媒体,做好广告设计,了解广告效果的测定。
5. 理解公共关系的本质含义与特征,了解公共关系的实施进程。
6. 掌握营业推广的特点,了解营业推广工作的实际运作。

第一节 促销策略概述

一、促销策略的概念及作用

所谓促销是指企业营销部门通过一定的方式,将产品信息及购买途经传递给目标客户,从而激发客户的购买兴趣,强化购买欲望,甚至创造需求,从而促进企业产品销售的一系列活动。促销的实质是传播与沟通信息,其目的是要促进销售、提高企业的市场占有率及增加企业的收益。

为了沟通市场信息,企业可以采取两种方式:一是单向沟通,即或者是由"卖方→买方"的沟通,如广告、陈列、说明书、宣传报道等;或者是由"买方→卖方"的沟通,如用户意见书等。二是双向沟通,如上门推销、现场演示促销等方式,即买卖双方相互沟通信息和意见的形式。

现代市场营销将各种促销方式大体归纳为四种基本类型,即广告、人员推销、营业推广和公共关系。这四种方式的运用搭配称为

情景导入

促销组合。促销组合策略就是对这四种促销方式组合搭配和运用的决策。

二、汽车产品基本促销方式

（1）人员推销。人员推销是企业运用推销人员直接向顾客推销商品和劳务的一种促销活动。推销人员、推销对象和推销品构成人员推销的三个基本要素，推销人员是推销活动的主体。

（2）广告。广告是通过报纸、杂志、广播、电视、网络、广告牌等广告传播体形式向目标顾客传递信息。采用广告宣传可以使广大客户对企业的产品、品牌、服务等加强认识，并产生好感。其特点是可以比较广泛（如推销员到达不了的地方）地宣传企业及产品，传递购买信息。

（3）营业推广。营业推广是由一系列短期引导性、强刺激性的战术促销方式组成。它一般只作为人员推销和广告的补充方式，其刺激性很强，吸引力很大，包括免费样品、赠券、奖券、展览、陈列、折扣、津贴等，它可以鼓励现有顾客重复购买，并争取潜在顾客，还可鼓励中间商增加销售。

（4）公共关系。为了使公众理解企业的经营活动符合公众利益，并有计划地加强与公众的联系，建立和谐的关系，树立企业信誉的一系列活动即属于公共关系。其特点是不以短期促销效果为目标，通过公共关系使公众对企业及其产品产生好感，并树立良好企业形象。

（5）销售技术服务（质量保修）。由于汽车产品本身在技术、结构和使用方面具有如下特点：

① 汽车产品价值高，又是上万个零件组成的复杂机器，不同的汽车产品具有不同的结构形式，也具有不同的汽车性能。

② 不同品种的汽车有着不同的使用条件，不同的使用条件对汽车性能的发挥有着十分明显的影响。

③ 汽车在使用过程中需要经常性地维护与调整，维修时又常常需要专用设备（如检测设备）和专业性知识，而一般用户又往往缺乏汽车的产品知识和使用知识，也缺乏维修检测技能及相关设备条件。

④ 买卖交割手续复杂（如办牌照等）。

因而企业在销售汽车产品时，向用户介绍汽车产品特征，提供有关技术说明，培训用户掌握合理使用知识，提供销售过程中的一条龙服务以及为质量保修提供配件和维修服务等，对促进汽车销售影响很大。这些售前、售中和售后服务工作统称为销售技术服务。其主要特点是专业性强，是用户购车考虑的首要因素之一。所以，优质的销售技术服务对促进销售、增强企业竞争能力效果十分明显。

三、促销组合决策及其影响因素

不同的促销组合形成不同的促销策略,如以人员推销为主的促销策略,是采取主动的直接方式,即"推"式策略。推式策略,是指企业运用人员推销的方式把产品推向市场,先由企业(制造商)推向中间商,再由中间商推向消费者。其目的是说服中间商和消费者购买企业的产品。

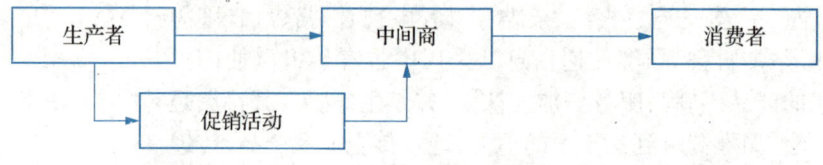

图 6-1 "推"式策略示意图

以广告等非人员推销为主的促销策略,则采取的是间接的方式,即"拉"式策略。拉式策略,是指企业运用以广告促销为主的方式,将顾客吸引过来。即由消费者向零售商、零售商向批发商、批发商向制造商求购,由下至上,层层拉动。

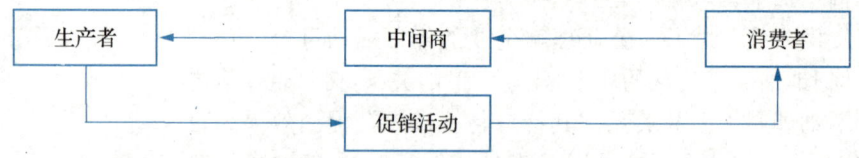

图 6-2 "拉"式策略示意图

企业在促进产品销售的过程中,究竟是实行"推"式策略,还是实行"拉"式策略,要根据具体情况而定。一般来说,应当两者兼顾,各有侧重。因此,促销组合实质是综合运用促销方式,形成企业一整套促销活动,其组合结构如图 6-3 所示。

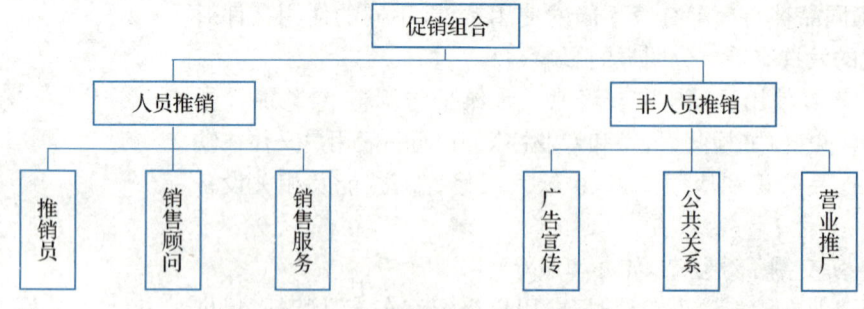

图 6-3 促销组合体系图

促销决策实质上就是对促销预算如何在各种方式之间进行合理分配的决策。

企业在做这些决策时,要考虑以下因素:

(1) 产品的种类和市场的类型。市场比较集中时人员推销的效果最好,营业推广和广告效果次之。反之,市场需求分散时广告的效果较好,营业推广和人员推销则次之。

(2) 促销的思路。企业促销活动的思路有推动与拉引之别。推动就是以中间商为主要促销对象,将产品推向销售渠道,进而推向用户。拉引是以最终用户为主要促销对象,引起并强化购买者的兴趣和欲望,吸引用户购买。

(3) 产品生命周期的阶段。当产品处于导入期时,需要进行广泛的宣传,以提高知名度,因而广告的效果最佳,营业推广也有相当作用。当产品处于成长期时,广告和公共关系仍需加强,营业推广则可相对减少。产品进入成熟期时,应增加营业推广,削弱广告,因为此时大多数用户已经了解产品,在此阶段应大力进行人员推销,以便与竞争对手争夺客户。产品进入衰退期时,某些营业推广措施仍可适当保持,广告则可以停止。

四、汽车品牌模式下的营销组合的应用

1. 品牌策略

品牌策略的基础是要有精确的品牌定位,而精确的品牌定位是从准确的市场定位开始的。

(1) 必须通过市场细分找到目标市场,然后针对这部分消费群体去研究产品如何满足他们的需求(物质需求和心理需求)进行产品定位,再针对这部分消费群体和产品的关联性,研究应该塑造一种什么样的品牌形象即品牌形象定位。

(2) 不同品种的汽车产品应尽可能采用多品牌策略。单一品牌策略对于处于市场领导者地位的企业是有力的,它有利于加快新产品市场成长的速度,降低促销成本,同时强化强势品牌。但它的缺点在于品牌风险太大,一个产品出现的问题将破坏整个品牌的安全。因此,对处于市场挑战者、市场跟随者和市场补缺者地位的企业来说,就适合采取多品牌策略,众多的个性品牌将为其拥有者营造较为坚固的多品牌防线,有效防范竞争对手的冲击,使强者更强。

(3) 拥有自主知识产权的独立品牌是关键。

2. 成本策略

重点研究消费者为满足需求所愿付出的成本。在品牌营销中应以顾客成本策略为定价方向,主要方法是需求志向定价法,又称为理解价值定价法,是根据消费者所理解的商品价值来制定产品价格,越是高档的汽车品牌越应以此方法为主导定价法。消费者对品牌价值的定位过程是双向的,一方面消费者会根据既已形成的价值观,通过比较来判定该汽车品牌的价值内涵。当然这种品牌价值应该是贴切的、真实的,为广大消费者接受的。

营销视野 6-1

3. 便利策略

（1）要建立覆盖全国的营销服务网络，为消费者提供最便捷的销售服务和快速的维修服务。

（2）在现阶段要大力推行 4S 品牌专营店的建设。使消费者能便捷地获取信息，接受服务；使汽车公司能更准确和详细地了解市场动态和消费者心理，以便提供个性化的产品和服务。

（3）要积极拓展服务范围。为消费者提供便利，要以减少购买成本作为基本目标，为其提供消费信贷、上牌、保险、过户、改装、汽车美容等多项服务，使其真正享受到一站式服务，从而扩展品牌所包含的服务价值的内涵。

4. 沟通策略

实施品牌营销必须在促进销售量增长的同时，注重品牌形象的提升和品牌资产的积累。在这个强调互动、强调沟通的时代，沟通方式更应是贴心的，而不是灌输式的。因此，在与消费者的沟通策略上应采取拉式策略（尤其是对新品牌的促销）——先激起潜在消费者对品牌的渴望和对消耗品的兴趣，纷纷向经销商询问或订货，从而厂家得到经销商的订单和销售中的鼎力支持。在拉式策略中，广告是沟通的重要手段之一。

第二节 人员推销

一、人员推销的概念及特点

（一）人员推销的概念

根据美国市场营销协会定义委员会的解释，所谓人员推销，是指企业通过派出销售人员与一个或一个以上可能成为购买者的人交谈，进行口头陈述，以推销商品，促进和扩大销售。

销售人员在企业和消费者之间起着关键性的纽带作用。许多情况下，销售人员同时服务于两个主体——买者与卖者。对于消费者而言，他们代表的是汽车公司，必须找到和发现新顾客，向他们传播公司的产品和服务信息；对于汽车公司而言，他们代表的是消费者，他们必须了解消费者，将消费者的意见反馈给公司。

营销视野 6-2

（二）人员推销的特点

人员推销与非人员推销相比，具有不可替代的作用。其主要特点是：

1. 具有较强的针对性

其他促销方式如广告虽然面对十分广泛的消费者，但针对性不强。人员推销则具有一定的针对性,目标更为明确,效果更为明显。

2. 信息传递的双向性

人员推销是一种典型的信息双向沟通的促销形式。一方面推销人员向顾客传递产品的性能、使用、安装、价格、维修等方面的信息;另一方面推销员通过与顾客接触和有意识地观察调研,收集顾客对企业的产品与服务的评价,并不断反馈信息,为企业制定营销策略提供依据,从而提高企业的决策水平。

3. 推销过程的灵活性

销售人员通过与顾客直接接触,可以亲眼观察到顾客对其推销的反应,并根据顾客的不同反应和需求,有针对性地采取必要的协调行动,以适应顾客的行为和需要,促进交易的进行。

4. 推销过程的情感性

推销人员由于长期与顾客接触,可以"一回生二回熟"促使买卖双方建立深厚的友谊,密切企业与顾客之间的关系,从而培养顾客的忠诚,同顾客建立长期的关系,稳定产品的销售。

当然,人员推销也具有一些缺点,主要表现在:成本费用高,特别是在市场范围广和顾客分散的情况下,采用人员推销的方式,将受到较大的限制;对销售人员的要求比较高。随着科学技术的发展,新产品不断涌现,产品的技术日趋复杂,产品功能趋向多样化,因此要求推销人员必须熟悉产品的特点、功能、使用、维修等知识。而且要求推销人员有较强的事业心、责任感,还要善于语言表达、观察力较强等。

二、推销人员的素质

人员推销是一个信息沟通过程,也是一个商品交换过程、技术服务过程,因此推销人员的素质十分重要。一个合格的推销人员应具备以下素质:

(1) 思想道德素质。要求具有强烈的事业心和责任感。诚实、热忱、勇于进取、文明经商、有吃苦耐劳的精神。

(2) 业务素质。要求熟悉企业、产品、市场、心理等方面的知识,能够灵活应变,有娴熟的技巧。

(3) 行为标准方面,要求能团结协作、文明礼貌、举止恰当、谈吐文雅、态度从容等。

三、人员推销的基本方法和技巧

推销人员应根据不同的推销气氛和推销对象审时度势,巧妙而灵活地采用不同的方法和技巧,吸引用户,促使其做出购买决定,达成交易。

1. 人员推销的基本方法

推销人员必须掌握的基本推销方法有：

（1）试探性方法。如推销员对顾客还不甚了解，可以使用事先设计好的能引起客户兴趣、刺激客户购买欲望的推销语言，投石问路，进行试探，然后根据其反应再采取具体推销措施。

（2）针对性方法。如果推销人员对客户需求特点比较了解，也可以事先设计好针对性较强、投其所好的推销语言和措施，有的放矢地宣传、展示和介绍产品，使客户感到推销员的确是自己的好参谋，真心地为自己服务，进而产生强烈的信任感，最终愉快地成交。

（3）引导性方法。推销员要能唤起客户的潜在需求，要先设计出鼓动性、引导性强的购买建议（但不是诱骗），诱发客户产生某方面的需求，并激起客户迫切要求实现这种需求的强烈动机，然后抓住时机向客户介绍产品的效益，说明所推销的产品正好能满足这种需求从而引导客户购买。如果不能立即促成交易，而能改变买者的态度并形成购买意向，为今后的推销创造条件，也是一种成功。

2. 人员推销的基本技巧

推销员在掌握一定的推销方法后，还必须掌握一些推销技巧。如：

（1）建立和谐的洽谈气氛的技巧。推销员与客户洽谈，首先应给客户一个良好的印象，懂礼貌、有修养、稳重而不呆板、活泼而不轻浮、谦逊而不自卑、直率而不鲁莽、敏捷而不冒失。

（2）洽谈的技巧。在开始洽谈阶段，推销人员应巧妙地把谈话转入正题，做到自然、轻松。

（3）排除推销障碍的技巧。推销员如果不能有效地排除和克服所遇到的障碍，将会功亏一篑。因此，要掌握排除下列障碍的技巧：① 排除客户异议障碍。如果发现客户欲言又止，推销员应自己少说话，直截了当地请客户发表意见，以自由问答的方式真诚地同客户交换意见和看法。对于客户的偏见，可以举例加以纠正，或者转换话题。② 排除价格障碍。应充分介绍和展示产品特点，使客户感到"一分钱、一分货"，物有所值。③ 排除客户习惯势力障碍。实事求是地介绍客户不太熟悉的产品，并将其与他们已经习惯的产品相比较，让客户乐于接受。还可以通过相关群体的影响，使客户接受新的观念。

（4）与客户会面的技巧。一是要选好见面的时间，以免吃"闭门羹"；二是可采用请熟人引荐、名片开道、同有关人员交朋友等策略，赢得客户的欢迎。

（5）抓住成交机会的技巧。推销员应善于观察客户的情绪，在给客户留下好感和信任时，应抓住机会发动进攻，争取签约成交。

四、人员推销的管理决策

企业要制订有效的措施和程序,加强对推销人员的挑选、训练、激励和评价。

1. 推销人员的选拔

一般而言,优秀推销人员必须具备以下素质:

(1) 良好的语言表达能力。语言要富有激情、鼓舞性和感染力。

(2) 较强的社交能力。具有较强的沟通能力,能够取得客户的充分信任。

(3) 敏锐的洞察能力。善于察言观色,能够准确判断客户的购买欲望和对供应商的选择倾向。

(4) 快捷的应变能力。应做到思路清晰,言谈符合逻辑,适应能力强,遇事不惊,沉着应变。

(5) 高超的控制能力。推销员应按照需要引导谈话走势,灵活处理异议,把握洽谈的主动权,控制好交易气氛。

2. 推销人员的培训

从层次来讲,销售员的培训应包括:

(1) 基础性培训。这种培训主要是针对新职员进行的,培训的主要内容是让推销员掌握基本的推销技能和有关基础知识,让推销员了解卖车程序、手续等。

(2) 完善性培训。这是一种对经过基础性培训,实际从事过一段时间推销工作的初级推销员的培训。

(3) 骨干培训。这是一种针对推销员骨干,拟提拔作为带头人或者担任基层推销领导人的培训。

3. 工作制度

企业从上到下都有严格的工作制度,对推销员更是如此。如推销员分工负责哪一区域,它的主要职责是什么,表格如何填写和送交,如何建立客户档案,何时汇报与检查,目标是什么,紧急情况如何处理与报告等。明确的工作制度是提高工作效率的组织保证。目前,国外汽车厂商对订购新车或维修车辆的用户,规定交付时间,一旦误期,则负责向用户提供使用车辆,或者承担用户的交通费。显然没有严格的工作制度,这些汽车厂商便难以履行对用户的承诺。

4. 奖惩与考核

企业应对推销员的工作情况作出公平合理的考核。

营销视野 6-3

第三节 广告

一、广告的含义、种类和作用

(一) 广告的含义

广告是一种信息传播活动。是法人、公民和其他经济组织,为推销商品、服务或观念,通过各种媒介和形式向公众发布的有关信息。其包含以下内涵:

(1) 广告的对象是广大消费者;

(2) 广告的内容是传播商品和劳务的有关经济信息;

(3) 广告是通过特定的媒体来实现的,并且对使用的媒体支付一定的费用;

(4) 广告的目的是促进商品的销售。

(二) 广告的种类

营销视野 6-4

(1) 根据广告的内容和目的划分,如图 6-4 所示:

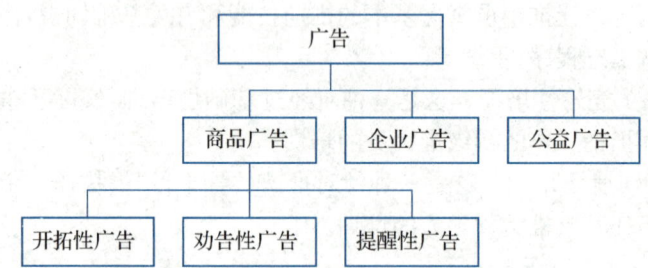

图 6-4 广告的种类(根据内容和目的划分)

(2) 根据广告传播的区域来划分:可分为全国性广告、区域性广告和地区性广告。

(3) 根据广告媒体的形式来划分,如图 6-5 所示:

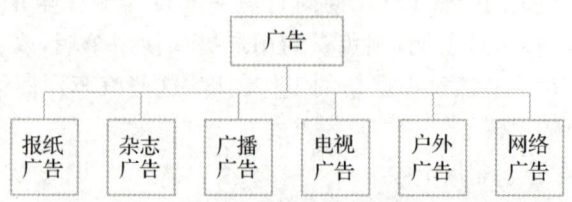

图 6-5 广告的种类(根据媒体的形式划分)

广告有商业性广告和公益性广告。商业广告,是指被确认的广告主,按照付费原则,通过大众传媒,以其所选择的多数人为目标对象,为了使他们遵循广告主的意图有所行动,对商品、劳务、观念等方面信息所采取的非人员方式的介绍和推广活动。

（三）广告的作用

（1）促销作用。广告把企业的产品、商标、名称传达给顾客,顾客知道企业的存在。产品广告的直接销售目的非常明确,当人们购买某种商品时,就会想起广告中所提到的商品名称,无形中产生信任感。

（2）显示实力的作用。广告体现了企业的气派和风格,尤其在有影响的电视、广播、报刊、杂志上刊登广告,说明了企业的实力。

（3）沟通作用。一般而言,广告的直接作用不是促销,而是沟通。尤其是观念广告、企业广告更是如此。这就要求广告创意与众不同。即先要引起无意受众的注意,然后调动其记忆细胞,甚至诱导受众广为传播。沟通是促销的前提,促销是沟通的目的。

营销视野 6-5

二、广告媒体的选择

经典形式有:电视、广播、报纸、杂志。

（1）报纸。优点:传播范围广,覆盖率高;传播及时,信息量大;说明性强,适合复杂的广告;制作简单,费用低。缺点:时效短;广告的表现力有限。

（2）杂志。优点:读者阶层或对象十分明确;杂志在读者心目中有较高的威望,说服力强;传播时间长,可保存;传播的信息量较大,易于做内容复杂的广告。缺点:传播范围小,灵活性差;消遣性杂志不如报纸严肃,使广告的传播内容受限制。

（3）广播。优点:听众广泛;传播速度最快;制作简单,费用较低。缺点:传递的信息量有限,只能刺激听觉;难以把握收听率;不适合作说明性广告。

（4）电视。优点:综合利用各种艺术形式,表现力强;覆盖面广,注意率高;传播速度快,信息量大。缺点:费用高,制作复杂;针对性差。

（5）网络。随着我国网民的不断增加,网络已成为广告媒体的新选择。

三、广告策略

（一）广告目标市场的选择

首先,应对企业营销的目标、产品、定价和销售渠道策略加以综合分析,以便明确广告在整体营销组合中应完成的任务和达到的目标。

其次,要对目标市场进行分析,使广告目标具体化。

广告目标的具体内容包括:促进沟通,需明确沟通到什么程度;提高产品知名度,帮助顾客认识、理解产品;建立需求偏好和品牌偏好;促进购买,增加销售,达到一定的销售量和市场占有率。

(二) 广告同产品生命周期的关系

产品所处生命周期不同,广告的形式和目标应有所差异。对于处于导入期和成长期的产品,广告的重点应放在介绍产品知识,灌输某种观念,提高知名度和可信度上,以获得目标用户的认同,激发购买欲望。对于成熟期的产品,重点则应放在创名牌,提高声誉上,指导目标用户的选择,说服用户,争夺市场。对于处于衰退期的产品,广告要以维持用户的需要为主,企业应适当压缩广告的作用。

(三) 广告定位策略

广告定位策略有三种:

(1) 广告实体定位策略。就是在广告中突出宣传产品本身的特点,主要包括功能定位、质量定位和价格定位,确立怎样的市场竞争地位,在目标用户心目中塑造何种形象,从而使广告最具有效果。

(2) 目标市场定位策略。目标市场定位使广告传播更加具有针对性。

(3) 心理定位策略。心理定位主要包括正向定位、逆向定位和是非定位三种。正向定位主要是正面宣传产品的优异之处,逆向定位主要是唤起用户的同情和支持,是非定位则强调自己与竞争对手的不同之处,把强大的竞争对手逐出竞争领域。美国当代营销学专家韦勒说过一句话:"不要卖牛排,要卖烧烤牛排时的滋滋声"。他深刻揭示了心理定位的内涵。

(四) 广告创意与设计

思考:举例说明一个广告创意。

确立了广告的媒体之后,还必须根据不同媒体的特点,设计创作广告信息的内容与形式,立意应独特、新颖,形式要生动,广告词要易记忆,宣传重点要突出。广告要达到讨人喜欢、独具特色和令人信服之效果,或者说要达到引起注意、激发兴趣、强化购买欲望并最终导致购买行为。

(五) 广告时间决策

广告在不同时间宣传,会产生不同的促销效果。这一决策包括何时做广告和什么时候做广告。前者是指企业根据其整体市场营销战略,决定自什么时候做广告。是集中时间做广告还是均衡时间做广告;是季节性广告,还是节假日广告等。后者则是决定究竟在哪一时刻做广告,如电视广告是在黄金时间做广告,还是在一般时间做广告,是否与某一电视栏目相关联等。汽车广告宣传的主题主要是围绕汽车产品的安全性、环保性、节能性、动力性、驾驶性、舒适性和浪漫性等内容展开。

第四节 营业推广

一、营业推广的含义及其特点

营业推广又称销售促进,是指企业在特定目标市场中,为迅速刺激需求和鼓励购买而采取的各种促销活动。

一般来说,营业推广具有以下特点:

1. 具有直观的表现形式

采用销售促进方式,使消费者感到机会难得,进而打破消费者需求动机的转变和购买行为的惰性,尤其是对那些精打细算的消费者有很强的吸引力。但是,销售促进如果使用过于频繁或者使用不当,会使消费者认为卖者有抛售的意图,从而对产品的质量、性能、价格等产生怀疑。

营销视野 6-6

2. 灵活多样,适应性强

营业推广可以根据不同的顾客需求和不同的顾客心理,针对性地采用各种不同的销售促进方法,从而能迅速唤起消费者的关注,促成其购买行动。如有的汽车商采取购买汽车赠送加油卡活动。

3. 促销效果显著

如果采取合理的销售促进方式,可以很快收到明显的短时期内促销效果,因而常常被企业所采用。

4. 营业推广是一种辅助性的促销方式

人员推销、广告、公共关系和宣传报道是常规性的促销方式,而营业推广多半是短期的非正规性及非经常性的补充方式,所以一般作为一种辅助性的促销方式。配合人员推销、广告和公共关系,而很少单独使用。

营业推广受到许多因素的影响,总的来说,有两方面的因素:一是内部因素,包括是否被管理高层接受,销售经理是否有条件使用或是否有提高销售的巨大压力等。二是外部因素,包括其他品牌数目的增加,竞争者经常使用销售促进手段,消费者要求,经销商要求等。

二、营业推广的方式

营业推广的对象主要包括目标用户和汽车经销企业两类。对目标用户的营业推广,目的主要是鼓励用户试买、试用,争夺其他品牌的用户。其形式主要有服务促销、价格折扣、展销、卖方信贷。对经销商的营业推广,目的是要鼓励多买和大量购进,并建立持久的合作关系。其主要形式有现金折扣、展销、业务会议、推销奖励、广告补贴、商业信用、价格保证、互惠。

(一) 对最终用户营业推广的主要形式

1. 服务促销

通过周到的服务,使客户得到实惠,在相互信任的基础上开展交易。主要的服务形式有:售前服务、订购服务、送货服务、售后服务、维修服务、供应零配件服务、培训服务、咨询信息服务等。以下是一些汽车厂商的服务促销措施:

雷克萨斯4S店艺术化服务。雷克萨斯采用全球统一的店面外观设计,让消费者可以很轻松地找到雷克萨斯的店面。如果您是驾车前往雷克萨斯4S店看车,则可以明显发觉这里的车位要比一般车位宽很多。这在设计时考虑到了大型轿车或是SUV开关门时所需的面积,从细节上体现出雷克萨斯的体贴。将车钥匙交给4S店工作人员之后,顾客可以选择去二层的客户休息区,也可以在一层休息室内通过大面积的玻璃看到车间内的情形,这样不仅可以看到自己爱车保养或维修的全过程,也可以通过雷克萨斯优质的售后服务,进一步提升对这个品牌的好感和信任。

营销视野6-7
营销视野6-8
营销视野6-9

大众汽车厂商在德国的4 000多个经销店和服务站,都可随时接受用户订车。经销商们宽敞明亮的展厅、醒目的指示牌、齐全的产品样本和价目表、布置得体的洽谈室以及考虑周到的停车场,为顾客创造了良好的购车环境。在那里,顾客不仅可以喝上可口的咖啡、热茶,而且顾客的小孩还可到展厅的游戏角去尽情玩耍。经销商给用户提供全方位服务,服务项目包括旧车回收、二手车交易、维修服务、提供备件、附件销售、车辆租赁、代办银行贷款、代办保险、车辆废气测试、顾客紧急营救等。经销商的销售业务有现货即期和远期交易两种,对于现货购买,用户一般在二、三天内即可得到汽车,而且注册牌照等手续也代为办妥。对于想购买装有各种特殊装备的顾客,经销商通过计算机订货系统查询后,向顾客提供价格、交货期等详细情况,一切购车手续在几分钟之内即可完成。用户在合同上签字后,经销商即向大众公司订货,安排生产。交货期一般为6周,客户订的车辆在生产线上一直被监控着,经销商随时可查看该车的生产进度。

宝马(BMW)汽车厂商在世界各地的销售商都必须就BMW车的买卖、选型、运转功能、成本、保险甚至车用移动电话等特殊装备等细节问题,向用户进行内容广泛而深入的答疑和咨询服务,BMW十分重视对中间商就用户的特殊服务和全面服务进行培训。除了境内众多的培训中心外,BMW在近东、远东以及拉美都建有培训点。由于销售商直接与用户接触,BMW认为销售商是BMW的形象代表,经常对用户展开有奖调查,以发现销售商是否符合BMW的要求。BMW还设有24h巡回服务,行驶在世界各地的BMW车,一旦出现故障,只要一个电话,就近的巡回车就会赶到现场迅速排除故障。BMW还对用户报废车进行回收,建有拆卸旧车试验场,既为用户带来好处,又符合环保要求。

2. 开展汽车租赁业务

开展租赁业务,对用户而言,可使用户在资金短缺的情况下,用少部分现钱而获得汽车自使用权。汽车投入使用后,用户用其经营所得利润或其他收入在几年内分期偿付租金,最终还可以少量投资得到车辆的产权,可以使用户避免货币贬值的风险;对我国运输经营者而言,租赁业务可使用户享受加速折旧、税前还贷、租金计入成本、绕过购车手续等优惠。对于汽车生产厂商来说,可以拓宽销售市场,增加汽车的生产。对于汽车中间商而言,开办租赁业务也能够取得比进销差率更好的经济效益。用3~5年的时间,不断收回车款、用户延期付款的利息及手续费、租赁业务利润等,而且在租赁期满后,仍然拥有产权,可按名义货价卖给用户,再获一次利润。

3. 分期付款与低息贷款

针对用户购车资金不足,除租赁租借销售方式外,分期付款和低息贷款也是汽车促销的重要方式。分期付款是用户先支付一部分购车款,余下部分则在一定时间内,分期分批支付给销售部门,并最终买断汽车产权;而低息信贷则是用户购车前先去信贷公司贷足购车款,然后再购车,用户的贷款由用户与信贷公司结算,汽车销售部门则在用户购车时一次收清全部购车款。信贷业务与汽车销售业务相互独立。至于信贷公司既可以由企业、中间商或银行分别兴办,也可以由他们联合兴办。

4. 鼓励职工购买本企业产品

国外汽车厂商普遍对自己的职员优惠售车,他们将此种方式称为购买"自家车",并以此唤起职工对本公司的热爱感,激发职工的责任感和荣誉感,较好地将汽车销售与企业文化建设结合起来。例如,大众公司规定本公司职工每隔九个月可以享受优惠购买一辆本公司的轿车,每年大众公司以此种方式销售的汽车近10万辆。近年来,我国部分轿车公司也在推行这种销售方式,加快轿车进入家庭的进程。

5. 订货会与展销促销

订货会是促销的一种有效形式,可以由一家企业举办,也可以由多家企业联办,或者由行业及其他组织者举办。订货会的主要交易方式有:现货交易(含远期交易)、样品订购交易以及进出口交易中的易货交易、以进代出贸易、补偿贸易等。

展销也是营业推广的有效形式,通过展销可起到"以新带旧"、"以畅带滞"的作用。同时,企业在展销期间,一般给予购买者优惠,短期促销效果很明显。展销的主要类型有:以名优产品为龙头的展销、新产品展销、区域性展销等。

营销视野6-10

6. 价格折扣与价格保证促销

折扣销售是生产企业为了鼓励中间商或用户多买而在价格上给予的优惠,包括批量折扣、现金折扣、特种价格折扣、顾客类别折扣等。这些办法都能促成中间商或大用户扩大进货量,有助于促进双方建立长期友好合作关系。

7. 产品试用或试销

这种促销方法是公司先将汽车产品交付用户使用,使用一段时间后,用户满意则付款购买,如不满意则退回公司。

8. 以旧换新

营销视野 6-11

"以旧换新"销售方法在汽车工业发达国家十分流行。这种方法是汽车厂商销售网点收购用户手中的旧车(不管何种品牌),然后将公司的新车再卖给用户,两笔业务分别结算。公司将收来的旧车经整修后,再售给那些买二手车的顾客。据介绍此种销售方法能满足用户追求新异的心理,又能保证车辆的完好技术状态,有较好的经济和社会效益。

9. 精神与物质奖励

企业为了对推销成绩优异的推销人员进行鼓励,充分发挥他们的能动性,可采取各种物质奖励和精神奖励的形式,激励推销人员为企业的促销作更大的努力。企业也可以对使用本产品的用户,给予物质和精神奖励,以培养用户对本企业汽车产品的忠诚度。

10. 竞赛与演示促销

企业根据目标市场的特点,对经销人员和单位组织各种形式的竞赛,以刺激和鼓励经销者和推销人员努力推销本企业的产品,树立良好企业形象。对用户可以采取知识竞赛、驾驶水平竞赛等。演示促销可提供现场证明,增强客户的信任感,激发购买欲望等。汽车产品还可通过举办汽车拉力赛将竞赛与演示结合起来。

(二)对中间商的促销方式

上述对最终用户的促销方式,有些方式也可用于对中间商促销,如会议、展销、激励、奖励和价格保证等促销方式。从贸易折扣方面看,生产企业可以从多方面给予中间商贸易折扣,如:

1. 现金折扣

这种促销方式是指如果中间商提前付款,可以按原批发折扣再给予一定折扣。如按规定中间商应在一个月内付款,如果中间商在10天内付清款项,再给予2%的折扣;如果在20天内付清款项,只再给予1%的折扣;如果超过20天,则不再给予另外折扣。显然,这种促销方式有利于企业尽快收回资金。

2. 数量折扣

数量折扣是对于大量购买的中间商给予的一定折扣优惠,购买量越大,折扣率越高。

3. 顾客类别折扣

这种折扣形式是企业根据中间商的不同类别、不同分销渠道所提供的不同服务,给予的不同折扣。

三、营业推广的实施和控制

一般来说,营业推广的实施过程包括确定目标、选择工具、制定方案、实施和控制方案以及评价结果等内容。

(一)确定销售促进的目标

从消费者的角度来看,当以中间商为目标时,它可帮助鼓励经销,推进与中间商的合作和增加销售量。当焦点集中在最终消费者时,它帮助提高商标意识、发展临时性销售、开展引进新产品或服务发展。通过营业推广,企业向顾客提供特殊优惠条件,引起兴趣,刺激购买行为。

(二)选择销售促进工具

可以选择不同的工具实现不同的销售促进目标。在选择销售促进工具的时候,必须充分考虑销售促进的目标、市场的类型、市场竞争的状况以及各种销售促进工具的特点、成本、经济效益等因素。

(三)制定促销方案

一个完整的销售促进方案包括:

1. 成本费用

销售促进方案必须确定企业成本与效益的最优选择,确定销售额和成本的相对比例。

2. 参加者的条件

决定参加者的条件是指决定销售促进的优惠提供给顾客,但对于参加者的条件不能要求太苛刻,否则会影响对消费者的吸引力。

3. 销售促进媒体的选择

是指如何贯彻执行销售促进的方案。一般来说,可以通过广告媒体、店内散发等途径来实现。其中,店内散发是最常见的一种途径,而广告媒体的范围很广,但费用很高。

4. 决定销售促进时间的长短和时机

销售促进时间太短,消费者无法得到其好处,故可能影响购买;销售促进时间太长,消费者认为是长期降价,甚至对产品质量产生怀疑。

5. 销售促进的总预算

一般采用两种方式:一是自下而上的方式,即根据全年的销售活动的内容、销售工具及其成本费用来决定总预算;二是按照习惯比例来确定各种预算的比例。

(四)测试销售促进方案

对面向消费者市场的销售促进可轻而易举地进行测试。可以邀请一些消费者对几种可能的优惠方法作出评价,也可以在一定的范围内进行试用性测试。

(五)实施和控制销售促进方案

(1)实施计划一般包括前置时间和销售延续时间。前置时间是指实施方案的准备时间,销售的延续时间是指从开始实施优待方法起到大约95%的采用这种优待方法的商品已经在消费者手里为止所经历的时间。

(2)销售促进是一种效果比较明显的促销方式,如果使用不当,则会影响促销的目标的实现,甚至影响产品销售和企业的形象。因此,必须对销售促进方案进行控制。销售促进的控制,一般考虑选择的方式是否合适,期限是否合理,同时还要注意中后期宣传不能弄虚作假等。

(六)评价销售促进的结果

企业可以运用多种不同的方法对销售促进的结果进行评价,评价的程序也因市场类型的不同而有所差异。最普通的方法是比较销售促进前后的销售结果,通过比较销售绩效来测定其有效性。如果其他的条件不变,销售增加可以说明销售促进的绩效。

第五节 公共关系

一、公共关系的概念和职能

1. 公共关系的概念

公共关系,又称公众关系,是指企业在市场营销活动中正确处理企业与社会公众的关系,以便树立企业的良好形象,从而促进产品销售的一种活动。

营销视野 6-12

2. 公共关系的职能

公共关系与广告、营业推广的基本功能都在于传递信息,都要利用传播媒介和传播技术进行信息沟通。但是,公共关系又与其他促销手段有所不同,并且其功能也不仅局限于促销。一般来说,公共关系的职能有:

(1)宣传企业。利用大众传播媒介,如报纸、杂志、广播、电视等,为企业进行宣传,以建立企业良好的形象。宣传报道的内容针对性强,消费公众感觉它比广告更可信。

(2) 加强和社会各方面的沟通和联系。企业通过与当地政府、经销商、社会、消费者联系,增进了解,加深感情。

(3) 意见反馈。建立与公众之间的联系制度,答复他们的各种询问,提供有关本企业情况的材料,对任何来访、来电、来信的人,迅速有礼、准确、友好地接待和处理。美国一家公司提出并坚持"24h接待服务"和定期访问顾客制度,在社会公众中产生了良好的影响,效果极佳。

(4) 应付危机,消除不利影响。当企业的国际市场营销战略发生失误,或出现较大问题时,可以利用公共关系给予补救;对不利于本企业发展的社会活动和社会舆论,要运用公共关系进行纠正和反驳。

3. 公共关系的基本特征

(1) 公共关系是一定社会组织与其相关的社会公众之间的相互关系。

(2) 公共关系的目标是为企业广结良缘,在社会公众中创造良好的企业形象和社会声誉。

(3) 公共关系的活动以真诚合作、平等互利、共同发展为基本原则。

营销视野 6-13

(4) 公共关系是一种信息沟通,是创造"人和"的艺术。

(5) 公共关系是一种长期活动。

4. 汽车公共关系活动的对象

公共关系活动的对象是公众,是一些群体,这些群体的共同利益为某一个机构的行动和政策所影响,反过来这些群体的行动和意见也影响着这个机构。一般来说,公众可以分为内部公众和外部公众;现在公众、潜在公众和将来公众;重要公众、次要公众和边缘公众等。

汽车厂商的公众有着自己的特点。首先,作为汽车行业的厂家,有众多的原材料、零部件供应厂家和配套单位,产品用户也遍布各行各业;其次,对中外合资企业而言,还涉及各投资方、政府涉外部门和许多外国组织和个人;第三,汽车厂商一般在规模和影响方面较大,相关的许多事务涉及各个方面、层次的政府部门、企事业单位;第四,同其他企业一样,汽车厂商需要新闻、法律方面的工作,需要商业、服务业等方面的配合支持,同时也有着员工、家属等各种社会关系。

二、企业公共关系活动的主要方法和策略

公共关系的活动方式,是指以一定的公关目标和任务为核心,将若干种公关媒介与方法有机地结合起来,形成一套具有特定公关职能的工作方法系统。

1. 主要方法

(1) 创造和利用新闻。企业公共关系部门可发布有关新闻,或举办活动创造机会以吸引新闻界和公众的注意,利用这些机会邀请

企业的领导人参加活动,发表演讲,展示他们的人格魅力,宣传介绍企业的发展成绩,提高企业的知名度。

(2) 参与公益活动。通过参与公益活动,如赞助文化体育活动、捐资助学、扶贫、救灾等,企业可以树立良好的公众形象,表明自己的社会责任态度,赢得公众的信任,培养与公众的友好感情,从而提高企业的美誉度。

(3) 策划特殊活动。企业可以安排一些特殊的事件来吸引公众的注意,例如召开新闻发布会、研讨会或展览会,或举行各种庆典活动,主办有奖竞赛、演讲比赛等,通过丰富多彩的活动展示企业的实力和形象。现在许多世界著名的汽车厂商都十分注重在中国的公关工作,有目的地组织策划一些有意义的活动,如北京现代、东风本田都对高等学校开展过助教活动。

(4) 编写和制作各种宣传资料。包括介绍企业和产品的业务通讯、期刊、录像、幻灯片或电影公众喜闻乐见的宣传品。

(5) 导入 CIS。CIS(Corporation Identify System),企业形象识别系统,导入 CIS,即综合运用现代设计和企业管理的理论、方法,将企业的经营理念、行为方式及个性特征等信息加以系统化、规范化和视觉化,塑造具体的企业形象,企业将这种视觉的企业形象印制在企业的建筑物、车辆、制服、业务名片、办公用品包装、文件、招牌等方面,便于企业改善对外交流形象。

(6) 设立公共关系热线电话。通过热线电话,在社会公众与企业之间建立一条方便、快捷和便宜的信息沟通渠道。这些热线电话,主要不是处理用户投诉,而是服务于企业的公共关系。

总之,企业要善于运用公共关系手段,做好公共关系的目标设计,建设公共关系的平台和载体,选择和决策恰当的公共关系方法,定期审视和评估公共关系的实施效果,为企业的生产经营营造良好的内外部发展环境。

2. 促销决策

(1) 确定公共关系促销目标。营销人员应为每一项公共关系活动制定特定目标,如建立知名度,建立信誉,激励推销人员和经销商,降低促销成本等。一般来说,公共关系费用要比广告费用低,公共关系越有成效,越能节省广告费用和人员推销费用。

(2) 选择公共关系信息和公共关系载体。目标确定后,公共关系人员就要鉴别或拟定有趣的题材来宣传。公共关系主题要服从企业的整体营销和宣传战略。公共关系宣传要与企业的广告、人员推销、直销和其他宣传工具相结合。公共关系的载体有新闻、演说、特别活动、书面材料、公益活动。

(3) 实施公共关系促销计划。公共关系促销人员的主要"资本"之一,就是他们与传播媒体人员的个人友谊,他们可以通过熟识的编辑、记者进行宣传报道,实现公共关系促销计划。他们了解媒体需要什么,如何让媒体满意,从而使他们的稿件不断被采纳。

(4) 评估公共关系活动的效果。展露度衡量法,该方法是检验公共关系报道在媒体上的展露次数和时间,可以了解宣传报道的影响范围。衡量公众对产品的注意、理解、态度的变化也是一个较好方法。如举办重要的研讨会,邀请知名人士演讲,举办周年纪念,开展体育比赛,举行记者招待会等。计算公共关系的投资收益率,即将公共关系活动后销售额和利润的增加与公共关系投入相比较。这是最有说服力的一种评估方法。公共关系投资收益率越高,就说明公共关系活动越有效。

1. 促销有什么作用?促销组合有哪些?影响因素是什么?
2. 企业如何选择销售人员?
3. 广告有哪些特点和种类?如何选择广告媒体?
4. 简述汽车产品营业推广的特点。
5. 试论述企业公共关系活动的主要方法和策略。
6. 选择一家你所熟悉的汽车企业,考察了解其促销策略,为其提出改进方案。

1. 目前媒体上展现的汽车广告是否有针对性,请你根据本章内容选择一汽车产品的广告进行分析。
2. 请你找一个公共关系的案例,说说自己的心得体会。
3. 以小组为单位,模拟一次新闻发言。
4. 访问中华英才网、前程无忧等网站,看看企业招聘 4S 店销售人员的人才要求是什么?

第七章 汽车服务策略

1. 掌握服务的含义；理解服务的特征；掌握服务营销的组合要素。
2. 掌握服务质量的含义；理解服务质量的评价；理解服务质量评价以及服务的有形展示。
3. 掌握售后服务的含义；掌握售后服务的工作内容；了解售后服务的管理。

现代市场营销的重要特点就是产品与服务的联系越来越紧密，特别是汽车这样的产品，服务更是成为汽车市场新的竞争目标，追求"差异化"服务是打造竞争优势的战略选择。服务不仅是汽车生产企业的经营对象，还是汽车销售企业、汽车维修企业以及汽车物流企业的直接经营对象。实践证明，物质产品的营销和服务营销不是两个能够清晰分开的营销类型，物质产品已经离不开服务营销来实现其物质产品的价值，而服务营销往往也需要物质产品来实现其服务。

本章在介绍有关服务营销的基本知识后，重点对汽车产品的售后服务进行探讨。

情景导入

第一节　服务与服务营销

一、服务的内涵与特征

一个企业在市场竞争中能否取胜，很大程度上取决于汽车的质量，这个质量包括技术质量和服务质量两个方面。技术质量就是汽车产品的功能、特性、技术及技术含量、品质、品牌、样式和结构等；服务质量是用户对汽车产品的服务的态度、水平、便利性、及时行、周到性以及收费等方面的认知和满意程度等。从行业和市场来看，运用好服务的策略在某种程度上可以在竞争中经受住考验。

（一）服务的含义

服务是一方为了满足另一方的需要而提供的产品或从事的活动，它的生产可能与某种有形产品联系在一起，也可能无关。如汽车销售过程中首先要建立在顾客对汽车产品的需要上，企业向顾客提供产品和维修等有形活动，同时对顾客关于产品的信息的提供又是无形的活动，这样服务的实现离不开供应和需求，两者缺一不可。

因此掌握顾客的需要对提高服务效益来说是很关键的一个因素。关于顾客的需要可以从以下几个方面来了解一下：

（1）"在这里购物从不担心产品的质量问题"是顾客对零售企业产品质量的要求。

（2）"说到做到"是顾客对商场信誉的要求。

（3）"产品种类及选择余地"是顾客对产品齐全性的要求。

（4）"及时服务"、"给顾客被尊重的感觉"、"服务方式"及"专业性"是顾客对服务人员的要求。

（5）"退换货保障"、"送货时间的安排"、"送货速度"是顾客对售后服务的要求。

（6）"能满足我的需求"是顾客对便民设施的要求。

（7）"容易找到我要求的地方，包括出口、卫生间、收银台等"是顾客对整体布局的要求。

（8）"产品标识清楚明了"、"容易找到自己要买的商品"、"产品陈列"、"导购服务的有效性"是顾客对产品陈列、标识、导购服务的要求。

（9）"促销活动的内容、形式、对我的吸引力"是顾客对促销活动的要求。

我们可以把服务（Service）的英文字母的拆分成下面几个部分来进一步理解一下服务：

S——Sincerity 真诚（为顾客提供真诚、有礼貌的服务）

E——Empathy 角色转换（以适合顾客的角色或方式为顾客提供服务）

R——Reliability 可靠性（掌握服务所需要的专业技能并以诚恳的态度为顾客服务）

V——Value 价值（提供顾客期望得到的服务，增加价值感）

I——Interaction 互动（具备优秀的沟通技能并及时给予顾客回应）

C——Completeness 竭尽全力（竭尽全力为顾客提供所能做到的最好的服务）

E——Empowerment 授权（给予服务人员一定权限以确保在

一定时间内解决顾客的各类问题)

(二) 服务的特征

服务的特征较多,以下几方面对制定营销方案影响较大:

1. 无形性

也称不可触知性。顾客在购买服务之前,一般不能看到、听到、嗅到、尝到或感觉到服务。因此,服务时多介绍服务所能提供的利益,让无形的服务在消费者眼中变得有形,借助有形的实物产生服务。

2. 同一性

也称同步性。服务的提供者用他的劳动直接为购买者提供使用价值和需求,这样的过程中同时存在着生产过程与消费过程,两个过程不可分离、缺一不可,并且是同时进行、同步发生。

如汽车发动机的大修,对车主而言是消费过程,对维修人员而言是生产过程。这一特征表明,顾客只有加入而且必须加入到服务的生产过程中,才能得到服务。而且对于一个出售劳务的维修人员而言,在同一时间只能在一个地点提供直接服务。

3. 异质性

服务是以人(服务提供者)为中心的产业,这与实行自动化生产的制造业不同。由于人的气质、修养、文化与技术水平存在差异,不同的人操作同一服务,服务质量就很难达到完全相同;即使是同一个人做同样的服务,因时间、地点、环境与心态的不同,服务成果也难以完全一致。因此,服务必须特别强调保持应有的品质,力求始终如一,维持高水准,建立顾客信心,树立优质服务的形象。

4. 即时性

由于服务的生产与消费同时进行及其无形性,决定了服务不能进行贮存,也不能进行退换,不能对服务实施"售后服务"。而且很多服务的使用价值,如不及时加以利用,就会"过期作废"。如汽车维修设备的闲置等,均为服务业不可补偿的损失。因此,服务业的规模、定价与推广,必须力求达到人力、物力的充分利用。

此外,服务的无形与易逝,使得购买者不能"实质性"地占有,因而不涉及所有权的转移,也不能申请专利。

二、服务营销的组合要素

由于服务的前述特征,服务营销战略的形成和实施,以及服务营销的组合离不开产品、定价、分销和促销这几个要素。

1. 产品

服务产品必须考虑的要素是提供服务的范围、质量、品牌、保证以及跟踪服务等。如果顾客不需要你的产品,服务再好也无济于事,连给顾客提供服务的机会也没有。所以,产品是顾客给予你的服务机会和通行证。

服务产品包括核心服务、便利服务和辅助服务。

(1) 核心服务体现了企业为顾客提供的最基本效用,如汽车的销售服务,汽车故障的维修服务等。

(2) 便利服务是为配合、推广核心服务而提供的便利,主要应考虑以下一些方面:

① 地点:与顾客居住地的距离、顾客进厂的路线、天然阻隔、接送车服务、指示牌。

② 时间:营业时间、假日值班、24小时救援、等待时间。

③ 付款:付款方式、有人指引或陪同、结账时间、单据的整理。

④ 信息查询:维修记录、费用、车辆信息、配件、工时费。

⑤ 商品选购:百货等的选购。

⑥ 功能:保险、四位一体、紧急救援、车辆年审、汽车俱乐部、接送车服务。

(3) 辅助服务用以增加服务的价值或是区别于竞争者的服务,有助于企业实施差异化营销战略。例如以下几个方面:

① 厂房规划:CI形象、区域划分、指示牌。

② 专业作业:标准程序、看板管理、专业人员负责、5S管理、专业分工。

③ 价格透明:常用零件价格、收费标准。

④ 兑现承诺:交车时间、维修时间、配件发货、解决问题。

⑤ 顾客参与:寻求顾客认同、需求分析、报告维修进度、告知追加项目、交车过程、车主讲座。

⑥ 专业化:语言专业、热忱、亲切。

2. 分销

随着服务领域的扩展,服务销售除直销外,经由中介机构销售者日渐增多。中介机构主要有代理、代销、经纪等形态。汽车企业通常会选择适当的维修厂店,建立一套维修服务网络进行服务"分销",有的维修企业也在异地设立服务连锁店。

3. 定价

一般而言,价格是一项服务区别于另一项服务的一种重要的识别标志,顾客往往从价格感受到服务价值的高低。对于服务质量的评价要尽量制定量化标准。价格合理、价格透明对服务价值的实现来说影响比较大。如汽车维修服务中,服务商都有各种故障的维修工时定额、服务价目表等,维修完毕后也可以检查故障是否已排除,检查产品的性能质量是否复原等。

4. 促销

为增强消费者对无形服务的印象,企业在促销活动中要尽量使服务产品有形化。服务的促销方式包括广告、人员推销、营业推广、宣传、公共关系等营销沟通方式。

三、先进的服务理念

服务经营者的任何服务都是在一定的服务理念下开展工作或活动的,服务理念的先进与否,直接关系到服务作业者的工作态度和服务活动完成的工作质量。

1. 服务理念的概念

服务理念就是服务提供者对待服务工作的态度,是服务工作的指导思想,是服务提供者经营哲学在服务工作上的具体反映,或者说是服务提供者的经营观念或营销观念在服务工作上的具体化。服务提供者有什么样的服务理念,就会有什么样的服务行为。

2. 先进服务理念的表现

面对迅速发展和越来越成熟的汽车消费市场,汽车厂商应始终以顾客需要为导向,突出顾客满意度。

在这个中心理念指导下,不同厂商对服务理念都有自己的理解。

（1）深度营销理念

所谓深度营销是指在满足消费者表层需求之后,再以深层次的服务去巩固、保留原有减客并拓展新市场的过程。对汽车营销者而言,深度营销有两层含义:一是以优质的服务质量巩固和维持与现有顾客的关系;二是在满足消费者目前对服务需要的基础上,不断创新服务内容和服务形式,拓展新的深层次市场。

（2）双赢营销理念

双赢营销理念强调的是在商品(服务)的交换过程中,卖方合理利润的获得和买方利益的维护。针对汽车营销而言,汽车服务的根本目标就是在买卖双方之间建立亲善、和谐和长期的相互依存又相互信赖的伙伴关系。在这种关系中,厂商和经销商需要一种全新的理念,一种对价值和利益的新的判断。汽车厂商必须突破以销售为唯一目的的思维方式,不应以汽车的销售价格(尤其是第一次交易)作为企业利润的唯一来源。企业的目标在于为客户带来更长期的价值,创造关系维系更久的客户,以客户的终生价值(即预期可以从客户身上得到多少未来利润的现值)作为考量对象。这就是双赢理念,它带来的是企业长远发展的可能。

（3）超值营销理念

顾客的心理预期与顾客的消费经验直接相关,当消费者感觉自己获得的综合价值超过心理预期时,就会感觉到超值的存在。消费者的超值感受主要有3种来源:一种是产品利益的折让,如消费者以较低的价格获得了产品(服务);二是超越常规的服务,如获得比其他品牌更高的服务标准或更多的服务内容;三是消费者对产品或服务的认知和感知超越了原有的预期。

四、服务质量的内涵、评价与管理

(一)服务质量的内涵

服务质量是指服务商向顾客提供的服务,指其产品在使用价值上、精神上和物质上适合和满足顾客需要的程度。服务质量同顾客的感受关系很大,带有一定的主观看法,它取决于顾客对服务的期望质量同其实际感受的服务水平或体验质量的对比差距。这样的整体感觉质量不仅取决于期望质量与实际质量之比,也决定于技术质量和职能质量的水平。

(二)服务质量的评价

(1)感知性。指提供服务的有形部分,如各种设施、设备、服务人员的仪表等。顾客正是借助这些有形的、可见的部分把握服务的实质。有形部分提供了有关服务质量本身的线索,同时也直接影响到顾客对服务质量的感知。

(2)可靠性。指服务供应者准确无误地完成所承诺的服务。可靠性要求避免服务过程中的失误,顾客认可的可靠性是最重要的质量指标,它与核心服务密切相关。许多以优质服务著称的服务企业,正是通过强化可靠性来建立自己的声誉的。

(3)适应性。主要指反应能力,即随时准确为顾客提供快捷、有效的服务,包括矫正失误和改正对顾客不便之处的能力。对顾客的各项要求,能否予以及时满足,表明企业的服务导向,即是否把顾客利益放在第一位。

(4)保证性。主要指服务人员的友好态度与胜任能力。服务人员较高的知识技能和良好的服务态度,能增强顾客对服务质量的可信度和安全感。在服务产品不断推陈出新的今天,顾客同知识渊博而又友好和善的服务人员打交道,无疑会产生信任感。

(5)移情性。指企业和服务人员能设身处地为顾客着想,努力满足顾客的要求。这便要求服务人员有一种投入的精神,想顾客之所想,急顾客之所需,了解顾客的实际需要,以至特殊需要,千方百计地予以满足,给予顾客充分的关心和相应的体贴,使服务过程充满人情味,这便是移情性的体现。

按上述评价标准，可通过问卷调查或其他方式对服务质量进行测量。调查应包括顾客的预期质量和体验质量两个方面，以便进行分析研究。汽车厂商每年花费一定的资金进行服务质量的调查和评估，是完全必要的。

（三）服务质量的管理

服务质量的监督和管理首要的就是能够对顾客的期望进行正确的研究和管理，并在实际服务过程中做到超出顾客期望。为了达到这一目的，企业可以从以下几方面进行工作：

（1）重视服务的功能性。在顾客对服务质量进行评估的多项标准中，功能性无疑是最为重要的，因为顾客不需要这个服务所体现的基本功能时，就无法进行服务的其他项目。当顾客需要这样的功能时，就为服务的其他项目提供了一个通行证和体现服务的机会，那么提高服务准确性和可靠性就能带来较高的现有顾客保持率，增加积极的顾客口碑，维护和增进了企业的形象和信誉度，减少招徕新顾客的压力和再次服务的开支。

（2）确保承诺的实现性。明确的服务承诺（如广告和人员推销）和暗示的服务承诺（如服务设施外观、服务价格），都是企业可以控制的，对之进行管理是管理顾客服务期望直接的和可靠的方法。企业应集中精力于基本服务项目，通过切实可行的努力和措施，确保对顾客所作的承诺能够反映真实的服务水平，保证承诺圆满兑现。过分的承诺难以兑现，将会失去顾客的信任。

（3）保证服务传送的优质性。在服务过程中，每一次与顾客的接触都是一次潜在的机会，顾客亲身体验了提供的服务技能和服务态度，尽全力保证服务的优质性，可使顾客感到享受了超出期望的服务，有利于保持更切合实际的期望和更多的理解，取得更好的效益。而对顾客冷淡的员工则是浪费了机会，甚至会产生对顾客、对企业不利的负面效益。

（4）对信息的反馈性和沟通性。经常与顾客进行沟通，进行信息的采集，了解他们的期望，对服务进行改进和提高，或是对顾客光临表示感激，与顾客保持良好的关系，对顾客关怀，更多地获得顾客的谅解。

（5）强化服务的补救性。虽然对完美服务的追求是优质服务的特征，但一旦出现服务失误，营销者就要尽快组织一流服务的重现，实施服务补救，这是十分重要的。服务重现往往会再一次让顾客意想不到，从而为企业重新赢得顾客的信任。为此，企业必须加强力量组织好重现服务，使服务中的问题得到令顾客满意的解决。

五、服务的有形展示

(一)有形展示的内涵

物质产品可以自我展示,服务则不能,顾客看不到服务。但是,顾客可以看到服务产品、服务企业、设施设备、员工、信息资料、其他顾客、价目表等,这些有形物都是顾客了解无形服务的线索。由此,在服务营销管理中,一切可以传递服务特色与优点的有形组成部分,均可称作服务的有形展示。

(二)有形展示的类型

有形展示可以从不同的角度加以分类。从构成要素的角度,有形展示可分为三种类型,即实体环境、信息沟通和价格。

1. 实体环境

实体环境包括三大因素:周围因素、设计因素和社会因素。

周围因素是指服务现场及周围的空气质量、噪声、气氛、整洁度等。

设计因素是指服务处所的建筑、结构、颜色、造型、风格等美学因素和陈设、标识等功能因素。

社会因素是指在服务场所内一切参与及影响服务产品生产的人,包括服务员工和其他出现于服务场所的人士,他们的人数、仪表、行为等,都有可能影响顾客对服务质量的期望与认识。

2. 信息沟通

信息沟通所使用的方法有:

(1)服务有形化。例如通过电话服务或者信函服务,在信息交流中强调与服务相联系的有形物,让服务显得实实在在。有形因素能使服务容易被感觉,而不那么抽象。

(2)信息有形化。通过鼓励积极的口头传播、品牌塑造、服务承诺和广告中应用容易被感知的展示,使信息更加有形化。

营销视野 7-1

3. 价格

服务价格是营销组合因素中决定收入的主要因素。而顾客之所以关注价格,是因价格是可以精确计算的。有的顾客把价格等同为了价值,用价格的高低来衡量价值的大小,所以在某种程度上价格可以提高或降低人们的期望。由于服务是无形的,价格是对服务水平和质量的可见性展示。

(三)有形展示的管理

服务的不可感知,主要是指其不可触及,难以从心理上进行把握。为克服因此产生的营销难题,必须使服务内涵尽可能地附着于某种实物上。服务的有形化,还必须考虑使服务更易为顾客所把握。因此,对于有形展示要做好研究和管理工作,可以注意以下几个方面:

(1) 有形展示应选择顾客视为重要的有形实物,最好是他们在该项服务中所寻求的一部分;同时,必须保证此有形实物所暗示的承诺,在提供的服务中能完满兑现,即服务质量要与承诺的内容一致。

(2) 有形展示的最终目的,是建立企业与顾客之间的长期关系。顾客对企业的价值非常重要,没有了顾客,企业就没有了效益。对企业来说,吸引一个新顾客的成本是维护老顾客的 6 倍。而失去一个顾客,就意味着失去这个顾客的终身价值和顾客所相关联的一些价值。对于一个企业服务的最高境界是:把现实顾客向满意顾客转变,把满意顾客向忠实顾客转变,把忠实顾客向终身顾客转变。

(3) 有形展示的实体环境的维护和建设,有形展示的信息处理等。比如企业自身的硬件及软件设施,企业形象设计,企业员工的能力和服务素质等。

(四) 有形展示的作用主要有以下几方面

1. **帮助顾客感受到服务所能带来的利益**

服务展示的一个潜在作用,就是能给顾客带来乐趣优势。有形展示可在顾客的考察中,注入新颖的、激动人心的、戏剧性的因素,消除顾客的厌倦情绪。采用有形展示,是通过有形物体对顾客感官的刺激,让顾客感受到无形服务带给自己的所有好处,进而影响其对服务的需求。

2. **引导顾客对服务产生合理的期望**

服务的无形化及不可感知性,使顾客在使用前难以对该项服务做出正确的理解。而运用有形展示,可以让顾客在接受服务前能具体地把握服务的特征和功能,从而对服务产生较合理的期望,避免因期望过高而难以满足所造成的负面影响。

3. **影响顾客对服务产品的第一印象**

有形展示作为部分服务内涵的载体,是顾客取得第一印象的物质因素。对于新顾客而言,在购买和享用某项服务之前,往往会根据第一印象对服务产品做出判断,有形展示失败,最终会影响顾客的购买决策。

4. **促使顾客对优质服务做出客观评价**

服务质量高低由多种因素决定,可感知性是其中的一个重要特质,而有形展示正是可感知的服务组成部分。有形展示可使顾客对服务产生优质的感觉。

5. 引导顾客识别与改变服务形象

有形展示能有形地、具体地传达最具挑战性的企业形象。服务企业或服务产品的无形性，增加了改善形象的难度。形象的改变不仅是在原来形象上加入新内容，而且要符合传统观念，利用有形产品作为新设计形象的中心载体，使形象变更的可见信息迅速传达至顾客。

6. 协助服务企业培训服务员工

在利用有形展示突出服务产品的特征以及优点时，也可利用有形展示作为培训员工的手段。员工作为"内部顾客"，通过有形展示深刻、具体地理解了企业所提供的服务，会有助于保证他们所提供的服务符合企业规定的标准。

第二节 汽车的售后服务

"销售服务"和"售后服务"几乎成为今天中国所有企业家最重要经营决策的组成部分和战略措施。同时，也成为企业之间相互学习、交流的重要内容。

一、汽车售后服务的概念、内容

（一）售后服务的概念

汽车营销服务总是伴随着顾客与汽车服务企业合作的过程而产生的。整个市场营销服务的过程分为售前服务、售中服务和售后服务。汽车售前服务是通过营销人员把汽车产品的相关信息发送给目标顾客，包括汽车的技术指标、主要性能、配置和价位等；售中服务则是为顾客提供咨询、导购、订购、结算和汽车交接等服务；汽车售后服务是为顾客对汽车做调试、保养、维修、排除技术故障、提供技术支持、寄发产品改进或升级信息以及获得顾客对汽车产品和服务的反馈信息。

营销视野 7-2

（二）售后服务的工作内容

综合地讲，售后服务工作的主要内容包括：

1. 技术服务

售后服务本身属于技术服务范畴。由于汽车产品的高度技术密集，汽车产品的售后服务工作必然包含对用户的技术指导、技术咨询、技术示范；同时包含着汽车企业对自己售后服务网络人员的技术培训、技术示范、技术指导等。通常，汽车企业的售后服务部门有售后服务网络，而售后服务网络对用户进行上述工作。汽车制造企业还将负责产品的更改，新产品的投放技术要点的宣传等，凡是需要向社会、经销商、售后服务网络和用户宣传和交代的技术要点，全部由售后部门来完成。同时售后服务网络有责任向用户提供维修和维护技术服务。

2. 质量保修

质量保修，又作质量保证、质量担保、质量赔偿等，我国俗称"三包"（包赔、包修、包换），其基本含义是指处理用户的质量索赔要求，并向厂商反馈用户质量信息。在我国的汽车行业内，质量保修工作的过程通常是由第一线的售后服务网络（服务站）受理用户的质量索赔要求，决定是否赔偿。厂商售后服务总部对服务站的赔偿进行赔偿鉴定，复核赔偿的准确性，并进行质量动态的综合分析，向生产和采购部门反馈产品的质量信息。

质量保修工作的要点：一是"准确"，是指准确地做出质量故障鉴定，既要维护企业的利益，又要维护用户的利益；二是"快速"，是指对用户的求救要迅速处理，快速服务。国际上各大汽车公司都保证 24h 之内，把质量保修零件送到用户手中，并向全世界公布其服务热线电话；三是"厚待"，是指售后服务人员要善待用户，对用户的愤慨、怨恨、不满，应始终保持一种平和的心态，认真解决产品的质量故障。

3. 备品供应

备品供应在售后服务中具有决定性作用，没有良好的备品供应就没有优质的售后服务。由于中国汽车企业生产工艺水平和配件的技术水平相对不高，因而汽车配件供应显得格外重要。在国外，汽车制造商十分重视配件的供应，除了最大限度地满足用户的需要，配件供应是汽车企业取得效益的最主要来源。例如，国外著名制造商利润的 1/3~1/4 来自配件经营。

4. 组织和管理售后服务网络

汽车是典型的大量生产的产品，而且其用户分布点多面广，很难设想单纯依靠生产厂家自身的力量，能够圆满地完成售后服务的全部工作。通常是在社会上组织一个庞大的服务网络，这个网络代表制造商承担用户的全部技术服务工作。国外汽车企业的售后服务网络通常与汽车经销网络相结合，在经销汽车的同时又提供技术服务。它通常由汽车分销商、汽车代理商、汽车维修点三个层次组成。其中汽车分销商一般是国际性的，同时兼营多家产品，并进行汽车产品的批发和改装。代理商一般是专一销售一个厂家或一类产品，具有专业性和排他性。维修点，是分销商和代理商专门建立和委托建立的，如处于车辆集中区或高速路边的小维修专点。通常汽车生产商的地区经理在自己的辖区管 20~40 个分销商，而每一个分销商将管辖 20 个左右的代理商，每个代理商将直接联络 400 个左右的直接用户。

5. 企业形象建设

售后服务除了以上工作内容外,还肩负着企业形象建设的重任。影响消费者对企业形象评价的因素主要有:产品使用性能及厂商的服务质量、企业窗口部门的工作质量及其外观形象、企业的实力及企业的口碑等。显然,汽车企业售后服务网络是用户经常"打交道"的对象,在汽车企业的企业形象建设方面负有重要责任。

二、提高售后服务质量的方法

汽车售后服务行业发展前景广阔,具有巨大的商机,而消费者的需求也体现在各个层面上。所以汽车服务企业的服务必须做到专业化、标准化、规范化,只有以优质全面的服务和高精的技术含量才能赢得消费者的信赖和适应市场的发展。汽车服务企业应做出自己的特色,充分凭借优异的产品质量和完善的售后服务体系。汽车服务企业要结合自身的不足,尽力做到以下几点:

1. 规范服务标准,提高工作人员的整体素质

部分汽车服务企业的工作人员,并不是从事本行业的工作,部分人员没有经过专业、系统的培训和专业的技术理论指导。"兵马未动,粮草先行",技术支持不仅是服务上的品质保证,也是提高顾客日常体验的有力保障。

2. 提供纯正配件,使服务质量和成本得到双重保证

许多配件生产厂商为了扩大生产规模和销售数量而不顾产品的生产质量,生产低质量的伪劣产品,以低价向汽车服务企业销售。而汽车服务企业因贪图利益,引进劣质配件,却以纯正配件的价格出售给顾客和向维修车间提供。这样,不仅降低了汽车使用的安全系数,也增加了消费者的使用成本。

3. 提供先进的服务设施,提升和完善维修服务质量

汽车服务企业的售后服务行业不仅仅是为顾客提供一些表面性的咨询服务和简单的故障处理,这其中也包含着高精的技术服务。汽车的发展也随着科技的进步在不断地提升,高科技也在不断向汽车产品领域渗入。

4. 定期进行客户回访,建立客户档案

顾客购车对汽车服务企业来说并不是一次性的买卖交易,而是以后长期"合作"的开始。顾客购车后的使用情况怎么样,使用性能如何,是否满意,是否有不满意的地方需要我们改进,或者去为他们的新的需求提供一些帮助呢?所以,这就需要我们定期给顾客打个电话,或邮寄一封信函做一个简短却让人暖心的回访,征求一下顾客的意见或建议,给每一个顾客建立一个客户档案。

5. 多设服务网点,并尽力做到精细

在我国,汽车服务企业大部分都设在大城市,而在中小城市设

营销视野7-3
营销视野7-4

有专业网点的并不多,这就给一些中小城市的消费者在保养和维修等服务方面带来诸多不便。所以,汽车服务企业不但要把精力投放到一些大城市的服务当中,而且也要考虑服务网点向中小城市发展,因为这也是一块发展前景广阔的市场。另外,汽车在高速公路上出现问题的情况也经常出现,是否也该考虑一下将一些服务站点建立在高速公路上,方便给顾客做紧急救援服务呢?彻底排除顾客在汽车售后方面的忧虑。

三、汽车售后服务的管理及管理制度

(一)售后服务工作由业务部负责完成

按照需要和管理的组织结构,将售后服务的各项工作制定出一定的工作职责,分配给各个负责人,使人人做到分工和合作明确化。后面将具体介绍各个职务的工作制度和要求等内容。

(二)售后服务工作的内容

1. **整理客户资料、建立客户档案**

客户送车进厂维修养护或来公司咨询、商洽有关汽车技术服务,在办完有关手续或商谈完后,业务部应于两日内将客户有关情况整理制表并建立档案,装入档案袋。客户有关情况包括:客户名称、地址、电话、送修或来访日期、送修车辆的车型、车号、车种、维修养护项目、保养周期、下一次保养日期、客户希望得到的服务、在本公司维修、保养记录(详见"客户档案基本资料表")。

2. **根据客户档案资料,研究客户的需求**

业务人员根据客户档案资料,研究客户对汽车维修保养及其相关方面的服务的需求,找出"下一次"服务的内容,如通知客户按期保养、通知客户参与本公司联谊活动、告知本公司优惠活动、通知客户按时进厂维修或免费检测等。

3. **与客户进行电话、信函联系,开展跟踪服务**

业务人员通过电话联系,让客户得到以下服务:

(1)询问客户用车情况和对本公司服务有何意见;

(2)询问客户近期有无新的服务需求需我公司效劳;

(3)告知相关的汽车运用知识和注意事项;

(4)介绍本公司近期为客户提供的各种服务,特别是新的服务内容;

(5)介绍本公司近期为客户安排的各类优惠联谊活动,如免费检测周、优惠服务月、汽车运用新知识晚会等,内容、日期、地址要告知清楚;

(6)咨询服务;

(7) 走访客户。

(三) 售后服务工作规定

业务接待工作是业务工作的一个重要组成部分,它包括业务接待工作程序、内容解说、工作内容与要求(即工作内容规定)。

1. 业务接待工作程序

业务接待工作从内容上分为两个部分:迎接客户送修程序与恭送客户离厂程序(详见业务接待工作程序图)。工作程序具体内容如下:

(1) 业务厅接待前来公司送修的客户。

(2) 受理业务:询问客户来意与要求;技术诊断;报价,决定是否进厂,或预约维修,或诊断报价;送客户离厂。

(3) 将接修车清洗后送入车间,办理交车手续。

(4) 维修期间,维修增项意见征询与处理:征询客户意见、与车间交换工作意见。

(5) 将竣工车从车间接出:检查车辆外观技术状况及有关随车物品。

(6) 通知客户接车,准备客户接车资料。

(7) 业务厅接待前来公司取车的客户,引导客户视检竣工车,汇报情况,办理结算手续,恭送客户离厂。

(8) 对客户跟踪服务。

2. 业务接待工作内容规定

(1) 业务厅接待前来公司送修或咨询业务的客户

工作内容:

① 见到客户驾车驶进公司大门,立即起身,带上工作用具(笔与接修单)走到客户车辆驾驶室边门一侧向客户致意(微笑点头)。当客户走出车门或放下车窗后,应先主动向客户问好,表示欢迎(一般讲"欢迎光临!")。同时作简短自我介绍。

② 如客户车辆未停在本公司规定的接待车位,应礼貌引导客户把车停放到位。

③ 简短问明来意,如属简单咨询,可当场答复,然后礼貌地送客户出门并致意(一般讲"请走好"、"欢迎再来")。如属需诊断、报价或进厂维修的应征得客户同意后进接待厅从容商洽;或让客户先到接待厅休息,我方工作人员检测诊断后,再与客户商洽。情况简单的或客户要求当场填写维修单或预约单的,应按客户要求办理手续。

④ 如属新客户,应主动向其简单介绍我公司维修服务的内容和程序。

⑤ 如属维修预约,应尽快问明情况与要求,填写"维修预约

单",并呈交客户;同时礼貌告之客户:请记住预约时间。

工作要求:接待人员要文明礼貌,仪表大方整洁、主动热情,要让客户有"宾至如归"的第一印象。客户在客厅坐下等候时,应主动倒茶,并示意"请用茶",以表示我公司待客礼貌热忱。

(2) 业务咨询与诊断

工作内容:在客户提出维修养护方面诉求时,我方接待人员应细心专注聆听,然后以专业人员的态度和通俗的语言回答客户的问题。在客户车辆需作技术诊断才能作维修决定时,应先征得客户同意,然后我方人员开始技术诊断。接待人员对技术问题有疑难时,应立即通知技术部专职技术员迅速到接待车位予以协助,以尽快完成技术诊断。技术诊断完成后应立即打印或填写诊断书,应明确车辆故障或问题所在,然后把诊断情况和维修建议告诉客户。同时,把检测诊断单呈交客户,让客户进一步了解自己的车况。

工作要求:在这一环节,我方接待人员态度要认真细致,善于倾听,善于专业引导。在检测诊断时,动作要熟练,诊断要明确,要显示我公司技术上的优越性、权威性。

(3) 业务洽谈

工作内容:

① 与客户商定或提出维修项目,确定维修内容、收费定价、交车时间,确定客户有无其他要求,将以上内容一一填入"进厂维修单",请客户过目并决定是否进厂。

② 客户审阅"进厂维修单"后,同意进厂维修的,应礼貌地请其在客户签字栏签字确认;如不同意或预约进厂维修的,接待人员应主动告诉并引导客户到收银处办理出厂手续——领"出厂通知单",如有我方诊断或估价的,还应通知客户交纳诊断费或估价费;办完手续后应礼貌送客户出厂,并致意"请走好,欢迎再来"。

工作要求:与客户洽谈时,要诚恳、自信、为客户着想,不卑不亢、宽容、灵活,要坚持"顾客总是对的"的观念。对不在厂维修的客户,不能表示不满,要保持一贯的友好态度。

(4) 业务洽谈中的维修估价

工作内容:与客户确定维修估价时,一般采用"系统估价"的方法,即按排除故障所涉及的系统进行维修收费;对一时难以找准故障所涉及系统的,也可以采用"现象估价"法,即按排除故障现象为目标进行维修收费,这种方式风险大,我方人员定价时应考虑风险价值。针对维修内容技术含量不高,或市场有相应行价的,或客户指定维修的,可以用"项目定价"法,即按实际维修工作量收费,这种方式有时并不能保证质量,应事先向客户作必要的说明。维修估价洽谈中,应明确维修配件是由我方还是由客方供应,用正厂件还是副厂件。并应向客户说明:凡客户自购配件,或坚持要求关键部位用副厂件的,我方应表示在技术质量上不作担保,并在"进厂维修单"上说明。

工作要求:这一环节中,我业务接待人应以专业人员的姿态与客户洽谈,语气要沉稳平和,灵活选用不同方式的估价,要让客户对我公司有信任感,应尽可能说明本公司价格合理性。

(5) 业务洽谈中的承诺维修质量与交车时间

工作内容:业务洽谈中,要向客户明确承诺质量保证,应向客户介绍我公司承诺质量保证的具体规定。要在掌握公司现时生产情况下承诺交车时间,并留有一定的余地。特别要考虑汽车配件供应的情况。

工作要求:要有信心,同时要严肃,特别要注意公司的实际生产能力,不可有失信于用户的心态与行为。

(6) 办理交车手续

工作内容:客户在签订维修合同(即维修单)后,接待人员应尽快与客户办理交车手续;接收客户随车证件(特别是二保、年审车)并审验其证件有效性、完整性、完好性,如有差异应当时与客户说明,并作相应处理,请客户签字确认差异。接收送修车时,应对所接车的外观、内饰表层、仪表座椅等作一次视检,以确认有无异常,如有异常,应在"进厂维修单"上注明;对随车的工具和物品应清点登记,并请客户在"随车物品清单"上签字(详见"随车物品清单"),同时把工具与物品装入为该车用户专门提供的存物箱内。接车时,对车钥匙(总开关钥匙)要登记、编号并放在统一规定的车钥匙柜内。对当时油表、里程表标示的数字登记入表。如即时送车于车间修理的,车交入车间时,车间接车人要办理接车签字手续。

营销视野 7-5

工作要求:视检、查点、登记要仔细,不可忘记礼貌地请客户在进厂维修单上签名。

(7) 礼貌送客户

工作内容:客户办完一切送修手续后,接待员应礼貌告知客户手续全部办完,礼貌暗示可以离去。如客户离去,接待员应起身致意送客,或送客户至业务厅门口,致意:"请走好,恕不远送"。

工作要求:热情主动,亲切友好,注意不可虎头蛇尾。

(8) 为送修车办理进车间手续

工作内容:

① 客户离去后,迅速清理"进厂维修单"(这时通过电脑,一些车辆统计报表也同时登记),如属单组作业的,直接由业务部填列承修作业组;如属多组作业的,应将"进厂维修单"交车间主管处理。

② 由业务接待员通知清洗车辆,然后将送修车送入车间,交车间主管或调度,并同时交随车的"进厂维修单",并请接车人在"进厂维修单"指定栏签名,写明接车时间,时间要精确到十分钟。

工作要求：认真对待，不可忽视工作细节，更不可省略应办手续。洗车工作人员洗完车后，应立即将该车交业务员处理。

（9）追加维修项目处理

工作内容：业务部接到车间关于追加维修项目的信息后，应立即与客户进行电话联系，征求对方对增项维修的意见。同时，应告之客户由增项引起的工期延期。得到客户明确答复后，立即转达到车间。如客户不同意追加维修项目，业务接待员即可口头通知车间并记录通知时间和车间受话人；如同意追加，即开具"进厂维修单"，填列追加维修项目内容，立即交车间主管或调度，并记录交单时间。

工作要求：咨询客户时，要礼貌，说明追加项目时，要从技术上作好解释工作，事关安全时要特别强调利害关系；要冷静对待此时客户的抱怨，不可强求客户，应当尊重客户的选择。

（10）查询工作进度

工作内容：业务部根据生产进展定时向车间询问维修任务完成情况，询问时间一般定在维修预计工期进行到70%至80%的时候。询问完工时间、维修有无异常。如有异常应立即采取应急措施，尽可能不拖延工期。

工作要求：要准时询问，以免影响准时交车。

（11）通知客户接车

工作内容：

① 做好相应交车准备：车间交出竣工验收车辆后，业务人员要对车做最后一次清理；清洗、清理车厢内部，查看外观是否正常，清点随车工具和物品，并放入车上。结算员应将该车全部单据汇总核算，此前要通知车间与配件部，收缴有关单据。

② 通知客户接车：一切准备工作之后，即提前一小时（工期在两天之内），或提前四小时（工期在两天以上包括两天）通知客户准时来接车，并致意："谢谢合作！"；如不能按期交车，也要按上述时间或更早些时间通知客户，说明延误原因，争取客户谅解，并表示道歉。

工作要求：通知前，交车准备要认真；向客户致意、道歉要真诚，不得遗漏。

（12）对取车客户的接待

工作内容：

① 主动起身迎候取车的客户，简要介绍客户车辆维修情况，指示或引领客户办理结算手续。

② 结算：客户来到结算台时，结算员应主动礼貌地向客户打招呼，示意台前座位落座，以示尊重；同时迅速拿出结算单呈交客户；当客户同意办理结算手续时，应迅速办理；当客户要求打折或其他要求时，结算员可引领客户找业务主管处理。

③ 结算完毕,应即刻开具该车的"出厂通知单",连同该车的维修单、结算单、质量保证书、随车证件和车钥匙一并交到客户手中,然后由业务员引领客户到车场作随车工具与物品的清点和外形视检,如无异议,则请客户在"进厂维修单"上签名。

④ 客户办完接车手续,接待员送客户出厂,并致意:"××先生(小姐)请走好。""祝一路平安!欢迎下次光临!"

工作要求:整个结算交车过程,动作、用语要简练,不让客户觉得拖拉烦琐。清点、交车后客户接收签名不可遗漏。送客要真诚。

(13) 客户档案的管理

工作内容:客户进厂后,业务接待人员当日要为其建立业务档案,一般情况,一车一档案袋。档案内容有客户有关资料、客户车辆有关资料、维修项目、修理保养情况、结算情况、投诉情况,一般以该车"进厂维修单"内容为主。老客户的档案资料表填好后,仍存入原档案袋。

工作要求:建立档案要细心,不可遗失档案规定的资料,不可随意乱放,应放置在规定的车辆档案柜内,由专人保管。

(14) 客户的咨询解答与投诉处理

工作内容:客户打电话或来业务厅咨询有关维修业务问题,业务接待人员必须先听后答,听要细心,不可随意打断客户;回答要明确、简明、耐心。答询中要善于正确引导客户对维修的认识,引导对我公司实力和服务的认识与信任;并留意记下客户的工作地址、单位、联系电话,以便于今后联系。客户投诉无论电话或上门,业务接待员都要热情礼貌接待;认真倾听客户意见,并做好登记、记录。倾听完意见后,接待员应立即给予答复。如不能立即处理的,应先向客户致意:表示歉意并明确表示下次答复时间。处理投诉时,不能凭主观臆断,不能与客户辩驳争吵,要冷静而合乎情理。投诉对话结束时,要致意:"××先生(小姐),感谢您的信任,一定给您满意答复"。

工作要求:受理投诉人员要有公司大局观,要有"客户第一"的观念,投诉处理要善终,不可轻慢客户。客户对我方答复是否满意要作记录。

(15) 跟踪服务

工作内容:根据档案资料,业务人员定期向客户进行电话跟踪服务。跟踪服务的第一次时间一般选定在客户车辆出厂二天至一周之内。跟踪服务内容有:询问客户车辆使用情况;对我公司服务的评价;告知对方有关驾驶与保养的知识;或针对性地提出合理使用的建议;提醒下次保养时间;欢迎保持联系;介绍公司新近服务的新内容、新设备、新技术;告知公司免费优惠客户的服务活动。做好跟踪服务的记录和统计。通话结束前,要致意:"非常感谢合作!"

工作要求：跟踪电话时，要文明礼貌，尊重客户，在客户方便时与之通话，不可强求；跟踪电话要有一定准备，要有针对性，不能漫无主题，用语要简明扼要，语调应亲切自然。要善于在交谈中了解相关市场信息，发现潜在维修服务消费需求，并及时向业务主管汇报。

(16) 预约维修服务

工作内容：受理客户提出预约维修请求，或我公司根据生产情况向客户建议预约维修，经客户同意后，办理预约手续。业务员要根据客户与我公司达成的意见，填定预约单，并请客户签名确认。预约时间要写明确，需要准备价值较高的配件量，就请示客户预交定金（按规定不少于原价的二分之一）。预约决定后，要填写"预约统计表"；要于当日内通知车间主管，以利到时留出工位。预约时间临近时，应提前半天或一天，通知客户预约时间，以免遗忘。

(17) 业务统计报表填制、报送

工作内容：周、月维修车的数量、类型、维修类别、营业收入与欠收的登记、统计及月统计分析报告由业务部完成，并按时提供给财务部、分管经理、经理，以便经营管理层分析决策。

工作要求：按规定时间完成报表填报，日报表当日下班前完成，周报表周六下班前完成，月报表月末一天下班前完成。统计要准确、完整，不得估计、漏项。

(18) 本制度使用以下十七种表格：

进厂维修单、维修追加项目单、维修估价单、维修预约单、维修结算单、汽车检测诊断报告单、出厂通知单、售后服务卡、跟踪服务客户电话记录表、跟踪服务电话登记表、跟踪服务信函登记表、维修预约登记表、客户档案资料表、随车物品清单、业务统计表（周、月）、行业相关市场情况报告表、公司业务状况分析报告表。

1. 什么是服务？
2. 服务的特征有哪些？
3. 服务营销的组合要素有哪些？
4. 怎样理解服务质量？
5. 服务质量的有哪些评价方法？
6. 怎样理解服务的有形展示？
7. 什么是售后服务？
8. 售后服务的工作内容有哪些？
9. 如何进行售后服务的管理？

案例分析

实训操作

1. 学生访问某汽车 4S 店的网站或微信公众号,看看其售后服务的内容和流程是什么,并在班级中和同学一起分享,比较其异同。

2. 学生分组,模拟宝马的售后接待流程,同学们之间进行互相点评。

第八章 汽车营销模式的探索与创新

1. 什么是电子商务？什么是网络营销？
2. 电子商务和网络营销有什么区别？
3. 汽车销售公司或厂商应该如何利用网络来进行汽车营销？

第一节　电子商务

情景导入

一、电子商务的定义

1997年11月6日至7日在法国首都巴黎，国际商会举行了世界电子商务会议，关于电子商务最权威的概念阐述如下。

电子商务，是指对整个贸易活动实现电子化。

从涵盖范围方面可以定义为：交易各方以电子交易方式而不是通过当面交换或者直接面谈方式进行的任何形式的商业交易。

从技术方面可以定义为：电子商务是一种多技术的集合体，包括交换数据（如电子数据交换、电子邮件）、获得数据（共享数据库、电子公告牌）以及自动捕获数据（条形码）等。

二、电子商务的功能

电子商务可提供网上交易和管理等全过程的服务。因此，它具有广告宣传、咨询洽谈、网上定购、网上支付、电子账户、服务传递、意见征询、交易管理等各项功能。

1. 广告宣传

电子商务可凭借企业的Web服务器和客户的浏览，在Internet上发播各类商业信息。客户可借助网上的检索工具迅速找到所需商品信息,而商家可利用网上主页和电子邮件在全球范围内做广告宣传。与以往的各类广告相比,网上的广告成本最为低廉,而给客户的信息量却最丰富。

2. 咨询洽谈

电子商务可借助非实时的电子邮件、新闻组和实时的讨论组来了解市场和商品信息、洽谈交易事务。如有进一步的需求,还可用网上的白板会议来交流即时的图形信息。网上的咨询和洽谈能超越人们面对面洽谈的限制,提供多种方便的异地交谈形式。

3. 网上订购

电子商务可借助 Web 中的邮件相互传送实现网上的订购。网上的订购通常都是在产品介绍的页面上提供十分友好的订购信息和订购交互格式框。当客户填完订购单后,通常系统会回复确认信息单来保证订购信息的收悉。订购信息也可采用加密的方式使客户和商家的商业信息不会被泄露。

4. 网上支付

电子商务要成为一个完整的过程,网上支付是重要的环节。客户和商家之间可采用信用卡账号实施支付。在网上直接采用电子支付手段将可省略交易中很多人员的开销。网上支付将需要更为可靠的信息传输安全性控制以防止欺骗、窃听和冒用等非法行为。

5. 电子账户

网上的支付必须要有电子金融来支持,即银行或信用卡公司及保险公司等金融单位要为金融服务提供网上操作的服务。而电子账户管理是其基本的组成部分。信用卡号或银行账号都是电子账户的一种标志,而其可信度需配以必要的技术措施来保证。如数字凭证、数字签名、加密等手段的应用提供了电子账户操作的安全性。

6. 服务传递

对于已付了款的客户应将其订购的货物尽快地传递到他们的手中。而有些货物在本地,有些货物在异地,电子邮件将能在网络中进行物流的调配。而最适合在网上直接传递的货物是信息产品。如软件、电子读物、信息服务等。它能直接从电子仓库中将货物发到用户端。

7. 意见征询

电子商务能十分方便地采用页面上的"选择"、"填空"等格式文件来收集用户对销售服务的反馈意见。这样使企业的市场运营能形成一个封闭的回路。客户的反馈意见不仅能提高售后服务水平,更使企业获得改进产品、发现市场的商业机会。

8. 交易管理

整个交易的管理将涉及人、财、物多个方面,企业和企业、企业和客户及企业内部等各方面的协调和管理。因此,交易管理是涉及商务活动全过程的管理。电子商务的发展,将会提供一个良好的交易管理的网络环境及多种多样的应用服务系统。这样,能保障电子商务获得更广泛的应用。

三、电子商务的特性

1. 普遍性

电子商务作为一种新型的交易方式,将生产企业、流通企业以及消费者和政府带入了一个网络经济、数字化生存的新天地。

2. 方便性

在电子商务环境中,人们不再受地域的限制,客户能以非常简捷的方式完成过去较为繁杂的商务活动,如通过网络银行能够全天候存取账户资金、查询信息等,同时使得企业对客户的服务质量大大提高。

3. 整体性

电子商务能够规范事务处理的工作流程,将人工操作和电子信息处理集成为一个不可分割的整体,这样不仅能提高人力和物力的利用效率,也可以提高系统运行的严密性。

4. 安全性

在电子商务中,安全性是一个至关重要的核心问题,它要求网络能提供一种端到端的安全解决方案,如加密机制、签名机制、安全管理、存取控制、防火墙、防病毒保护等,这与传统的商务活动有着很大的不同。

5. 协调性

商务活动本身是一种协调过程,它需要客户与公司内部、生产商、批发商、零售商间的协调。在电子商务环境中,它更需要银行、配送中心、通信部门、技术服务等多个部门的通力合作,往往电子商务的全过程是一气呵成的。

第二节 网络营销

汽车产业作为支柱产业已开始跨入网络化时代,越来越多的汽车企业认识到国际互联网推动汽车营销的重要作用,纷纷挤占这一科技制高点,并将之视为未来营销竞争优势的主要途径。未来5年网上新车销售比例将达15%至20%。可以预计,汽车产品网络营销必将成为21世纪营销的主要形式之一。现代市场营销的竞争将在很大程度上是网络营销的竞争,谁适时地占领这块阵地,谁将赢得市场营销的主动权。

一、网络营销的含义

网络营销（Online Marketing 或 Cyber-marketing），也被称为网上营销（OLM），是指企业借助计算机网络、电脑通信和数字化交互式媒体的功能进行营销活动的一种全新的营销方式。

网络营销是企业营销实践与现代信息通信技术、计算机网络技术相结合的产物，是指企业以电子信息技术为基础，以计算机网络为媒介和手段而进行的各种营销活动（包括网络调研、网络新产品开发、网络促销、网络分销、网络服务等）的总称。简单地说，网络营销就是以客户需求为中心的营销模式，是市场营销的网络化。网络营销可以使企业的营销活动始终和三个流动要素（信息流、资金流和物流）结合并流畅运行，形成企业生产经营的良性循环。

营销视野 8-1

典型的网络营销就是企业在网上设计自己的主页，在网上开设"虚拟商店"，用于陈列、宣传商品，顾客足不出户就可以通过任何一部联网的计算机进入其中，从游览、挑选、下订单到支付货款都在网上完成，之后等待送货上门的一种营销方式。

二、网络营销的特点

市场营销是关于构思、物品和服务的设计、定价、促销和分销的规划与实施过程，目的是创造能实现个人和组织的目标交换。网络营销具有以下特点。

1. 营销成本低

传统的营销方式往往要花大量的经费用于产品目录、说明书、包装、储存和运输，并设专人负责向顾客寄送各种相关数据。而运用网络营销后，企业只需将产品的信息输入计算机系统并上网，就可让顾客自己查询，无须再设专人寄送数据，电子版本的产品目录、说明书等不必再进行印刷、包装、储存和运输。这样就大大地节约了营销费用，降低了营销成本。

2. 营销环节少

在网络营销中，营销数据不必再求助出版商，企业可以直接安排有关数据上网供顾客查询，潜在的顾客也不必再等企业的营销人员打电话告诉他们所要查询的信息，他们自己可以在计算机上查找。网络营销的运用使企业的营销进程加快，信息传播更快，电子版本的产品目录、说明书等随时可以更新。网络营销可使商品信息发布、收款至售后服务一气呵成，大大减少了营销环节。

3. 营销方式新

即在购买的同时，顾客可以自行控制购买过程。网络营销是一对一的、理性的、消费者主导的、非强迫性的、循序渐进的营销过程。现今顾客的需求多种多样，他们在购买产品时，希望能够掌握更多有关产品信息,得到更好的售后服务。聪明的营销者运用多媒体展示技术和虚拟现实技术,使得顾客可以坐在家中了解最新产品和最新价格,选择各种商品,做出购买决策,自行决定运输方式,自行下订单,从而获得最大的消费满足。

4. 营销国际性

随着冷战的结束,经济一体化和全球化是大趋势。网络营销有助于企业进军国际市场,在国际市场占有一席之地。因特网已经形成了一个全球体系,企业运用网络进行营销,能够超越时间和空间的限制,随时随地提供全球性的营销服务,使国外的顾客与本企业在网上达成交易,实现全球营销。

5. 营销全天候性

网络营销可以一直进行,没有时间限制。企业的营销信息上网后,电子"信息服务员"就可以一直进行工作,一天 24 小时,一年 365 天从不间断。

三、网络营销的基本模式

按照交易对象分类,网络营销可分为 4 类营销模式。

1. 企业—企业模式(Business to Business,简称为 B2B)

企业—企业模式(B2B)的网络营销是指企业和企业之间进行的网络营销活动。从目前看,企业是网络营销最热心的推动者,并且将是今后网络营销中的重头戏。因为相对来说,企业和企业之间的交易才是大宗的,是最能在网络营销中获取大量受益的。

在 Internet 出现之前,企业—企业的网络营销主要是通过 EDI 方式进行。所谓 EDI,简而言之,就是按照商定的协议,将商业文件标准化和格式化,并通过计算机网络,在贸易伙伴的计算机网络系统之间进行数据交换和自动处理。EDI 的应用领域很广泛,主要内容包括贸易中供应商与客户的文件交换、运输文件交换、报关、订货、零售分配中心、电子竞争等。它的主要用户有进出口公司、运输公司、银行、制造商、供应链、跨国公司、大中型企业等。互联网出现后,可以以 Internet 作为互联手段,同 EDI 的技术结合,为大中小企业进行网络营销提供更廉价的服务环境。

2. 企业—消费者模式(Business to Customer,简称为 B2C)

这种模式是通常说的商业零售,直接面向消费者销售产品和服务。这种形式的电子商务一般以网络零售业为主,主要借助于互联网开展在线销售活动。B2C 即企业通过互联网为消费者提供一个新型的购物环境——网上商店,消费者通过网络在网上购物、在网上支付。由于这种模式节省了客户和企业的时间和空间,大大提高了交易效率,特别对于工作忙碌的上班族,这种模式可以为其节省宝贵的时间。

营销视野 8-2

3. 企业—政府模式（Business to Government，简称为 B2G）

是指企业与政府机构之间进行的网络营销活动。政府与企业之间的各项事务都可以涵盖在此模式中，包括政府采购、税收、商检、管理条例的发布等。如政府的采购清单可以通过 Internet 发布，企业可以以电子信息的方式回应。这里，政府有两重角色：即是通过网络进行电子商务的使用者，进行购买活动，属商业行为；又是网络进行电子商务的宏观管理者，对企业进行电子商务活动起着扶持和规范的作用。

4. 消费者—政府模式（Customer to Government，简称为 C2G）

是指政府与个人之间的网络营销活动。例如，社会福利基金的发放以及个人保税等。这类网络营销活动目前还没有真正形成。但随着企业—消费者以及企业—政府网络营销的发展，各国政府将会对个人实施更为完善、便利的电子方式的服务活动。

营销视野 8-3

第三节　汽车网络营销

随着数字社会和电子化时代的到来，网络技术已渗入当今社会和经济的各个方面，电子商务、虚拟现实等网络技术已经走向实际应用，汽车营销也顺应这一潮流而进入网络化。网络营销可以在营销活动的很多方面如资源配置、产品研发调研、市场调查、达成交易、商品配送、客户沟通等，发挥传统营销模式所没有的优势。

一、汽车网络营销的优势分析

1990 年，罗伯特·劳特波恩教授首次提出"整合营销传播"理论，即 4C 理论（Customer，Communication，Cost，Convenience），其核心思想就是以客户需求为中心并全面服务于消费者。该理论要求营销活动以统一的目标和传播形象，实现与消费者的双向沟通，迅速树立产品品牌在消费者心目中的地位，建立产品品牌与消费者之间的长期密切的联系。网络营销作为一个具有有效、快捷、方便、低廉等特性的营销方式，能够较好地满足 4C 理论的要求。

1. 面向顾客的需求

网络技术为汽车企业进行市场研究提供了一个全新的通道，汽车企业可以借助于它方便迅速地了解到全国乃至全球的消费者对本企业产品的看法与要求，随着上网人数的急剧增长，网上调研的优势将越加明显。企业还可以借助互联网络图文声像并茂的优势，与顾客充分讨论客户的个性化需求，从而完成网上定制，以全面满足汽车消费者的个性需要。与此同时，网络技术为汽车企业建立其客户档案，为做好客户关系管理也带来了很大的方便。企业有了这样的基础平台，就可以致力于做好客户信息挖掘，定期或不定期地了解顾客的各类需求信息,从而赢得市场竞争的主动权。

2. 实现与顾客的沟通

汽车消费属于大件消费,造成在短期内尚无法完全做到网上看货、订货、成交、支付等,但是网络营销至少能够充分发挥企业与客户相互交流的优势。企业可以利用网络为顾客提供个性化的服务,使客户真正得到其希望的使用价值及额外的消费价值。

3. 获取低廉的成本

相对传统营销方式而言,网络营销可以使得企业以较低的成本去组织市场调研,了解顾客需要,合作开发产品,发布产品信息,进行广告宣传,完成客户咨询,实施双向沟通等,从而有利于汽车企业降低生产经营成本,增强产品价格优势。总之,网络营销可以为企业节约时间和费用,提升营销效率.即使企业获得低廉的成本,又使客户获得实惠。

4. 便利用户的购买

网络营销,顾客可以浏览网上车市,无须到购车现场就可以在网上完成信息查询、比较决策、产品定制、谈判成交乃至货款支付等购车手续,接下来客户只需等待厂家的物流配送机构将商品车(甚至已办妥使用手续)交到自己的手中,真正实现足不出户买汽车。此外,网上交易还不受时间和地域限制,这也从另一方面给广大汽车用户带来了便利。

二、汽车网络营销的劣势

1. 网络营销的发展策略缺乏系统研究

目前国内汽车企业对网络营销模式还处于实践摸索和向国外同行企业学习的阶段,还没有形成一套适合我国国情的汽车网络营销指导策略。同国外汽车公司相比较还有较大的差距,因而网络营销的诸多优势在国内汽车营销中尚未体现出来。

2. 网络营销赖以生存的品牌基础有待继续夯实

网络营销只有建立在知名度高、商业信誉好、服务体系完备的汽车品牌的基础上,才能产生巨大的号召力与吸引力,广大用户才能接受网上购车等新的交易方式,摈弃传统的实物现场购车等习惯。而我国部分汽车品牌缺乏科学化、现代化、规范化的动作系统,品牌实力还有待提升。

3. 网络营销的具体业务还处在初级阶段

目前国内大部分汽车企业只是建立了一个网站,借助网络技术做做网络广告、促销宣传、车型介绍、信息发布、价格查询以及收发电子邮件等简单业务,有的企业甚至只是将企业的厂名、简介、车型、研发成果、通信地址、电话等简单信息挂在网上而已。事实上,以上所述的几种网络业务根本不能等同于网络营销。

4. 网络营销人才缺乏

网络高科技是网络营销发展的推动力。与其他营销模式相比较,网络营销对信息技术的要求较高,如营销信息的采集、处理与分析,市场调研与管理决策等活动,都需要强有力的技术支持。而目前国内汽车企业网络营销的整体发展还处在初级阶段,缺乏大量的既懂网络技术又懂汽车营销的复合型人才,需要有一个培养过程。

5. 物流网络不完善

由于网络营销具有信息流与物流相分离的特点,所以物流配送便成为保证网络营销的又一关键环节。目前物流配送的主要问题是缺乏社会化的物流配送支持,物流业的整体发展水平较低,物流企业规模小,技术及设备设施落后,管理经验不足等。

6. 网络消费群体尚未形成

网络营销的发展依赖于一个具有一定规模的网上消费群体,即必要的客户基础,而这个群体的壮大主要受到网络速度与上网费用两个因素的影响。据权威部门计算,我国人均收入不过美国的1/10,但获取相同的信息量,国人要比美国人多付出 12.88 倍的上网费用。低水平的网络服务与高额的收费已经成为制约网络营销发展的一道瓶颈。

7. 政府的指导作用需要加强

网络营销具有全局性、综合性、整体性与复杂性等特点。而在我国,网络营销又表现为跨地区、跨部门、跨所有制经营,各方的利益及运作需要协调和规范,需要在政府的宏观管理和指导下,建立规范和科学的协调机制。

① 营销视野 8-4
② 营销视野 8-5
③ 案例分析

1. 你认为网络销售和现实的销售有什么优势和劣势?
2. 自选品牌,进行汽车网络营销中核心竞争力分析与定位分析,具体内容如下:
(1) 网销客户群定位(谁是你的目标客户,他们有什么特点,他们在哪里,如何找到等);
(2) 网销核心产品定位(汽车网络营销产品设计原则,如何选择自己的核心产品,应该要遵循的几大原则等);
(3) 网销产品卖点定位(如何寻找产品卖点,产品卖点要考虑的因素等)。

以小组为单位,提交网络营销分析报告。

第九章 汽车金融信贷

1. 汽车金融产生的基础。
2. 不同经济水平对汽车金融的影响是什么?
3. 汽车金融是如何发挥其功能的?
4. 国内汽车金融发展差距有哪些?

情景导入

第一节 汽车金融服务的基本概念

汽车金融服务是在汽车销售、使用过程中,由汽车金融服务机构向消费者或经销商提供的融资及其他金融服务,其内容包括对用户的汽车消费信贷及对经销商的库存融资和融资租赁等。目前在全世界每年的汽车销售总额中,现金销售额为30%左右,汽车金融服务融资约占70%。我们国家由于文化背景和经济发展水平的限制,通过金融贷款买车的消费者还是少数。

一、汽车金融服务的定义

美国消费者银行家协会对汽车金融公司的定义是:汽车金融服务公司以个人、公司、政府和其他消费群体为对象,以其获取未来收益的能力和历史信用为依据,通过提供利率市场化的各类金融融资和金融产品以及相应的服务,实现对交通工具的购买和使用。

二、汽车金融服务的内容

汽车金融服务的内容涉及范围甚广,在我国常见的有以下几种。

1. 汽车消费信贷服务

消费信贷是由金融机构向消费者提供资金,用以满足消费需求的一种信贷方式。消费信贷的贷款对象是个人,贷款用途是用于消费,目的是提高消费者即期消费水平,合理安排消费者终生消费水平。

汽车消费贷款是对申请购买汽车的借款人发放的人民币担保贷款;是银行或汽车财务公司向购买者一次性支付车款所需的资金提供担保贷款,并联合保险、公证机构为购车者提供保险和公证。贷款的个人要具有稳定的职业和经济收入或易于变现的资产,足以按期偿还贷款本息;贷款的法人和其他经济组织要具有偿还贷款的能力。贷款期限最长不超过5年,法人借款期限最长不超过3年,自然人最长不超过5年。如果消费者所购车辆是用于营运、汽车租赁、客货运输等经营用途的,最长期限不能超过2年。

未来,我国汽车金融市场会是什么模样?据专家分析,其主要将呈现四大特点。

一是贷款消费在整个汽车销售中的比例将有所提升。随着中国在消费观念上的转变以及政策和信用体系的逐步健全,中国未来社会的车贷渗透率会达到40%～50%水平。

二是汽车金融服务趋于专业化、全方位、多元化。汽车金融服务公司在汽车销售过程中将向制造商、消费者、经销商提供融资及其他金融服务,包括为厂商提供维护销售体系、整合销售策略、提供市场信息的服务;对经销商的库存融资、营运资金融资、设备融资、财务咨询及培训等服务;为用户提供消费信贷、大用户的批售融资、租赁融资、维修融资和保险等服务。

三是融资渠道进一步拓宽,并逐步多样化。

四是有更多的汽车金融公司加入市场竞争中来。在整个汽车信贷市场中,汽车金融公司所占比重将继续提高。

在我国,汽车金融服务集中体现在消费信贷上。目前,国内汽车消费信贷主要存在三种形式:制造商贷款、经销商贷款和"经销商—银行—保险"三方贷款。

由于中国目前还缺乏个人信贷记录系统及银企职责难分、法制不健全等原因,造成了汽车贷款的风险较高,致使汽车金融服务离期望的目标还很遥远。

2. 汽车保险服务

在中国,汽车保险是财产保险的第一大险种,财产险的60%是汽车保险。由于我国机动车辆保险具有相对的强制性,机动车辆保险作为我国财产保险的支柱业务,其保险费收入从20世纪80年代以来一直位居财产险业务榜首。众所周知,即使在汽车人均拥有量较高的发达国家,机动车辆保险费占全部财产保险业务的比例也大致为20%。

3. 汽车租赁服务

租赁,通常是指将商品拥有权从使用权中分开,出租人拥有资产所有权,承租人拥有资产使用权,承租人与出租人双方订立租赁合同,以交换使用权利。根据定价结构,租赁可以分为融资租赁和经营性租赁。这里主要是介绍经营性租赁。

汽车的经营性租赁(下简称汽车租赁)是指汽车消费者通过与汽车销售者之间签订各种形式的付费合同,以在约定时间内获得汽车的使用权为目的,经营者通过提供车辆功能、税费、保险、维修、配件等服务实现投资增值的一种实物租赁形式。汽车租赁业务的核心思想是资源共享,服务社会。按租赁时间可分为长期租赁和短期租赁两种形式。

4. 汽车置换服务

汽车置换,从狭义上说,就是以旧换新,经销商通过旧机动车的收购与新车的对等销售获取利益。

广义的汽车置换,则是指在以旧换新业务的基础上,同时还兼容旧机动车整新、跟踪服务、旧机动车再销售乃至折抵分期付款等项目的一系列业务组合,从而使之成为一种有机而独立的营销方式。

专家表示,以发达国家为例,比较合理的一个二手车交易的规模应该是保有量的 1/5 左右,目前中国汽车保有量已经超过 1 亿辆,那么中国二手车的交易规模应该在 2 000 万辆左右。而二手车交易量今年将超过 500 万辆,离 2 000 万辆这个数量还有很大空间。

三、汽车金融服务的历史和现状

在汽车产业及金融服务体系较为成熟的欧美国家,汽车金融服务是一个广泛的概念,主要是指与汽车有关的金融服务,包括为最终用户提供的零售性消费贷款,为经销商提供的批发性库存贷款,以及为汽车维修服务的硬件设施投资建厂等。从金额上看,零售性消费贷款占整个汽车融资额的 75% 以上,且其利润远大于批发性贷款,是汽车融资业务的主导。

提供汽车融资的金融机构主要是商业银行和各大汽车集团下的财务公司。商业银行受理最终用户或经销商的贷款申请,一般不与特定的车款车型挂钩,对借款人在何处购车也没有限制。汽车厂商自己组建的汽车金融服务公司,虽然只为自己的汽车品牌服务,但由于用户购车一般是直接找到汽车经销商,选购、筹款、付款或过户等所有的手续都在一地一次完成,给消费者带来极大的方便,因此由汽车制造商组建自己的财务公司,为自己的品牌汽车量身定做金融服务产品才是国际上的主流做法。

不少汽车金融公司承诺为全中国授权经销商提供量身定制的商业信贷产品,并将致力于设计专业的融资方案,帮助经销商伙伴

营销视野 9-1

尽展潜能、立足于长远发展。目前为经销商提供的融资产品包括新车库存车融资计划和展厅建设融资贷款。

不管怎么说，汽车金融公司的诞生对于中国车市都是一个极具象征意义的事件。可惜的是，宏观面调控的来临使得它生不逢时。作为首家开业的中国内地汽车金融公司，也许只有上汽通用汽车金融公司才最有资格评说汽车金融元年里的是是非非。

第二节　汽车金融服务的功能及意义

一、汽车金融服务的功能

在金融服务行业中，汽车金融服务业是一个相对独立的金融行业。汽车金融的产生和发展，是同调节生产与消费矛盾的实际需要分不开的。汽车金融服务的主要宏观功能如下。

营销视野 9-2

1. 平衡供需矛盾

市场经济是发达的商品经济。在市场经济条件下，汽车金融在经济运行中起着非常重要的作用，同其他消费信用一道，越来越被作为刺激消费和固定资产加速折旧，调节经济运行中供需不平衡矛盾，保持经济平稳运行的手段。具体来讲，它是通过调节汽车工业生产与汽车消费矛盾来实现上述作用的。

2. 促进汽车产业的发展

汽车金融服务是为汽车产品生产、消费和流通提供金融支持的一种服务模式。它可以有效疏通汽车产业的上、下游通道，减少产品的积压和库存，缩短资金周转时间，提高资金使用效率和利润水平。同时，汽车金融还有利于汽车生产制造和汽车销售企业开辟多种融资渠道，如商业信用、金融授信，即通过专门的金融机构（汽车金融服务公司）采用直接融资和间接融资等方式向社会筹集资金用于汽车产业，从而较大幅度地促进汽车产业的发展。

3. 具备乘数效应

汽车金融能够推动汽车产业的发展，对国民经济发展产生巨大的投资乘数效应。"乘数"是经济学中的一个基本概念。乘数理论反映了现代经济的特点，即由于国民经济各部门的相互联系，任何部门最终需求的变动都会自发地引起整个经济中产出、收入、就业等水平的变动，后者的变化量与引起这种变动的最终需求变化量之比即是乘数。由于汽车工业具有"中间投入比重大、价值转移比重大、投资量大、规模经济要求高、与国民经济的很多部门联系密切"等特点，决定了汽车工业的发展既依赖于很多产业部门，又对国民经济的发展具有很大的带动作用；汽车金融对国民经济的巨大带动作用就是通过汽车工业对相关产业的带动作用体现出来的。

二、汽车金融服务的具体作用

对制造商而言,汽车金融服务是实现生产和销售资金分离的主要途径;对经销商而言,汽车金融服务则是现代汽车销售体系中一个不可缺少的基本手段;对汽车营运机构而言,汽车金融服务是其扩大经营的有力依托;对消费者而言,汽车金融服务是汽车消费的理想方式。汽车金融服务在微观经济中的具体作用如下。

(1) 汽车金融服务对汽车生产商起到促进销售、加快资金流转的作用;

(2) 汽车金融服务可帮助汽车销售商实现批发和零售环节资金的相互分离;

(3) 汽车金融服务可以帮助汽车消费者实现提前消费;

(4) 汽车金融服务扩大了汽车消费规模;

(5) 汽车金融的发展能够完善金融服务体系,拓展个人消费信贷方式。

汽车金融业发展不足,制约了个人汽车消费。我国通过消费信贷方式实现的整车销售不到新车销售的 25%,远远低于欧美国家 60%~80%的比例。而且汽车金融服务具有丰厚的利润,按目前发达国家统计数据显示,汽车金融所赚取的利润是整个汽车链的 30%以上,超过汽车制造本身。汽车金融服务不断扩大无疑为储蓄资金找到了一个高收益出口。因此,汽车金融业的发展将拓展我国个人消费信贷方式,也将进一步完善我国经济金融服务体系。

三、我国开展汽车金融服务的现实意义

汽车金融服务是工业化国家在汽车工业现代化和金融服务现代化进程中的必经之路,是市场经济发展完善和成熟的基本标志,是提高国民消费能力与水平的有效途径,同时也是人们追求美好物质生活的辅助手段,是一道"绕不过的弯、迈不过的坎"。根据我国国情,中国大力发展汽车金融服务的现实意义有以下几点。

1. 汽车金融服务将在 21 世纪初期中国经济的增长中发挥支撑作用

未来 10 年,中国经济的较高速增长主要依赖于两个基本的拉动力量:一是住房的商品化和私有化;二是私人汽车拥有率的迅速上升。但是在高速稳定增长过程中,中国经济还将继续受到需求不足的制约。这种需求不足主要来自居民消费需求不足。汽车金融服务可以在一定程度上减轻中国消费需求不足的矛盾;同时,未来 10 年,中国经济的发展要从过去主要依赖投资拉动改变为消费拉动,投资需求的扩大主要依赖于消费需求的变动,也取决于民间投资的增长。

2. 汽车金融服务有助于建立"汽车消费主导型"的市场格局，成为拉动经济增长的重要动力

按照国民经济发展的自身规律和中国经济发展的实际情况，从21世纪开始，中国将进入一个汽车消费的高速增长时期。未来10年中国的汽车需求量会迅速增长，汽车市场实际需求的年平均增长率将至少在10%以上，而潜在需求的年平均增长率将超过20%。目前，汽车需求增长会进一步呈现超常规的高速度和加速度。

汽车金融服务在中国的兴起，将对这个过程的演进起着有力的促进作用。因为要让汽车需求变为现实，建立"汽车消费主导型"的市场格局，将私人汽车需求引导释放出来，成为拉动经济和内需高速增长的重要动力，必须依靠汽车金融服务这个手段和工具。

3. 汽车金融服务有助于消除"汽车需求增长区域性倾斜"问题

"汽车需求增长区域性倾斜"是指汽车消费增长与汽车消费能力增长不成比例，汽车消费能力增长慢于汽车消费增长。在汽车消费发展的历史上，出现这种不成比例的区域性倾斜，一个重要的原因是"汽车金融抑制"。

4. 汽车金融服务有助于引导庞大的国内私人储蓄的分流，形成对国民经济支柱产业的投资控制能力

发展汽车产业需要大量的投资，尤其在国际汽车工业竞争很激烈的情况下更是这样。同时，发展汽车产业还需要一系列的配套条件，包括交通基础设施的建设，也需要大规模的固定资产投资。虽然在经济全球化的条件下，发展中国家可以利用外资来解决经济建设中的资金缺口，但如果一个发展中国家要想保持自身在重点产业或支柱产业中的较大自主权和控制权，就要求本身对该产业有较强的投资能力。

5. 汽车金融服务有助于用好中国汽车存量资产，使其发挥更大的经济效益

虽然中国的汽车工业已经形成了一个较好的发展基础，是目前国民经济中有效存量资产较多的一个产业，但同时也存在着生产能力分散、设备技术较落后、难以形成规模经济等问题。除来自制度层面的问题外，没有一个良好的专业化的金融服务体系也是一个重要原因。在我国发展汽车金融服务，一方面可以合理地积聚全社会的资金与财力，为启动存量汽车资产提供必要的配套资金；另一方面通过启动汽车消费市场，疏通汽车消费出口，回笼社会资金，使业已形成的生产能力发挥出来。

第三节　汽车金融服务的环境分析

环境可分为微观环境和宏观环境两个层次。微观环境就是和企业紧密相连，直接影响企业为顾客服务的能力和效率的各种参与

者，包括企业本身、资金的来源与规模、营业网点、顾客、竞争者等。宏观环境则是指影响微观环境的一系列巨大的社会力量，主要有金融、经济、政治、法律、社会文化等。

一、汽车金融服务的宏观环境

汽车金融服务的宏观环境分析，也就是对汽车金融服务公司所处大环境的一个综合的分析。主要包括以下几点。

1. 经济环境

汽车金融服务的经济环境也就是指一个国家的国民经济发展状况。汽车金融服务的产生和发展，与国民经济的发展阶段密切相关，要得到来自特定历史时期国民经济的刺激与推动。汽车金融服务是国民经济发展到一定历史时期的产物。

2. 金融环境

汽车金融的兴起是汽车业和金融业互动的结果，金融环境的状况影响着汽车金融服务的发展。

现在运用较多的则是汽车抵押贷款的证券化，这就大大提高了资产的流动性。因此，现代金融工具的发展和金融市场的完善，也为汽车金融服务的发展提供了必要的条件。

3. 法律环境

完善的法律制度是汽车金融服务机构稳健经营的重要保障，也是汽车金融服务机构盈利的基础。

我国于2008年1月24日出台了《汽车金融公司管理办法》，对汽车金融公司的市场准入条件、业务范围及法律责任都作出了明确的规定，为构建新的汽车金融服务体系打下了良好的政策基础。

4. 信用环境

改革开放20多年来，围绕着建设市场经济这个中心，中国已经制定了一大批与信用建设密切相关的法律法规，譬如《商业银行法》、《公司法》、《合同法》、《票据法》等；还颁布了一大批条例、规章等法规。应当说，中国的信用法律体系已经初步建立。但总的来看，中国信用法律体系还不完善，大量违约行为和违规行为，由于缺少相应法律规定而没有受到应有的惩罚。

5. 市场环境

汽车金融服务的市场环境分析，也就是要了解汽车金融服务这个行业市场的规模、成长性及发展趋势。

汽车金融是一种特定的产业金融，产业金融是指依托并促进特定产业发展的金融活动。汽车金融作为现代金融体系的一个细分化部分，依托汽车业巨大的市场容量来发展，并以有效促进汽车业发展为目的,有其存在和发展的必要性和条件。

中国汽车金融业发展存在三个问题如下:

一是汽车消费信贷需求不足;

二是汽车金融公司服务能力不强;

三是汽车金融的法律政策环境亟待改善。

"我们盼望汽车金融新政赶紧出台,给车市再添一把火。"上述观点成为众多经销商的共识。

二、政策分析

2008年以来,国家已经先后出台《关于当前金融促进经济发展的若干意见》、《汽车产业调整与振兴规划》、《关于促进汽车消费的意见》等政策,给汽车金融发展提供了宽松环境。在诸多利好政策的前提下,还有哪些具体细则是行业所期待的?

汽车金融新政首先应允许汽车金融公司发行融资成本更低的金融债,同时扩大汽车抵押贷款资产证券化规模。

其次,鼓励汽车金融与汽车产业进一步融合。汽车金融公司的最大优势是具有汽车厂商的股东背景,应该从政策上引导和支持银行与汽车厂商及汽车金融公司加强合作,发挥各自业务优势,推动汽车金融专业化发展。

再次,应建立和完善统一规范的汽车金融业务法规,降低贷款成本。完善汽车抵押登记、违信处置等汽车金融的保障体系。另外,对机动车辆抵押登记的标准及程序尚需制订统一规范的规定。

最后,出台《汽车消费信贷管理条例》,在贷款利率上给予优惠,适当延长贷款期限,减轻贷款者还贷压力。

第四节　汽车消费信贷的模式及流程

一、我国汽车消费信贷的主要模式

我国汽车消费信贷的模式主要有三种,即以银行为主体的直客模式,以经销商为主体的间客模式和以非银行金融机构为主体的间客模式。

1. 直客模式

直客模式是银行对客户信用进行评定后,与客户签订信贷协议,客户以贷款额度选购自己满意的汽车,银行直接面对客户。

直客模式采用银行、保险、专业资信调查公司、汽车经销商甚至律师紧密合作的方式。银行起中心作用,负责指定律师机构出具客户资信报告,要求客户在指定保险公司购买保证保险,在指定经销商处购买车辆。其优势在于"一站式服务",客户获得车贷额度,购车人

> 思考:汽车消费信贷的三种模式各有什么特点?

提供全程担保,以经销商自身资产为客户承担连带责任保证,并负责对贷款购车人进行资信调查,帮助购车人向银行申请贷款,代银行收缴车款本息,购车者可享受到经销商提供的"一站式"购车服务。

2. 以经销商为主体的间客模式

以经销商为主体的间客模式是由汽车经销商或保险公司向贷款购车人提供全程担保,以经销商自身资产为客户承担连带责任保证,并负责对贷款购车人进行资信调查,帮助购车人向银行申请贷款,代银行收缴车款本息,购车者可享受到经销商提供的"一站式"购车服务。在这一模式中,经销商是主体,与银行和保险公司达成协议,负责与消费信贷有关的一切事务,直接面对客户,风险由经销商与保险公司共同承担,银行只是提供资金,不承担风险。而由于激烈的竞争,这种模式的新发展是客户无须购买保证保险,经销商独自承担全部风险。

3. 以非银行金融机构为主体的间客模式

非银行金融机构是指汽车金融服务公司和直属国内汽车厂家的财务公司。与银行从贷款中获利不同,其提供服务的目的是加速所属厂家汽车的销售,提供增值服务,从而使整个集团获利。

这种模式由非银行金融机构组织对购买者的资信调查、担保、审批工作,向购买者提供分期付款。

二、汽车消费贷款的程序

1. 借款人需要提供的资料

(1) 对自然人需要提供的资料包括《汽车消费贷款申请书》(自然人);个人及配偶的身份证、结婚证、户口簿或其他有效居留证件原件;贷款人认可的部门出具的借款人职业和经济收入的证明;与贷款人指定的经销商签订的购车协议或合同;不低于首期付款的银行存款凭证;以财产抵押或质押的,应提供抵押物或质押物清单、权属证明及有权处分人(包括财产共有人)同意抵押或质押的证明,有权部门出具的抵押物估价证明;由第三方提供保证的,应出具保证人同意担保的书面文件,有关资信证明材料及一定比例的保证金;以所购买车辆作抵押物的,应提供在合法抵押登记和有关保险手续办妥之前贷款人指定经销商出具的书面贷款推荐担保函。

(2) 对法人需要提供的资料包括《汽车消费贷款申请书》(法人)营业执照、法人代码证、法定代表人证明文件、身份证复印件、《贷款证》;经审计的上一年度及上一个月的资产负债表、损益表和现金流量表或财务状况变动表;经办行会计部门开出的购车首期款存款证明;与银行特约经销商签订的《购车合同》;如果抵押或质押方式,需提供抵押物、质物清单和有处分权人同意抵押、质押的证明文件,抵押物还需提交所有权或使用权证书、估价、保险文件;质物还提供权利凭证。

2. 贷款程序

(1) 借款人与银行指定特约经销商草签《购车合同》,凭此《购车合同》到银行指定经办行填写《汽车消费贷款申请书》,同时提交有关资料。

(2) 银行经办行按内部审批程序审批,同意发放的,借款人应按经办行要求办理借款手续,经办行向经销商出具《汽车消费贷款通知书》。

(3) 特约经销商在收到《汽车消费贷款通知书》后,借款人即可在经销商处办理缴税费及领取牌照等手续,并在《汽车消费贷款通知书》所规定的时限内,将所有购车发票、各种税费原件及行驶证复印件等凭证直接交予经办行。

(4) 经办行在收到购车发票等凭证后,通知借款人办理支用手续。贷款连同首期款一起转到经销商账户上。

三、汽车消费信贷的还款方式

(一) 等额本息法和等额本金法

等额本息还款法就是借款人每月始终以相等的金额偿还贷款本金和利息,偿还初期利息支出最大,本金还得少,以后随着每月利息支出的逐渐减少,归还本金逐步增大,采用等额还贷法每月还款额的计算公式为:

$$每月还款额 = 本金 \times 万元月均还款额$$

或:$每月还款金额 = [贷款本金 \times 月利率 \times (1+月利率)^{还款月数}] \div [(1+月利率)^{还款月数} - 1]$

等额本金还款是指贷款人将本金分摊到每个月内,同时付清上一交易日至本次还款日之间的利息。

等额本金贷款计算公式:

$$每月还款金额 = (贷款本金 / 还款月数) + (本金 - 已归还本金累计额) \times 每月利率$$

等额本金的特点在于会随着还款次数的增多,还债压力会日趋减弱,在相同贷款金额、利率和贷款年限的条件下,等额本金还款法的利息总额要少于等额本息还款法。

(二) 按月还款和按季还款

按月法是以月为单位分割还款期。按季法则是以每个季度为一个还款期。由这两"大件"可分别组合成按月等额本息、按月等额本金、按季等额本息和按季等额本金，共4种最基本的还款方式组合。在这4种"基本件"中，目前最常用的是"按月等额本息"还款方式，由于这款组合每月还款本息相同，便于记忆，又有利于统筹安排财务支出，故而是大部分购车借款人的首选。其次就要数"按月等额本金"还款法了，这款组合其本金逐月减少的速度要比前一种快，相对应，初期的还款本息总额也比前一种多，所以适合初期还款能力较强或有提前还款意愿的借款人。

（三）递增法和递减法

其含义是每个还款年度的还款趋势。递增法表示在上述4种还款方式基础上逐年递增还款，递减法则相反。由此，又可组合出：按月等额本息年度递增法、按月等额本息年度递减法、按月等额本金年度递增法、按月等额本金年度递减法、按季等额本息年度递增法、按季等额本息年度递减法、按季等额本金年度递增法和按季等额本金年度递减法等8种还款方式组合。

1. 汽车消费信贷有什么作用？
2. 简述汽车消费信贷的三种模式。
3. 你认为汽车消费信贷对社会经济有什么促进作用？

案例分析

实训一：汽车消费信贷贷款归还本金和利息计算

1. 目的和要求：

要求学生掌握不同还款方式贷款本息归还数额的计算方法。

2. 主要内容：

一次性还本付息、等额还本付息、等本金还本付息三种不同方法计算一笔贷款每期应归还的本金和利息。

3. 步骤：

（1）一次性还本付息法计算一笔贷款的本金和利息还款数额。

（2）等额还本付息法计算一笔贷款每月应归还的本金和利息总额。

（3）等本金还本付息法计算一笔贷款首月和末月应归还的本金和利息。

4. 实训作业：

10万元借款，贷款年利率为6.56%，期限两年，按三种不同的还款方式计算还款的本金和利息数额。

实训二：借款人的信用分析

1. 目的和要求：

要求学生掌握信用分析的基本方法。

2. 主要内容：

搜集有关影响借款人信用的各种因素，并分析这些因素如何影响借款人的信用。

3. 步骤：

(1) 搜集有关影响借款人信用的各方面因素，结合课堂理论教学的内容，做好归纳整理工作。

(2) 详细分析每一个因素对借款人信用的影响，要分析这些因素如何影响借款人的信用。

(3) 认真填写调查表格，进行课堂交流，在课堂交流过程中，补充完善调查内容，完成后上交，教师评分。

4. 实训作业：

要求根据调查内容，认真填写调查表格。

借款人的信用分析

影响信用因素	正面影响	负面影响

实训三：熟悉汽车消费信贷业务的基本流程

1. 目的和要求：

熟悉汽车消费信贷业务基本流程和风险防范措施。

2. 实践方式：

(1) 学生以购车准客户（欲申请消费信贷）形式实地考察开展汽车消费信贷业务的企业，具体方式有：阅读企业相关业务介绍、搜集企业陈列的宣传资料和业务单据、与客户经理现场或电话访谈、上网浏览企业网站等。根据实地考察所得到的资料，完成教师设计的调查表。

(2) 进行外出调查情况交流，教师进行前期情况检查和总结，根据检查情况和老师要求，对不全面、有遗漏的调查，要求学生进一步调查并补充完整。

(3) 通过企业考察，撰写实践总结报告（作为作业内容），总结要求涵盖汽车消费信贷的市场准入制度、业务流程、风险防范、相关服务收费等内容（如能挖掘相关企业业务拓展的特色和亮点则更

营销视野9-3
营销视野9-4

佳,作为作业加分依据)。

3. 实践要求:

(1) 外出实践特别要注意人身和财物安全,注意遵守交通规则,保管好自己随身携带的手机和现金。

(2) 严格按要求完成调查表,要求做到真实、准确、细致全面,如不能取得相关资料,可以实事求是说明情况,不准胡编乱造。若调查情况事后经指导教师核实出入较大或无中生有、随意编造的,实训成绩记不及格。

4. 实践具体步骤:(供参考,可现场自由发挥和调整,但调查要点必须取得一手资料)

每位同学外出调查,在任意一调查点必须做到:

(1) 实地观察:企业展示的车型和相关业务操作流程、特色介绍等。

(2) 现场交流:与销售业务代表现场接触交流,听取其对该品牌汽车性能和售后服务及其他相关事项的介绍,主动询问全款购车和按揭购车的不同流程,主动询问按揭购车的准入条件、本人应准备的资料、办理时限、贷款成数和利率等相关问题。向其索取名片,将访谈内容详细予以记录。

(3) 索取相关介绍宣传材料,主要包括:展示车辆的介绍材料、消费信贷的业务宣传材料、有关业务的单据(例如按揭协议、投保单等)等。

(4) 实例计算相关费用,一般可向销售业务员询问,请其计算,将结果带回作为调查成果。

5. 实践作业及要求:

(1) 带回索取的名片、相关车辆和业务介绍宣传材料、有关业务单据。

(2) 访谈内容记录真实准确、细致全面。

(3) 指定型号车辆全款和贷款购车相关费用匡算大体正确。

(4) 根据调查情况,撰写实践总结报告(作为实习大型作业内容),总结要求涵盖汽车消费信贷的市场准入制度、业务流程、风险防范、相关服务收费等内容,特别要注意:报告结论要从调查中实际得出,不能照搬课本理论。

下 篇

汽车营销实务

项目一 汽车营销实务

知识目标

1. 了解汽车营销调研的含义,认识调研对企业成功营销的重要作用。
2. 熟练掌握汽车销售程序,学会六方位绕车法。
3. 了解汽车客户的类型,领会对不同的客户选择不同的商务谈判策略。
4. 掌握合同的订立与履行。
5. 了解我国汽车保险的基本种类及其概念。掌握汽车保险理赔的业务流程。

任务一 汽车市场营销调研

一、汽车市场营销调研的含义与作用

(一)汽车市场营销调研的含义

汽车市场营销调研是针对组织特定的营销问题,运用科学的方法,有计划、有目的、有系统地收集、整理和研究分析有关汽车市场营销方面的信息,并提出调研报告,总结有关结论,提出机遇与挑战,为营销管理者制定、评估和改进营销决策提供依据的一项营销活动。

(二)市场营销调研的作用

市场营销调研的作用具体来说有以下几种:

(1)通过市场营销调研,可以了解市场总的供求情况,据以调整、确定企业的发展方向。通过市场营销调研,企业可根据市场情况和企业自身的实力,决定企业的发展方向,进行正确的定位。

情景导入

（2）市场营销调研为企业生产部门提供市场信息，促进产品更新换代，促进新产品的开发和生产。企业在市场营销调研的过程中，通过对商品销售数量、增长变化趋势和产品普及率的分析，判断产品的生命周期情况。通过了解产品的使用情况，取得消费者对产品使用的反映，从这些信息中发现消费者的潜在需求，为改进产品性能，提高产品质量提供依据，也为开发新产品提供方向。

（3）市场营销调研有利于促进商品销售

企业通过市场营销调研活动，广泛了解市场信息，分析各类商品的销售前景，增加质优价廉、适销对路的商品的经营，按照消费者的要求调整经营结构，创造企业经营特色。

（4）市场营销调研还有利于提高企业的管理水平，增强竞争能力。重视市场营销调研是企业管理从经验管理转向科学管理的重要标志。

二、市场营销调研的类型及内容

（一）市场营销调研的类型

对市场营销调研分类的方法有很多种，下面主要介绍两种分类方法：

1. 按调研方法分类

（1）定性调研。定性调研是对被调查事务的性质的描述，它获取资料的途径都是以行为科学为基础的，在调查动机、态度、信仰、倾向等方面特别有用。

（2）定量调研。定量调研是基于数量分析的一种调查方式，它通过获取样本的定量资料得出样本的某些数字特征，并据此推断总体的数字特征。

2. 按调研性质分类

（1）探测性调研。探测性调研主要用于帮助澄清或辨明一个问题，而不是寻求问题的解决方法。它往往在大规模的正式调研之前开展小规模定性研究。

（2）描述性调研。描述性调研是通过详细的调研和分析，对市场营销活动的某个特定方面进行客观的描述，以说明它的性质与特征。

（3）因果性调研。因果性调研的目的是为了证明一种变量的变化能够引起另一种变量发生变化。

（4）预测性调研。预测性调研是为了预测所需要的有关未来的信息而进行的调研活动。

(二) 市场营销调研的内容

市场营销调研的内容十分广泛,但每次市场调研的内容只能根据市场调研的目的进行选择,为市场预测与经营决策提供资料。市场营销调研的内容具体包括:

1. 环境调研

环境调研包括政治环境、经济环境和社会文化环境三个方面的调研。其中政治环境调研是指对政府有关的政策、法令的调研。经济环境调研主要包括国民生产总值、人均国民收入、人口总数、家庭收入、个人收入、能源资源状况、交通运输条件等方面的调研。社会文化调研主要包括国民教育程度、文化水平、职业构成、民族分布、宗教信仰、风俗习惯、审美观念等方面的调研。

2. 技术发展水平调研

技术发展水平的调研主要是指各个时期新技术、新工艺、新材料、新能源的状况,技术的先进水平,新产品开发速度与发展趋势等。

3. 需求容量调研

需求容量的调研主要包括商品市场最大、最小、最可能的需求数量,潜在的需求数量,现有与潜在的购买人数,现有与潜在的供应数量,不同产品的市场规模与特征,以及不同地域的销售机遇,本企业产品的市场占有率,相关企业同类产品的市场竞争态势等。

4. 消费者及其消费行为调研

消费者调研主要是指消费者个人的年龄、性别、职业、民族、文化水平、居住地、消费水平、消费习惯等方面的调研。

5. 商品调研

商品调研的内容主要有:商品的效用调研,包括商品的形态、性能、重量、色彩、美观程度、使用方便性、耐久性、可靠性以及安全性等。

6. 价格调研

商品价格调研包括老产品调研、新产品定价、本企业与竞争企业同类商品的价格差距等方面的调研。

7. 销售方式和服务调研

商品销售方式和服务调研包括人员促销与非人员促销(广告、折扣、电视)哪种方式好?广告设计的内容及效果如何?怎样搞好销售服务咨询?怎样搞好售后服务等方面的调研。

8. 销售渠道调研

企业销售渠道调研包括:企业采用直接销售还是中间商(批发商与零售商)销售?中间商服务的顾客是否是企业希望的销售对

象？中间商能否提供商品的技术指导、维修服务与运输储藏？顾客对中间商的印象如何？等等。

9. 竞争对手调研

竞争对手调研内容，主要包括两个方面的内容：一是竞争单位的调研，一是竞争产品的调研。

三、汽车市场营销调研的步骤

市场营销调研的全过程大体上分为预备调研、正式调研与提出报告三个相对独立又彼此衔接的工作阶段。

1. 预备调研阶段

预备调研阶段主要包括以下几个方面的内容：明确调研目的、提出问题、初步调研（试调研）、确定收集资料的来源与方法、确定市场调研的边界范围。

2. 正式调研阶段

正式调研阶段主要包括以下几个方面的内容：调研项目的选择与安排、调研方法的选择、调研人员的组织、调研费用的估算、编制调研计划。

3. 提出报告阶段

提出报告阶段主要包括以下几个方面的内容：整理调研资料、编写调研报告、调研结论的追踪反馈等。

四、汽车市场营销调研方法

（一）确定调研对象的方法

在开展调研活动时，可以对调研对象进行普查，也可以采用抽样调查的方法。

1. 普查法

所谓普查法是指去调查研究对象总体中每一个个体的信息。市场营销调研中并不经常用到普查，因为大规模地进行普查在成本和时间上的耗费是巨大的。

2. 抽样调研

抽样调查是常被用于确定调研对象的方法。通过精心选择的样本来准确地反映出总体特征，而且在调研技术成本上也是可以接受的。

（二）收集资料的调研方法

1. 访问法

访问法是指调研人员通过各种方式促使被访问者回答他们所

营销视野 10-1

提出的问题,并据此收集所需信息的一种方法,此种方法又可细分为以下几种类型:

(1) 人员访问。调研人员通过上门拜访或街头拦截等方式直接与被访者对话,从他们对所提问题的答案中获得信息的一种调研方法。

(2) 电话访问。通过电话与受访者交流以获取所需信息可以在一定程度上减少调研的成本,能在较短时间内从较大的范围收集到信息。

(3) 邮寄访问。在进行邮寄访问时,调研人员将事先设计好的问卷寄给受访者,请他们按照要求填写后再寄回给调研人员。

(4) 网络访问。网络访问不仅具备了电话及邮寄访问的所有优点,而且还通过提供独特的音效视觉效果,使受访者对回答问题产生更大的兴趣。

2. 观察法

观察法是调研人员直接或利用设备去观察人、物体或事件的行为过程,并系统地加以记录的调研方法。

3. 实验法

实验法是指在一定的控制条件下对所研究的客体的一个或多个因素进行操纵,以测定这些因素之间的因果关系的一种调研方法。

例:选取某4S店主力车型为参照对象,通过实验测量其6个月销售量增长率为5%,在增加全景天窗6个月后,测量结果得出,其销售增长率为15%。因此,该公司主力车型采用全景天窗有利于销售增长率的提高,其6个月销售量的增长率提高了10个百分点。

4. 定性调研中的常用方法

(1) 焦点座谈会法。它一般由8~12人组成,在一名主持人的引导下对某一主题或观念进行深入的讨论,通过观察参与者对主题的充分和详尽的讨论,调研人员可以了解他们内心的想法以及产生这种想法的原因。

(2) 深度访问。它是一对一问答式的访谈,其访问中的问题并不一定是事先设计好的,它们可能会随着会谈的深入而逐步展开,由受访者的回答引出很多新的问题。

企业要做好经营决策,必须在做好市场调研的基础上进行市场预测。这是十分重要的。只有这样才能避免和减少经营决策中的失误,使企业持续、稳定、协调地发展。

任务二　汽车销售程序

营销视野 10-2

一、汽车销售程序内容

（一）整车销售

进货—验货—运输—存储—定价—促销—销售

1. 进货

（1）从生产厂或其主管的汽车销售公司进货——这是进货主渠道。

（2）从各地汽车销售公司进货——进货重要渠道。

2. 验收——查看真假货、新旧车

"四看一开"

（1）看外表是否完好

① 查看车油漆是否均匀，有无刮痕；

② 检查前盖、车门等处间隙是否均匀；

③ 查看车门关闭是否灵活；

④ 查看车辆配件是否老化（电瓶、雨刮器、轮胎等）；

⑤ 查看底盘、轮拱、避震器、悬挂等工作情况，可用手按压车身一角，看其弹动次数一般两三次左右；

⑥ 查看发动机室车底边缘是否有贴补痕迹，并把车开上地沟，以便查看底盘。

（2）看车内情况是否正常

① 查看仪表盘上各种仪表是否齐全有效、易于识别；

② 查看方向盘，上下应有间隙，左右自由行程不宜过大；

③ 查看车门玻璃是否升降自如、密封良好；

④ 查看座椅表面是否清洁完好，是否移动自由并有多个位置可固定；

⑤ 查看离合器、制动器、油门是否正常，坐入车内，左脚踏离合器，应感觉轻松自如，并有一小段自由行程；右脚踩下制动踏板，应保持一定高度，若其缓慢下移，则可能有泄露现象；油门踏板不应有沉重、犯卡以及不回位现象。

（3）看汽车性能是否良好

首先打开发动机盖，先检查水箱补充液、清洗液、动力转向液、润滑油、制动液面是否正常，液罐外表要干净，无水痕、油迹，液面在最高与最低刻度之间算正常；其次查看电瓶的固定桩头与电线应可靠、良好，用手扳，无松动现象。

(4) 看汽车手续是否齐全

查看汽车与其车牌,包括发动机、车架号、产品合格证及出厂日期是否相符,如购买进口车还必须检查货物证明以及关税、增值税等各项应交税单,以防办理牌照时因手续不全而无法上牌。

(5) 亲身试开

起动发动机,聆听转速情况,包括发动机起动是否快捷,有无杂音和异响,加油门感受发动机响应是否连续,连续加速后怠速应仍然稳定。

验车应重视钱货两清,确有把握方可付款,防止交款后长期拿不到车,在可能条件下允许由用户直接从工厂自提车辆。

3. 运输

运输的方式:

(1) 委托工厂发货;

(2) 委托当地储运公司发货;

(3) 由工厂派司机或自雇司机长途运输(这种方式费用高,速度快)。

注意:无论何种运输方式都要上保险。

4. 储存

汽车的储存一般是自己储运和委托储运两种方式。

注意维护保养工作,避免日晒雨淋;电瓶定期充电,防止失效;上油防锈,放水防冻;防止以旧换新,以假乱真。

5. 定价

新产品定价策略:

(1) 撇脂定价策略(高价保利策略)

撇脂定价策略的优点:刚投入市场,未有竞争者,性能超群,质量过硬,可采取高价,满足顾客求新、求异的心理。价格较高,可以在短期内获取较大利润。定价高,有利于在竞争者进入市场时主动降价。

撇脂定价策略的缺点:新产品没有市场信誉,高价不利于打开市场。高价投入市场,销路好,会带来跟风者。

撇脂定价策略的适应情况:开发周期长;市场有需求;性能质量好。

(2) 渗透定价策略

渗透定价策略的优点:低价容易迅速打开新产品销路,占领市场。可以在多销中增加利润(薄利多销)。低价有利于控制市场,阻止竞争者跟入。

渗透定价策略的缺点:投资回收期较长,见效慢,风险大,一旦渗透失利,企业会一败涂地。

渗透定价策略的适应情况:新产品技术已公开;该车市场上已

供求平衡；市场上已有相关汽车；想尽快占据市场领先地位。

撇脂定价策略和渗透定价策略对照见表 10-1。

(3) 满意定价策略(以社会平均利润为目标)

满意定价策略的优点：成功可能性大；风险小；较快为市场所接受；适当延长汽车新产品的使用寿命；有助于汽车企业树立信誉，稳步调价，使顾客满意。

表 10-1 撇脂定价策略和渗透定价策略对照表

两种汽车定价策略选择标准	撇脂定价策略	渗透定价策略
汽车市场需求水平	高	低
与同类竞争汽车产品的差别	较大	较小
汽车价格需求弹性	小	大
汽车企业生产能力扩大可能性	小	大
汽车消费者购买力水平	高	低
汽车产品目标市场潜力	不大	大
汽车产品仿制的难易程度	难	易
汽车企业投资回收期长短	较短	较长

企业应综合考虑上述因素，来合理选择相关策略。

6. 促销

促销是指引发、刺激消费者产生的购买行为，通常可通过报纸、广播、电视等媒介或通过展销会、体育比赛、新车表演来促销。

7. 销售

销售是指销售单位通过与顾客洽谈、选车、试车、谈价格、办理付款手续、上牌、提车交货的全过程。

新车销售按车型可分为客车和货车。

(1) 客车

1) 大型客车

座位大于 20 座或总长大于 6 米。号牌黄底黑字黑线框，驾驶员要有 A 照；养路费与通行费每 10 座折合 1 吨计征，不足 10 座按 10 座计征，43 座按 5 吨计征，25 座按 3 吨计征；养路费 150/月吨；通行费 150/月吨。规定报废期限 10 年。

2) 小型客车

座位小于 20 座。号牌蓝底白字白线框，驾驶员要有 C 照，含轿车。养路费与通行费计征同大型客车。规定报废期限 10～19 座 10 年，小于 9 座(含)9 年。

(2) 货车

1) 大型

总质量大于 4.5 吨(含)。号牌黄底黑字黑线框，驾驶员要有 B

照,养路费载重小于 10 吨,135/月吨,大于 10 吨,超过部分按 1/2 计征,大于 20 吨,超过部分按 1/4 计征,通行费 150/月吨,计征方法与养路费相同。规定报废期限 8 年。

2) 小型

总质量小于 4.5 吨。号牌蓝底白字白线框,驾驶员要有 C 照,养路费与通行费计征同大型客车,规定报废期限 8 年。

新车销售过程中代客计算(考虑因素):

① 汽车售价;包括汽车车价与增值税;

② 汽车上牌必须支付的费用;

③ 车辆购置附加税;

④ 车辆保险费(一年);

⑤ 上牌杂费;

⑥ 上牌服务费。

举例:某私人客户有 15 万元,牌照没有,应购买售价为多少的车?

(1) 估算牌照约 37 000 元;(2) 估算购置税为车价的 10%;

(3) 估算车辆保险费 0.3 万元;(4) 上牌各种杂费 0.2 万元

150 000(总额)−37 000(牌照费)=113 000 元

113 000−5 000(车辆保险费+上牌各种杂费)=108 000 元

108 000/(1+10%)=98 181.82 元(含增值税)

98 181.82/(1+17%)=83 916.09 元(增值税 14 265.73 元)

车价 83 916.09 元左右;购置税 9 818.18 元;增值税 14 265.73 元

车辆保险费 3 000 元,上牌各种杂费 2 000 元;牌照费 37 000 元

(二) 销售服务

"一切以服务为宗旨"是现代销售服务的出发点和立足点。

服务是产品功能的延长,有服务的销售才能充分满足顾客的需要,缺乏服务的产品是半成品。未来企业的竞争主要是非价格竞争(非价格竞争的主要内容是服务)。

销售服务内容:

(1) 售前服务:帮助顾客确认需求;为顾客提供尽可能多的选择;为顾客购买决策提供必要的咨询。

(2) 售中服务:为顾客提供买车咨询、融资贷款、保险、上牌,办理各种手续方面的帮助。

(3) 售后服务:为顾客进行产品的安装、调试、维修、保养、人员培训、技术咨询、零配件供应、其他承诺兑现。

销售服务部分工作:

(1) 帮助办理加盖工商验证章手续;

(2) 帮助办理加油手续;

(3) 帮助办理汽车移动证和临时牌照手续；
(4) 帮助排除突发性故障(找特约维修站)；
(5) 帮助办理车辆保险手续、养路费、车船税手续；
(6) 帮助办理联系冲洗车辆手续；
(7) 帮助找司机送车。使客户乘兴而来,满意而归。

销售服务不仅能够消除顾客的抱怨,增强顾客的满足感,巩固与顾客的关系,可以为企业争取更多的客户,而且有利于树立企业形象,增强企业的竞争能力。良好的商品形象是销售活动的物质基础；良好的企业形象影响顾客的购买行为,而且是顾客现实的和长远的购买前提。

汽车销售员通过在销售过程中的个人行为,使顾客对企业产生信赖或好感,并促使这种信赖和好感向市场扩散,从而赢得广泛的声誉,建立良好的形象。

建立良好的形象,汽车销售员要做到以下方面：
(1) 首先要推销自己,使顾客对销售员产生信赖和好感；
(2) 其次使顾客在整个销售过程中满意；
(3) 使顾客对企业提供的各种售后服务满意；
(4) 向顾客宣传企业,让顾客了解企业。

(三) 备件供应

备件供应是搞好售后服务的物质基础。

首先,要保证保用期内的配件及索赔零件供应；其次,应保证修理件供应(一些大的用户,有自己维修能力)；另外,应保证专业维修服务站的配件供应；物价部门规定,配件进销价不得大于(毛利)20%,不能倚缺抬价获暴利。

(四) 维修服务

维修服务是直接为用户售后服务的重要一环。销售部门必须建立(或特约当地水平较高的维修厂)一个维修能力强的维修服务站,要有一支技术素质高、思想作风好的技术队伍。当用户需要时,迅速到达服务现场,高效率地为用户解决问题。还要主动走访,跟踪服务。

维修站应有三项功能：
(1) 强制保养；
(2) 供应配件；
(3) 性能恢复性修理。

维修服务包括大修、中修和小修。

（五）信息反馈

进一步提高服务质量、开拓市场,汽车产品投入市场后质量如何?

汽车性能是否能满足用户的要求?

汽车还有哪些地方有待改进?

收集这些信息并及时反馈对占领市场、开拓市场、提高服务质量、改进产品设计都有举足轻重的作用。

当顾客上门询问或购买汽车,销售人员应热情接待,把握好时机,留住客户。一般经过以下六个步骤:欢迎顾客、提供咨询、展示车辆、达成协议、交车验车、售后跟踪服务。

二、汽车售前技巧

整车销售流程：

寻找客户——销售前准备——提供咨询——车辆展示——异议处理——缔结成交——交车验车——跟踪服务

（一）寻找客户

1. 客户

这里是指汽车公司(企业)的交易对象。

2. 客户类型

（1）直接用户、汽车营销单位：汽车交易的主要对象(团体购买、私人购车)；

（2）基本往来户：长期往来,成交次数较多；

（3）一般往来户：经济实力不强,但有业务成交；

（4）普通往来户：一般性交往,尚无业务成交。

（二）销售前的准备

销售人员准备：

1. 自我心理准备

（1）相信自己

相信自己会成功,这一点至关重要。并不是每个人都明确地认识到自己的推销能力。但它确实存在,所以要信任自己。人最大的敌人之一就是自己,而超越自我则是成功的必要因素。推销人员尤其要正视自己,鼓起勇气面对自己的顾客。即使有人讥讽你不是干这行的材料也没有关系,关键是你自己怎么去看待,如果连你也这么说,那么一切就都将失去意义了,而这正是关键之所在。因此,在任何时候都要相信你自己,不要打退堂鼓,永远不要。

(2) 树立目标

有了必胜的信心一切都可以轻松地开始了。树立一个适当的目标,是推销员必要的心理准备之一。没有目标,是永远不可能到达胜利的彼岸的。每个人,每一项事业都需要有一套基本目标和信念。一位成功的推销员介绍经验时说:我的秘诀是把目标数表贴在床头,每天起床、就寝时,都把今天的完成量和明天的目标额记录下来,提醒自己朝目标奋斗。可见有志者事竟成。定下你的目标,向着目标奋斗、前进,就会无往而不胜。

(3) 把握原则

现代推销术与传统的推销术已有了很大的差别,推销员已不再只是简单地兜售商品。一名优秀的推销员在树立了信心,明确了目标,走出门去面对顾客之前,还应该把握住作为一名推销员应遵循的原则:

① 满足需要原则。现代的营销观念是汽车营销员要协助顾客,使他们的需要得到满足。推销员在营销过程中应做好准备去发现顾客的需要,极力避免"强迫"推销,假若让顾客感觉到你是在强迫他接受什么时,那你就失败了。最好的办法是利用你的推销使顾客发现自己的需要,而你的产品正好能够满足这种需要。

② 诱导原则。营销就是使根本不了解或根本不想买这种商品的顾客产生兴趣和欲望,使有了这种兴趣和欲望的顾客采取实际行动,使已经使用了该商品的顾客再次购买,当然能够让顾客成为我们产品的义务宣传员则更是成功之举。这每一阶段的实现都需要推销员把握诱导原则,使顾客一步步跟上汽车营销的思路。

③ 照顾顾客利益原则。现代营销术与传统推销术的一个根本区别就在于,传统推销带有很强的欺骗性,而现代营销则是以"诚信"为中心,汽车营销员从顾客利益出发考虑问题。顾客在以市场为中心的今天已成为各企业争夺的对象,只有让顾客感到企业是真正站在汽车消费者的角度来考虑问题,自己的利益在整个购买过程中得到了满足和保护,这样汽车营销企业才可能从顾客那里获利。

④ 保本原则。一般来说,汽车营销员在与顾客面谈时可以根据情况与时机适当调整价格,给顾客适当的折扣或优惠。这里有一个限度问题,各企业对此要求不同,但一般来说不能降到成本线以下。这就要求推销员在出发前不仅要详细了解产品的功能、特征,还应该了解产品的成本核算。

(4) 创造魅力

汽车营销员在营销产品中,实际上是在自我推销。一个蓬头垢面的推销员不论他所带的商品多么诱人,顾客也会说:"对不起,我现在没有购买这些东西的计划。"汽车营销员的外形不一定要美丽迷人或英俊潇洒,但却一定要让人感觉舒服。在准备阶段你能做到的就是预备一套干净得体的服装,把任何破坏形象、惹人厌恶的东西排除,充分休息,准备以充沛的体力、最佳的精神面貌出现在顾客的面前。

2. 形象准备

形象准备包括着装原则(以身体为主,服装为辅)、衣着规范。

(1) 着装原则

切记要以身体为主,服装为辅。如果让服装反客为主,汽车营销人员本身就会变得无足轻重,在顾客的印象里也只有服装而没有销售人员。正如著名的时装设计大师夏奈儿所说:"一个女人如果打扮不当,您会注意她的衣着。要是她穿的无懈可击,您就注意这个女人本身。"

要按 T(时间)、P(场合)、O(事件)的不同,来分别穿戴不同的服装。要根据顾客来选择与他们同一档次的服装,不能过高或过低。

无论怎样着装,着装目的要清楚,就是要让顾客喜欢而不是反感。

(2) 男性汽车营销人员的衣着规范及仪表

西装:深色,有经济能力最好能选购高档一些的西装。

衬衫:一色,白色、浅色或中色,注重领子、袖口清洁,并熨烫平整。要每天更换。

领带:以中色为主,不要太花或太暗,注意和衬衣或西装的反搭配协调。

长裤:选用与上衣色彩质地相衬的面料,裤长以盖住鞋面为准。

便装:中性色彩,干净整齐,无油污。

皮鞋:黑色或深色,注意和衣服的搭配。如有经济能力最好选购一双名牌皮鞋。且要把鞋面擦亮,皮鞋底边擦干净。

短袜:黑色或深色,穿时不要露出里裤。

身体:要求无异味,可适当选用好一些的男士香水,但切忌香水过于浓烈。

头发:头发要梳理整齐,不要挡住额头,更不要有头皮屑。

眼睛:检查有没有眼屎、眼袋、黑眼圈和红血丝。

嘴:不要有烟气、异味、口臭,出门前可多吃口香糖。

胡子:胡须必须刮干净,最好别留胡子。

手:不留长指甲,指甲无污泥,手心干爽洁净。

(3) 女性销售人员的衣着规范及仪表

头发:干净整洁不留怪发,无头皮屑。

眼睛:不要有渗出的眼线、睫毛液,无眼袋、黑眼圈。

嘴唇:可以涂有口红,并且保持口气清香。

服装:西装套裙或套装,色泽以中性为好。不可穿着过于男性化或过于性感的服装,款式以简洁大方为好。

鞋子:黑色高跟淑女鞋,保持鞋面的光亮和鞋边的干净。

袜子:高筒连裤丝袜,色泽以肉色最好。

首饰:不可太过醒目和珠光宝气,最好不要佩戴三件以上的首饰。

身体:不可有异味,选择淡雅的香水。

化妆:一定要化妆,否则是对客户的不尊敬。但以淡妆为好,不可浓妆艳抹。

3. 销售工具的准备

公司介绍、汽车目录、地图、名片夹、通讯录、空白"合同申请表"等。

(1) 汽车营销工具准备的好处

容易引起顾客的注意和兴趣;使销售说明更直观、简洁和专业;预防介绍时的遗漏;缩短拜访时间;提高效率。

(2) 汽车营销员必备的销售工具

公司介绍;汽车目录;地图;名片夹;通讯录;计算器;笔记用具;最新价格表;空白"合同申请表";"拜访记录表"等专业销售表格。

对销售工具的准备,我们可遵循丰田公司的基本方针:推销工具不应该是别人提供的,而应是销售人员自己去创造的,这才会体现自己的独具的魅力。

研究所销售的产品

① 了解产品

产品的特点与功能;专业数据;了解产品是理性产品还是感性产品;了解产品的构成。

② 相信自己的产品

(三) 提供咨询

1. 提供咨询的程序(如图 10-1 所示)

(1) 询问

询问是指对客户的需求要有清楚、完整和有共识的了解。

清楚:客户的具体需求是什么?这需求对客户来说为什么重要。

完整:客户的所有需要,需要的优先次序。

共识:对事物的认识和顾客相同。

(2) 倾听

关注顾客的话语;尽力理解顾客的需求。

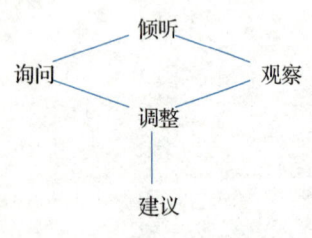

图 10-1 提供咨询的程序

(3) 观察

注意观察并尽可能多地了解顾客——他们的话语、问题、行为动作、非言语交际等。

(4) 调整

根据对顾客的了解,改进工作方式和行为方式。

(5) 建议

使用了解到的一切情况,尽量理解顾客的真正需求,然后提供顾问性建议。

2. 提供咨询中应收集的主要信息(见表10-2)

表10-2 咨询中应收集的主要信息

信 息	目 的	细 项
顾客的个人情况	了解顾客情况有助于你知道顾客的实际需求,他们对经销商的感觉以及他们处于决定的哪个环节等	生活方式;预算/经济状况;决策者作决定的过程
过去使用车的经验	如果顾客过去有车,了解他们过去使用车的经验有助于理解顾客再买车时究竟想要什么,不想要什么	过去的车;购车原因;对经销商的态度
对新车的要求	询问顾客的需求和购买动机有助于你帮助他们选择正确的车型。之后,你可以针对顾客的需求了解具体车型的主要特征和利益,以便更好地为这个顾客服务。	特征/对选装项的要求;购买动机

3. 巧妙的询问方式

案例,信徒的询问。

一位信徒问牧师:我在祈祷的时候可以抽烟吗? 牧师回答说:不行! 另一信徒问牧师:我抽烟的时候可以祈祷吗? 牧师回答说:可以!

这则小故事至少能够给我们三点启示:提问时,首先要思考提什么问题;其次是如何表述;何时提出问题也是至关重要的一点。

(1) 询问的形式

形式有开放式和封闭式。

① 开放式的询问——描述性问题

开放式的询问能让顾客充分阐述自己的意见、看法及陈述某些事实情况,可以让顾客自由发挥。提出一个问题后,回答者不能简单地以"是"或者"不是"来回答可获得较多信息。

开放式询问分为两类:

a. 探询事实的问题。以"何人、何事、何地、什么时候、如何、多少等"询问去发现事实,目的在于了解客观现状和客观事实。如:您目前的使用状况如何? 您想要什么样的车?

b. 探询感觉的问题。是通过邀请对方发表个人见解来发现主观需求、期望、关注的事。如：您对自动挡抱着什么样的看法？您认为如何？

有两种提问方式。直接询问,如:你认为这种车型如何？间接询问,首先叙述别人的看法或意见,然后再邀请顾客表述其看法。如有些顾客认为这车较省油,您的看法是……。

开放式询问的目的是取得信息和让顾客表达他的看法、想法。取得信息包括了解目前的状况及问题点,如目前贵公司运输车辆状况如何？有哪些问题想要解决？了解顾客对期望的目标,如您期望新的维修方式能达到什么样的效果？了解顾客对其他竞争者的看法,如您认为某厂牌有哪些优点？了解顾客的需求,如您希望拥有一部什么样的车？让顾客表达他的看法、想法,如：对配置方面,您认为有哪些还要再考虑？您的意思是……；您的问题点是……；您的想法是……。

② 封闭式的询问

封闭式的询问也称有限制式问法,是让顾客针对某个主题在限制选择中明确地回答的提问方式,即答案是"是"或"否",或是量化的事实的问题。

常用的询问词:是不是；哪一个；二者择一；有没有；是否；对吗；多少等。如:约见顾客:"既然这样,那么,我们是明天晚上见,还是后天晚上见？""你是喜欢两厢车还是三厢车？""是标致206,还是307"？

封闭式询问只能提供有限的信息,显得缺乏沟通的气氛,一般多用于重要事项的确认,如协议条款,市场调查。在与顾客沟通时慎用。

如：您是否认为车的维修保养很重要？您是否认为购车一定要找信誉好的公司？您是否认为车的安全最重要？您想买的车是商务用还是家用？您首先考虑的是自动挡还是手动挡？

封闭式询问的目的:获取顾客的确认；在顾客的确认点上发挥自己的优点；引导顾客进入你要谈的主题；缩小主题范围；确定优先顺序。

③ 询问的步骤。先用开放式询问,当对方被动无法继续谈下去时,才能用封闭式询问。

（2）善于将封闭式询问转化为开放式询问

如:"你同意吗？"改为"你认为如何？"

4. 倾听的技巧

倾听的错误观点:讲才是主动,听是被动的。

(1) 史蒂·芬柯维听的层次(见表10-3)

表10-3 倾听的层次

听的层次	状 态
设身处地地听	参与到对方的思路中去,引起共鸣
专注地听	关注对方,适时地点头赞同
选择地听	对自己感兴趣的就听下去,对自己不感兴趣的就不听
虚应地听	只是为了应付,心不在焉
听而不闻	无反应像未听到一样,对顾客态度冷漠

(2) 听的三种形式

听他们说出来的;听他们不想说出的;听他们想说又表达不出来的。

(3) 倾听的原则

全神贯注地倾听;给予反馈信息,让顾客知道你在倾听;强调重要信息;检查你对主要问题理解的准确性;重复你不理解的问题;回答顾客的所有的问题;站在顾客的立场考虑问题。

(4) 倾听的作用(见表10-4)

表10-4 倾听的作用

听能创造良好的气氛	给顾客表述的机会,创造良好的气氛,使对方感到有价值、愉快
听能捕获信息	跟顾客谈话也是一样,如果你不注意捕获信息,就会充耳不闻
听能处理信息	顾客跟你谈判时话语很多,很复杂,甚至语无伦次,杂乱无章,但只要你能认真听,你就能听出他的表达重点,理解他的意思,并对此作出正确反应

(5) 倾听的技巧

① 发出正确的信号——表明你对说话的内容感兴趣。与顾客保持稳定的目光接触。心理学家认为,谈话双方彼此注视对方的眼睛能给彼此造成良好的印象。但关键是如何注视。目光游移不定,会让对方误以为你是心不在焉,不屑一顾;目不转睛地凝视,会让对方感到不自在,甚至还会觉得你怀有敌意。最佳的目光接触,应该是在开始交谈时,首先进行短时的目光接触,然后眼光瞬时转向一旁,之后又恢复目光接触,就这样循环往复,直到谈话结束。能获得他人好感的目光应该是诚恳而谦逊的,不卑不亢,既尊重他人也尊重自己。

不插话,让顾客把要说的说完。让人把话说完整并且不插话,这表明你很看重沟通的内容。用形体语言表示你的态度:点头或微笑就可以表示赞同正在说的内容,表明你与说话的人意见相合,也表明你在专心地听着。

保持并调动注意力。怎样保持并调动注意力?不妨把你的顾客当成世界上最重要的任务,把它的讲话看作是你生平所听到的最重要的言语。将可使人分心的东西(如铅笔、纸张等)拿走可使你全神贯注;采用放松的身体姿态(如身体重心偏向一边或前倾)就会得到这一印象:他们的话得到你的关注;随时检查你的理解力,检查自己听得是否真切,并且已正确理解了信息,方法是:把听到的内容用自己的话复述一遍,就可以肯定是否已准确无误地接收了信息,也可以通过询问,检查自己对信息的理解。上述的双向活动不仅能使你获得正确的信息,而且还能使说话者把精力集中于真正想要沟通的内容。

② 站在对方的立场,仔细地倾听。站在顾客的立场专注倾听顾客的需求、目标,适时地向顾客确认你了解的是不是就是他想表达的,这种诚挚专注的态度能激起顾客讲出他更多的内心想法。要能确认自己所理解的是否就是对方所讲的,你可以重复对方所讲的内容,以确认自己所理解的意思和对方一致,如"您的意思是不是指……""不知道我听得对不对,您的意思是……"。对顾客所说的话,不要表现出戒备的态度,当顾客所说的事情,对你的销售可能造成不利时,你听到后不要立即驳斥,你可以请顾客更详细地说明是什么事情让他有这种想法。顾客若只是听说,无法解释得很清楚时,也许在说明过程中他自己也会感觉出自己的看法不是很正确;若顾客说的证据确实,你可以先向顾客表示歉意,并说明此事的原委。

③ 掌握顾客真正的想法和需求。顾客有自己的立场,他也许不会把真正的想法告诉你,他也许会借用种种理由搪塞,或别有隐情,不便言明,因此你必须尽可能地听出顾客真正的想法。要想了解顾客的真正的想法,不是一件容易的事,你可以在听顾客谈话时自问以下问题:顾客说的是什么?它代表什么意思?他为什么这样说?他说的是一个建议吗?他说的是不是事实?他说的我能相信吗?他这样说的目的是什么?我能知道他的需求是什么吗?我能知道他的购买条件吗?

5. 提供建议的技巧

(1) 制定自己的标准说法。事先自己编出一套"说法大全",有经验的销售人员,通常在不知不觉中把洽谈中的一部分内容加以标准化。也就是说,与不同的顾客洽谈的时候,他就背熟了其中的一部分,且在任何洽谈中都习惯地使用它。他对自己的推销说法赋予某种"模型"。

项目一　汽车营销实务

怎样编造"标准说法"：先写出来再说；把初稿再三看过，听听别人的意见或是参考有关的书籍，将它做适当的修正；练习：发出声音，读读看；利用录音机，听听看；实地使用，先预习一次，然后使用看看，再修正。

（2）把自己当作顾客的购车顾问。顾问式销售是美国80年代后发展起来的一种标准销售行为。该销售方法要求销售人员具备行业知识，具备满足客户利益的技能，能够体现顾问形象的技能。该销售方法不是从推销出发，而是从理解客户的需求出发，引导客户自己认清需求。顾问式销售是指销售人员以专业销售技巧进行产品介绍的同时，运用分析能力、综合能力、实践能力、创造能力、说服能力满足顾客的要求，并预见顾客未来的需求，提出积极建议的销售方法。顾问式销售即从理解客户的需求出发，以特定的产品满足顾客需求，实现顾客价值，实现销售，达到双赢的目的。

销售人员给顾客三点实用建议以树立自身的顾问形象：建议顾客理性选择；建议顾客进行性能价格比；建议顾客全盘考虑。

① 建议顾客理性选择。首先是预算问题，应该先确定顾客经济能力所能承担的价格范围，然后选择其中性能价格比最高的车。其次，汽车销售人员要根据车辆的用途和顾客个人喜好，推荐选择最适合顾客的车型。第三，排量大小要适中。

② 建议顾客进行性能价格比。通过车辆说明书的性能参数可以确定车辆的性能，性价比是顾客确定投入的依据。汽车销售员一般要提供汽车的有关情况，供顾客选购时参考。

③ 建议顾客全盘考虑。选购适用的车型和装置：不必贪大求全，而是要根据顾客使用的实际需要，选购适用的车型和装置。既要认品牌又要讲车型；既要讲外形又要讲性能；进口车和国产车各有千秋；不能只注重排量、价格。

提供建议的过程中注意避免突出个人的看法。

（四）展示车辆

展示车辆应运用六方位绕车介绍法。

六方位绕车介绍目的：指将产品的优势与用户的需求相结合，在产品层面上建立起用户的信心。

1. 绕车前的准备工作

（1）将方向盘调整至最高位置；
（2）确认所有座椅都调整回垂直位置；
（3）将钥匙放在随时可取放的地方；
（4）将驾驶员的座椅适量往后移；

营销视野 10-3

(5) 前排乘客座椅要适量后移;

(6) 将座椅的高度调整至最低的水平;

(7) 对收音机选台,磁带、CD 的准备;

(8) 对车辆的清洁;

(9) 确保电瓶有电。

2. 环绕介绍——6 点介绍法

(1) 前部(左前方):最有利于看清车辆特征的角度,通常可以在这个位置向顾客做产品概述(例:风阻系数、车身尺寸、车辆标志、车辆线条、制造工艺、车身颜色、保险杠、轮毂、后视镜、轴距、大灯)。

(2) 发动机室:介绍车身和风格的好地方(例:排量、形式、油耗、结构性能、参数、变速箱、发动机底座、碰撞吸能区、前保险杠、发动机管理系统、ABS)。

(3) 驾驶座侧:做简单的巡游总结并询问顾客有什么问题,鼓励顾客打开车门进入内部(例:方向盘、电动窗、中控门锁、安全带、座椅、防盗系统、离合器)。

(4) 后部:可以突出尾灯和保险杠,汽车的排放也可以在这里提及(例:大面积尾灯、一体式后保险杠、天线、行李箱:更低的开口,更大的空间)。

(5) 乘客侧:可以考虑致力于安全性能的介绍,轮胎和悬架系统(舒适性)可以在这里介绍(例:车门防撞钢梁、四轮独立悬吊、车身结构、车身材质、车门、轮胎、油箱)。

(6) 车辆内部(例:仪表盘、安全气囊、空调、内饰、音响、内后视镜、方向盘、头枕、离合器、腿部空间等)。

3. 绕车介绍的技巧

介绍产品时重点突出(好、先进),因此,六方位无论是哪个方位,都要讲的是三点:

(1) Feature:车辆的配备和性能。

(2) Strength:车辆的优势。

(3) Benefit:能带给客户的好处和利益,满足客户需求。

这三点缺一不可,因为每一点都能和特色有关。

营销视野 10-4

(五) 异议处理

异议处理是顾客对销售人员或其推销活动或产品所做出的一种在形式上表现为怀疑或否定或反对意见的反应,客户有意或无意露出的反对信号,客户用来拒绝购买的理由、意见、问题、看法。

1. 产生异议的原因

(1) 没有得到足够的信息,希望销售顾问提供更多的资料,提供说服自己的理由。

(2) 客户没有理解,感到自己未被理解。

(3) 客户有不同的见解,喜欢挑剔。

(4) 客户未充分了解产品的利益。

(5) 习惯排斥销售人员、讨厌推销。

(6) 客户根本不需要的产品和服务。

2. 异议的种类

(1) 对销售人员的异议。

(2) 对产品的异议:如:这车耗油、外形不美观等。

(3) 对价格的异议:如:太贵了,有价格低一点的吗?

(4) 对服务的异议:如:提车方式、时间不合适;保养不理想。

(5) 对公司的异议:如:财务状况和经营方式等,了解公司的政策和售后服务程序。

(6) 对订购时间的异议:如:我再仔细考虑一下或下周再作决定好吗?

(7) 因为竞争者而产生异议:如:现在对另一品牌非常满意。

3. 正确对待异议

要处理好顾客异议,首先汽车营销员要对异议有正确的看法与态度。

(1) 异议是客户的必然反应。销售人员和客户各是一个利益主体。

(2) 客户异议是销售障碍,也是成交的前奏与信号。

① 客户发表异议时,才真正开始沟通。

② 客户发表异议,说明对产品有了一定兴趣,想进一步深入了解。

(3) 汽车营销人员应认真分析顾客异议。顾客异议是多种多样的,不同的顾客会有不同的异议,对同一内容的异议又会有不同的异议根源。

4. 处理异议

态度:保持冷静;认真倾听,真诚欢迎;重述问题证明了解;慎重回答,保持友善;尊重客户,圆滑应付;留有后路。

(1) 冷静倾听,给出反馈信息(除非他讲完,不要妄下断言)

(2) 表示认同(点头效益)

① "异议"并没有实质内容。

② 确实是自己产品的缺点。

先点头或是用简单的"我懂"、"很好"或"我了解"来赢得他的信任,然后再把他不知道或是没有提到的好处告诉他。

(3) 转换异议

把"异议"转换成问话的方式可以改变敌对的立场,博取对方的好感并把对方嫌汽车价钱太贵的简单意念,变成对"花钱的价值"的探讨,有技巧地把价钱问题转成"品质"和"服务"的问题。在问话中,强调汽车产品的好处能满足对方的需要。

(4) 延缓处理

延缓处理是指暂时确实无法解决,或一些不影响成交的异议。

(5) 否认(反驳)

否认是指客户对产品产生误解。否认应尽量避免,但若此误解影响成交,而你手头又有资料可以证明时才可以反驳。

(六) 缔结成交

1. 购买时机——客户的购买信号

购买时机包括开始询问、身体语言、客户自述等内容。

询问内容:贷款手续、缴款手续、指定颜色车型、交车时间及地点、交车事项、办牌照、保险等相关准备事宜、售后服务、保修等。

身体语言内容:尽量身体向前倾,或向你的方向前倾;眼睛闪闪发光,表现出很感兴趣的样子;出现放松或愉悦的表情和动作,点头对你的看法表示同意;不断审视产品,用心与仔细观看目录、合同或是订货单;详细地阅读说明书,并且逐条地检视。

2. 建议购买

把握时机,建议客户做出决定。

3. 成交技巧

全面地了解目标顾客的态度,以及他对于产品说明和成交试探的反应,而不是直接询问目标顾客是否愿意购买产品。

(1) 情境成交法

情境成交法有假设型成交法和二选一法。

假设型成交是指汽车营销人员假设目标顾客将要购买,通过语言或无声的行动来表示这种感觉。

二选一法是指把最后决定集中到两点上,然后让顾客从二者中挑选一种办法。

(2) 小点促进型成交

小点促进型成交是指从无足轻重的小的方面开始,逐步使目标顾客在更大的决定上点头。

(3) 利益总结型成交

利益总结型成交是指以总结产品特点的主要优势及其给目标顾客带来的好处来结束对产品的介绍。

(4) 供应压力型成交

供应压力型成交是指给目标顾客施加了一定的压力,让其现在购买而不拖延的一种方法。

(5) 赞扬型成交

赞扬型成交法特别适合那些自诩为专家、十分自负或情绪不佳的目标顾客。

4. 签订合同

(1) 注意合同是具有法律效力的,应重视各阶段及整个时间的可行性及各阶段的付款时间与方式。

(2) 代客户办理的服务事项(包括上牌、汽车装潢、保险、外地牌照、相关手续、时期、费用等都应向客户交代清楚)。

(七) 交车验车

1. 交车的步骤

(1) 准备。在交车前对汽车进行检查(PDI检查);亲自对汽车进行检查和驾驶;确保所需文件齐备。

(2) 顾客提车。向顾客解释提车手续及其重要性;在所需的财务凭证和文件上都签好字;向顾客全面解释关于汽车的所有文件。

(3) 参观维修部门。带你的顾客参观维修部门,向顾客介绍维修人员和维修程序。

(4) 介绍汽车。向顾客介绍他们需要了解的汽车特征。

(5) 试验驾驶。指出有关驾驶舒适性和操作性的特征。

(6) 核查清单,送走顾客。

2. 交车时顾客的希望和担心

(1) 顾客的希望。在得到承诺之后汽车将会准备好,油箱中装满燃料;汽车内外一尘不染,好像顾客是第一个坐到车里的人;销售商对汽车的特征、仪表和操纵设备做完整的介绍;销售商对汽车的保修和保养计划做完整的介绍;与负责维修服务的经理见面并介绍维修服务程序;销售顾问对汽车非常了解;汽车已经经过检查和注册,随时可以开走;可以得到所有应提供的材料;购车完毕后,如果遇到任何问题,销售顾问可以解答或提供帮助。

(2) 顾客的担心。交货的汽车不是处于完好状态;销售完毕后,顾客的满意度将不再是卖方的主要考虑;文件和汽车没有准备好,交货期比顾客预计的要长;销售顾问在交货过程中催促顾客,不给顾客足够的时间熟悉汽车;销售顾问不能恪守在销售中做出的承诺。

3. 车辆检查(PDI检查)

(1) 车辆静止时。油漆颜色、车身表面有无划痕、掉漆、开裂、

营销视野 10-5

起泡或锈蚀。检查车门、机盖、后备厢门缝隙是否均匀,门缝胶条密封是否良好。车体防擦条及装饰线应平直,过渡圆滑,接口处缝隙一致。后视镜成像清晰,调节灵活。检查轮胎规格,备胎与其他四个轮胎规格是否相同。查看前照灯罩是否损坏,车门车窗是否完整,后挡风玻璃是否良好。用手按压汽车前后左右 4 个角,松手后按压部位跳动不多于 2 次,表示减震器性能良好。检查车内座椅是否完整,清洁干净。接通电源开关,检查刮水器、喷水清洁器工作是否正常,各电器设备工作是否正常。检查是否漏水漏油;检查车内设施;检查电器系统。

(2)检查发动机。查看发动机及附件有无油污、灰尘。抽出机油尺,看尺上的机油是否清洁透亮,机油量应处于两刻度之间。检查冷却液、制动液液面是否处于最大和最小刻度之间。检查发动机、自动变速器、后桥润滑油油面高度是否符合要求。检查散热器冷却液液面高度是否符合要求。检查电解液比重和液面高度是否符合要求。检查橡胶软管和传动皮带是否有损坏或缺陷。冷车启动发动机,应启动顺利。改变发动机转速时过渡应圆滑,仪表盘相应的指针反应灵敏。发动机怠速运转平稳。排出的废气应无烟、无味。

(3)行驶检查。路试检查。踩离合器时,离合器应接合平稳,分离彻底,不打滑、不发抖。变速器换挡应轻便灵活,挡位准确。以高中低速行驶均应平稳,车内无噪音。汽车加速应快捷有力。车轮产生跳动后应有自动回位的效能。检查汽车是否有跑偏、侧滑等现象。行驶中转向机构应操作灵活。制动应灵敏、迅速、有力,不跑偏、不侧滑。检查暖气、空调及其他设施,是否符合规定。检查灯光及各种信号标志是否齐全、有效、准确、可靠。最后验证行车油耗。

(4)停驶后的检查。再次检查有无漏油、漏水、漏电、漏气现象。观察汽车底部的前后避震器、刹车泵、变速器、传动轴等处有无漏油现象。检查驻车装置是否有效、可靠。小心快速地触摸刹车盘、鼓,看看是否烫手。试用中控销或门销、防盗器等设施是否有效、可靠。

(5)向顾客提供必需的购车凭证:购车发票;车辆合格证;三包服务卡;车辆使用说明书;其他文件或附件。

(八)售后跟踪服务

没有售后服务的销售,在客户的眼里,是没有信用的销售;没有售后服务的商品,是一种最没有保障的商品;没有一次性交易的客户,只有终身的客户。跟踪服务电话的程序如图 10-2 所示。

营销视野 10-6
营销视野 10-7

1. 售后跟踪服务的目的

(1) 商品的售后服务——信誉的维护、商品资料的提供。

(2) 客户的维系——联络感情、搜集情报。

2. 售后跟踪服务的内容

(1) 与老顾客联络感情

① 拜访。主要目的是让顾客感觉到汽车销售员和企业对他的关心，同时也是向顾客表明企业对销售的车辆负责。要把握的原则：尽可能使拜访行为自然一点，不要使顾客觉得汽车销售员的出现只是有意讨好，更不要因拜访而干扰顾客的正常生活。

② 书信电话联络。

③ 赠送纪念品。

(2) 搜集情报。了解顾客背景；创造连锁销售。

(3) 妥善处理顾客的投诉。

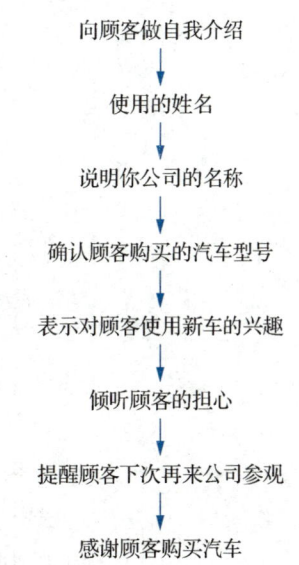

图 10-2　跟踪服务电话的程序

任务三　客户选择与商务谈判

一、客户选择

汽车既是一种生产资料，又是一种消费资料。所以汽车客户有着明显的广泛性。依据各种客户在购买模式或购买行为上的共同性和差异性，汽车客户可以分为这样几种类型：

(1) 私人消费者。指将汽车作为个人或家庭消费使用，解决私人交通的用户，他们构成汽车的私人消费市场。目前，这一市场是我国汽车市场增长最快的一个细分市场，其重要性已经越来越引起各汽车厂商的关注。

(2) 集团消费者。指将汽车作为集团消费性物品使用，维持集团事业运转的集团用户，我国通常称为"机关团体、企事业单位"，他们构成汽车的集团消费市场。因此，营销商非常重视这些大型集团或系统的用户。

(3) 运输营运者。指将汽车作为生产资料使用，满足生产、经营需要的组织和个人，他们构成汽车的生产营运者市场。这类用户主要包括具有自备运输机构的各类企业单位，将汽车作为必要设施装备的各种建设型单位，各种专业的汽车运输单位和个人等。目前，这一市场，特别是对某些车型而言，在我国汽车市场也占有重要位置。

(4) 其他直接或间接用户。指以上用户以外的各种汽车用户及其代表，主要包括以进一步生产为目的的各种再生产型购买者，以进一步转卖为目的的各种汽车中间商，他们都是间接用户。

以上各类汽车用户,从总体上也可以分为消费者个人和集团组织两大类,前者构成汽车的消费者市场,后者构成汽车的组织市场。

二、对客户进行咨询和调研

1. 咨询调研主要渠道

(1) 通过银行系统调查,信用好、资金充裕的可靠客户会积极主动地提供往来银行,使交易对手树立信心;在业务联系中,客户不愿意提供往来银行就不宜和他往来。

(2) 通过当地工商局或该单位的上级机关调查,一般认为政府主管部门和上级公司基本上是可以信赖的。

(3) 通过与对方有业务往来的我方兄弟单位,间接了解客户是否有商业信用,资金是否充裕。

(4) 通过与对方有往来,深知内情的工作人员,凭个人关系去了解。

2. 咨询调研主要内容

(1) 客户所在单位组织情况,如企业性质,其上级领导机关,创建历史,法定代表人。

(2) 生产经营范围,有没有汽车经营权;生产或经营什么其他项目;是批发,还是零售;是代理商,还是兼营商;是工厂,还是直接用户。

(3) 资金情况,如注册资金、盈亏概况、债务概况、履约守信情况等。另外,经营作风如何;经济上是上升状态,还是面临负债倒闭状态。

三、对客户进行分析鉴别

在调研分析基础上,对客户进行分类:

(1) 基本往来户资信状况好,经营作风好,经济实力强,长期往来成交次数多,关系比较牢固的。

(2) 一般往来户资信状况好,经济实力不强,已做成几笔生意的。

(3) 普通联系户一般性函电口头交往,尚无业务成交,资信状况正在了解的。

这种分类是随情况变化而调整的。普通联系户中有可能有已被摸清情况,多次达成交易,形成紧密联系,上升到基本往来户的;也有从一般往来户降为普通联系户的。

四、建立客户登记卡片

客户登记卡片主要内容包括客户名称、地址、电话、传真、邮政编码、E-mail地址、法定代表人姓名、注册资金、生产经营范围、经营状况、信用状况、与我方建立关系年月、往来银行、历年交易记录、分类及鉴定意见等。

对于不同类别客户要有不同的策略。优先与基本往来户成交,在资源分配和定价上适当优惠;对一般往来户要"保持"和"培养";对普通联系户则要积极争取,加强联系,迅速了解。

五、商务谈判

商务谈判是交易双方为了各自的目的,就一项或数项涉及双方利益的生意进行洽商,通过听取各方意见,调整各自提出的条件,最后达成双方满意的一种经济活动。

1. 商务谈判的特点

(1) 商务谈判参加者各自代表所在的工商企业,谈判总是围绕着交易对象(汽车交易或劳务)展开的,谈判双方以达成双方满意,并对双方具有法律约束力的协议或合同为最终目的。

(2) 商务谈判一般遵循的方针是平等互利,协商一致;智力较量,以智取胜;谋求合作,使双方各有所得。

(3) 谈判中我们的目标是取得自己一方的利益,但绝不是意味着必须伤害别人的利益。谈判高手在争取自己一方利益时,经常试图以理服人去影响另一方对事物的评价方法,求得双方满意;企业利益不仅仅是用利润来衡量的,企业形象往往是企业的根本利益。从长远考虑,对有战略意义的客户适当让利或给予关注是明智的。

2. 商务谈判的一般方式和程序

(1) 商务谈判的一般方式包括当面洽谈、电话洽谈、信函磋商、电报磋商等步骤。大批货物成交、重要项目谈判、营销合作方式(合资、联营、合作、代理、代销)等主要通过当面洽谈解决。为了迅速沟通信息,常用长途电话。如果达成交易,各方应补信函予以确认,并做好通话记录或录音。商业信函是用来洽商交易联系业务的重要工具,信函是书面根据,具有法律效力的文件,对方来函要及时答复。电报也是商务联系的重要通信工具,既能快速传递,又有法律效力,也可使用电传联系业务。电传相当于面对面通信,可以询问对答。

(2) 商务谈判的一般程序包括询价、发价、还价及接受四个步骤。

① 询价(对外贸易中也称询盘 Inquiry)是指交易的一方要买或卖某种商品首先向另一方询问交易条件,如,请报标致 5008 精致版 1.6L 100 辆,x 年 8 月武汉提货价。

② 发价(俗称"报价",对外贸易中称为发盘 Offer)是指交易的一方向另一方提出买或卖某项商品可以订合同的交易条件。

③ 还价(对外贸易中称为还盘 Counter Offer)是指交易的一方

营销视野 10-8

接到对方函电内容提出不同建议。

④ 接受（Acceptance）是指交易一方同意另一方函电条件，回复后达成交易，合同成立。

3. 商务谈判的策略和技巧

（1）收集信息。商务谈判时要充分了解与谈判相关的各种信息，这是取得谈判成功的必要条件。谈判时，需要掌握下列信息内容：

① 在谈判前要掌握有关对方的信息，包括对方进货时间、渠道、质量、价格、市场动态、兄弟单位货源和价格动态等。

② 了解有关谈判方案的基本信息，包括谈判的日期、时间、地点、谈判对象、我方参加人员、谈判内容及目的要求。

③ 谈判过程中，要注意有关产品价格的信息。首先在非正式交谈中初步了解，然后在正式谈判中进一步确认。

（2）谈判策略。谈判策略的特点是阶段性强，各个阶段要用不同的策略方法：

① 留有余地。买方在让步时应采取步步为营的策略，复杂的大宗交易不宜太快达成协议。让步不能一下子让到底，而应逐步让，取得对方对等让步，要找突破口，取得进展。

② 先声夺人。谈判开始准确表达我方交易条件，可以口头表达、备忘录、协议或合同草案的形式，作为谈判起点。

③ 以让为进。在小问题上先让步，抓住机会步步进逼，直到对方作出让步，达成交易，"退"是手段，"进"是目的。

④ 迂回战术。会上谈不下来，休息一下，会外非正式交谈，往往见效。

⑤ 从容不迫。谈判时要冷静、沉着、善于观察，先让对方把话讲完，在听的过程中找突破口，谈判时不要总是唇枪舌剑，必要时保持沉默，给自己和对方一个慎重考虑的时间，往往也会收到好的效果。

⑥ 进退自如。重要的谈判双方领导出面只谈原则，具体细节由双方助手去谈，进退都很主动。

⑦ 友谊为重。贸易伙伴之间建立友谊，互相支持，促进交易，做到互利互惠才能持久。但要注意维护公司利益的谈判原则，谈判人员坚持这一原则也有利于增进对方的信任，信任是建立友谊的基础。

综上所述，谈判中运用策略是为了掌握谈判的主动权，控制谈判的进度，从而顺利达成交易服务。谈判策略是必要的手段而不是市场营销的目标，市场营销的目标是要令双方满意。因此，成功的谈判者很注重利用公司信誉、个人诚信等要素，辅助谈判策略的正确实施，也就是要坚决反对不择手段和唯利是图的谈判策略。商务谈判的本身就说明谈判者双方存在着"合作"的需要，合作中任一方利益受到伤害或感到被欺骗都将使营销行为失去真正的意义。

（3）谈判技巧。在谈判过程中，受情绪波动的影响，谈判者双方不能理性地对形势做出分析，灵活运用各种谈判技巧，有利于商务谈判的顺利进行。

① 树立谈判信心。谈判时，心理状态要好，不以物喜，不以己悲，喜怒不行于色，做自己情绪的主人，树立一个成功美好的自我形象，这是成功的先决条件。

② 把握决策时间。决策不宜过早，也不宜久拖不决，条件成熟时要果断"成交"。

③ 阶段冷却。我方虽迫切，但对方不让步，我方可以冷静一下，拖一段时间等对方有变化征象时再谈判。

④ 预测和保证。当双方确认全过程不会有特殊情况发生时，双方应作出预测和保证，在有法律保障的前提下方可签字。

⑤ 报价艺术和条件。报价过高会失去竞争力；过低则无利润可言；应本着双赢的原则报价，并明确必要附加条件。

⑥ 处理好"异议"。"异议"是对方对产品有兴趣的表现，处理好"异议"，需要营销人员具有卓越的销售能力。处理的办法是认真了解对方的不同意见，对问题表示重视和关注，认真分析，然后迂回地说明情况，促使对方客观地评价，正确地抉择。

（4）举止文明。在谈判过程中，要举止文明，有礼有节，体现文明经商的风貌。

① 谈判人员应遵守时间，热情好客，仪容大方，语言举止符合身份，不骄不躁，不卑不亢，内部团结一致，统一对外。

② 在与外商进行商务谈判时，还应注意选择适当的谈判场所，服饰要整洁、得体（穿西装要结领带，夏天不要穿汗衫短裤），接送车辆有一定规格，还要注意尊重对方风俗习惯，不应有冷漠、粗鲁、庸俗、懒散、傲慢的态度出现。

任务四　经济合同的订立与履行

经济合同是民事主体的法人、其他经济组织、个体工商户、农村承包经营户相互之间，为实现一定经济目的，明确相互权利与义务关系而订立的合同。营销洽谈的结果（达成交易）要用经济合同形式来确定。

一、有效合同与无效合同

1. 订立经济合同应符合原则

（1）经济合同（除即时清结的交易外）应当采用书面形式。经当事人协商同意的有关修改合同的文书、电报和图表，也是合同的组成部分。

营销视野 10-9

(2) 订立经济合同必须遵守法律和行政法规。任何单位和个人不得利用合同进行违法活动,牟取非法收入。

(3) 订立经济合同应当遵循平等互利、协商一致的原则。任何一方不得把自己的意志强加给对方,任何单位和个人也不得非法干预。

(4) 经济合同依法成立,即具有法律约束力。当事人必须全面履行合同规定的义务,任何一方不得擅自变更或解除合同。

(5) 订立合同双方当事人必须具有法人资格,法人在订立经济合同时不得超越其合法经营范围。

2. 无效经济合同

(1) 违反法律和行政法规的合同。

(2) 采取欺诈、胁迫等手段所签订的合同。

(3) 违反国家利益或社会公共利益的经济合同。

(4) 代理人超越代理权限签订的合同,或以被代理人的名义同自己或者同自己所代理的其他人签订的合同。

无效的经济合同从订立时候起就没有法律约束力。经济合同的无效由人民法院或者合同仲裁机构确认。确认经济合同部分无效的,如果不影响其余部分的效力,其余部分仍然有效。

在汽车营销业务中,对走私车、没收车签订的合同就属于无效合同,应由主管机关指定专门单位处理。没有轿车经营权的单位签订的轿车批发合同也是无效合同。在业务联系中要十分谨慎判定合同的有效性。

二、经济合同的种类和内容

1. 经济合同的种类

我国的经济合同大致有如下几种类型:

(1) 销售合同。它是指企业以销售商品为内容的合同,其形式和内容极为广泛,有购销包销合同、采购或选购合同、代购代销合同等。这类合同一般由产需或供需双方签订,也可由产、供、运、销多方联合签订。

(2) 供应合同。它主要是指有组织有计划供应生产资料为内容的合同,如国家计划分配的原材料、燃料、动力等物资的供应合同,上级部门有组织协作配套的供应合同,企业自行在市场上采购原材料的供应合同等。这种合同,有的是在上级部门指导下签订的;有的只有供需双方,直接由供需双方签订。

(3) 承包合同。它是指企业委托承包单位按要求完成某项工程、工作或产品的合同,如基建承包合同、设计承包合同、施工承包合同以及其他各种产品加工等承包合同。

(4) 运输合同。它是指企业委托运输企业为保证及时运送货物而签订的合同,包括铁路、公路、航空、海运、河运等运输合同。

(5) 信贷合同。它主要是指企业向银行或信用社申请贷款所签订的合同以及赊购赊销合同、分期付款合同等。

(6) 租赁合同。它主要是指供方提供设备等物资为需方使用,并取得一定报酬而签订的合同,如工具设备租赁合同、房地产租赁合同等。

此外,还有仓储合同、补偿贸易合同和合资经营合同以及技术协作、技术服务和技术转让合同,财产保险合同等。

上述经济合同,按时间可分为长期合同、年度合同和短期合同。长期合同指一年以上的合同;短期合同是一年以下的季度和月度合同。

2. 经济合同的基本内容

经济合同是具有法律效力的经济契约,它反映企业之间的经济关系和经济责任。因此,合同的内容必须周密全面,文字表达一定要正确清楚。特别要注意文字、条款的法律依据,以免产生不必要的纠葛和矛盾。下面以汽车制造厂的销售合同为例简述如下:

(1) 明确规定汽车产品的型号、规格、质量、数量、选装件数量和型号及生产厂家、交货期限,这是汽车销售合同最基本的内容。这些条款的每一项内容,规定得越具体越好。如:质量标准,应明文规定是国家标准还是行业标准,或者按用户提出的要求和标准进行规定。制造厂必须对产品质量负完全责任,只能提高不得降低。交货期限应具体规定交货的日期,如果延期交货,厂方应承担全部的经济责任。

(2) 具体规定交车的方式。如用户自行到厂提货,应规定接车的手续;如由厂家实行送货或代运,应在合同中注明送货的地点或到站名称及收货人。送货费用应在售价中另行计算。

(3) 明确所购车型的外部色彩(或图案),如用户对汽车的外部色彩或图案、文字有特殊要求时,应在合同中注明,所需费用经双方协商后,也应在合同中明确规定。

(4) 正确规定产品的价格与货款的结算方式。凡是由国家或地方统一定价的车型,企业不得擅自提价或降价;如有特殊情况需要提价或降价,应报请有关部门批准。凡是国家允许浮动或自行定价的车型,应由供需双方协商定价。对于车款的结算方式,可按人民银行规定的"托收承付"或"验货承付"等办法执行,也可采用"款到付货"的方式。贷款利率按国家规定执行。

(5) 明确规定合同双方的经济责任。如厂家对产品的型号、规格、质量、数量、选装件、交货期和交货方式等方面不能履行合同规定时,应在经济上承担全部或部分赔偿的责任。如需方发生中途退货、拒绝收货、延期付款等违背合同的规定时,应对造成的经济损失承担全部经济责任。如果由于运输部门不能履行合同规定而造成的经济损失,则完全由运输部门承担经济赔偿责任。

在合同中除上述内容外,还有其他内容和规定,应由供需双方相互商定,或补充具体条款。

三、汽车营销合同的实施细则如下

1. 供货计划

无论是进货合同还是销货合同,供货时间常列出分月供货计划。通常用人民币计算和支付,除国家允许使用现金履行义务的以外,必须通过银行转账或票据结算。

2. 定金

当事人一方可向对方付出一定数额定金(双方协商,一般为产品价的5%～30%)。在合同履行后,定金应当收回,或抵作价款。给付定金一方不履行合同的,无权请求返还定金。接受定金一方不履行合同的,应当双倍返还定金。

3. 产品价格

关于产品价格,除规定必须执行国家定价的以外,由当事人协商议定。在执行国家定价时,当在合同交付期限内国家价格调整时,按交付时价格计价。逾期交货的,遇价格上涨时按原价格执行;价格下降时按新价格执行。逾期提货或逾期付款,遇价格上涨时按新价格执行;下降时按原价格执行。

在国内贸易中,习惯上按指定地点提车报价成交,运往外地运费由客户自负。在国际贸易或与南方开放城市贸易中常用以下几种价格术语:

(1) FOB(Free on Board 离岸价格,即装运港船上交货),即卖方在合同规定的装运港把货物装到买方指定的船上,并负担货物装上船为止的一切费用和风险。

(2) CIF(Cost Insurance Freight 到岸价格,即成本加保险费、运费),即卖方负责运输,安全运往目的港船上卸货前运费、保险费等费用和上船前风险。

(3) C & F (Cost and Freight 离岸加运费价格),即卖方负责运往目的港运费及上船前风险。

4. 支付方式

在合同条款中常对支付方式作出规定。在国内贸易中,常用的是票汇,票汇结算是汇款单位或个人将款项交给当地银行,由银行签发汇票持往外地办理转账或支取现金的结算方式。支票是在本市可以流通的票据,它是另一种常用方式(一般有效期为5天),可以当时兑现,具有信用的可靠性。通常在市内用支票,在外地用汇票。

四、经济合同执行中的问题及处理

1. 合同变更和解除

经当事人双方协商同意,在不影响国家和集体利益前提下,允许变更或解除合同。由于不可抗拒的天灾人祸使合同义务不能履行;或由于一方不能履行合同,另一方有权通知对方解除合同。因变更或解除合同使一方受到经济损失(除法律上许可免除责任以外),应由责任方赔偿对方经济损失。当事人一方发生合并、分立时,合同义务由变更后当事人承担。

2. 违反经济合同责任

当事人一方过错使合同不能履行,由过错方承担违约责任。由于不可抗力原因在取得有关证明后,允许延期履行,可部分或全部承担违约责任。一方违约造成损失超过违约金,还应付赔偿金,在明确责任后10天内偿付,逾期加罚。

3. 违反购销合同的责任

凡供方对产品品种、数量、规格、质量、日期等未按合同执行,或错发地点和收货单位;需方中途退货,未按期付款、提货,临时变更到货地点多支费用都认为是应负违约责任,根据情况付违约金或赔偿金。

4. 经济合同纠纷的调解和仲裁

当合同发生纠纷时,当事人应通过协商调解解决。如双方协商无效,一方可向工商管理局合同仲裁部门或人民法院提出请求或起诉,要求帮助调解;如调解仍无效,即可依法予以判决,起诉费最终由败诉方负担。一般规定仲裁申请期限为两年(纠纷发生后在两年以内起诉)。

任务五 机动车辆保险

一、保险的概念与特点

1. 概念

一般来说,保险有广义和狭义之分。广义的保险泛指保险人向投保人收取保险费,建立专门用途的保险基金,用于补偿因自然灾害和意外事故造成的经济损失,或为社会安定发展而建立物质准备的一种经济补偿制度。它一般包括由国家政府部门经办的社会保险,由专门的保险公司按商业原则经营的商业保险,以及由被保险人集资合办的合作保险等多种保险形式。狭义的保险特指商业保险。即按商业经营原则,以合同形式确立双方经济关系,采用科学的计算方法,收取保险费,建立保险基金,对遭受约定灾害事故所造成的损失进行补偿而建立的一种经济补偿制度。

2. 特点

（1）保险是一种合同关系。

（2）承保的风险事故是否发生或何时发生是不确定的。

（3）承保的风险事故是无法预见或难以控制的。

（4）承保的风险事故发生后，保险人承担赔偿、给付责任。

二、机动车辆保险的含义与特点

1. 机动车辆保险的含义

是指保险人通过收取保险费的形式建立保险基金，并将它用于补偿因自然灾害或意外事故所造成的车辆的经济损失，或在人身保险事故发生时赔偿损失，负担责任赔偿的一种经济补偿制度。机动车辆保险作为保险中的一种，它是以各类机动车辆及其责任为保险标的的保险。它属于财产保险，分为基本险和附加险，基本险包括车辆损失险和第三者责任险。二者可以合并承保也可以单独承保。附加险是针对车辆损失险和第三者责任险的部分责任免除而设置的，如全车盗抢险和车上责任险等。

机动车辆保险包括几层含义：

（1）它是一种商业保险行为。保险人按照等价交换关系建立的机动车辆是以盈利为目的，因此机动车辆保险属于一种商业行为。

（2）它是一种法律合同行为。投保人与保险人要以各类机动车辆及其责任为保险标的签订书面的具有法律效力的保险合同，比如要填制保险单，否则机动车辆保险没有存在的法律依据。

（3）它是一种权利义务行为。在投保人与保险人所共同签订的保险合同中，明确规定了双方的权利和义务，并确定了违约责任，要求双方在履行合同时共同遵守。

（4）它是一种以合同约定的保险事故发生为条件的损失补偿或保险金给付的保险行为。

2. 特点

（1）保险标的的出险率较高；

（2）业务量大，投保率高；

（3）扩大保险利益；

（4）被保险人自负责任与无赔款优待。

三、我国汽车保险的种类

机动车辆的风险有两种：机动车本身所面临的风险、机动车本身所创造的风险。

（一）基本险

1. 机动车辆损失险

机动车辆损失险与第三者责任险一样都是机动车辆的基本险，但车辆损失险不是法定的强制保险，因此，被保险人可以根据自己的意愿选择投保与否。但是，如果被保险人要投保全车盗抢险、玻璃单独破碎险等，就一定要先投保车辆损失险。

车辆损失险的保险责任，是指保险单承担的危险发生，造成保险车辆本身损坏或毁灭。保险人负赔偿责任。保险责任在保险单中明确列明，由意外事故、自然灾害和施救、保护费用构成。

（1）意外事故：包括碰撞、倾覆；火灾、爆炸、外界物体倒塌、空中运行物体坠落、保险车辆行驶中平行坠落等。

（2）自然灾害：包括雷击、暴风、龙卷风、暴雨、洪水、海啸、地陷、冰陷、崖崩、雹灾、泥石流、滑坡等。

（3）施救保护费用：衡量施救保护费用是否合理，原则上以"为了减少保险车辆损失而直接支出的必要费用"为限度。

2. 机动车辆第三者责任险

第三者责任险简称三者险，它分为强制第三者责任险和商业第三者责任险。强制第三者责任险是车辆最基本的保险，商业第三者责任险则为强制保险的补充。

第三者责任险是被保险人或其允许的合格驾驶员在使用保险车辆过程中发生意外事故，致使第三者遭受人身伤亡或财产的直接损毁，在法律上应当由被保险人承担的经济赔偿责任，转由保险人代为负责赔偿的一种保险；也就是，被保险人为了免除或减少自己对第三者的损害赔偿的经济负担，而与保险公司订立的保险合同。但因事故产生的善后工作，由被保险人负责处理。

（1）直接损毁：包括受害者的死亡补偿、伤残补偿、医疗补偿及财物毁损补偿。

（2）被保险人允许的合格驾驶员。

（3）使用保险车辆过程。

（4）意外事故。

（5）第三者：在这里，保险合同法律关系的主体是保险人和被保险人，保险人为第一者，被保险人或使用保险车辆的人为第二者，除保险人与被保险人之外即为第三者。

（6）被保险人依法应当支付的赔偿金额，保险人依照保险合同的规定进行补偿。

（二）附加险

1. 全车盗抢险

全车盗抢险强调的只是对保险车辆整车的盗抢负责赔偿。对保险车辆非全车遭盗抢，仅车上零部件或附属设备被盗窃、被抢劫、被抢夺、被损坏，如仅仅是轮胎或车上音响设备被盗了，保险公司是不负责赔偿的。另外，对全车被盗窃、被抢劫、被抢夺期间，保险车辆肇事导致第三者人员伤亡或财产损失，保险公司也不负责赔偿。

2. 玻璃单独破损险

玻璃单独破损险是一个传统的机动车辆附加险，必须在投保了车辆损失险的情况下才可投保。

玻璃单独破碎险的保险责任是指保险车辆在使用和停放期间，车辆的前后挡风玻璃、门窗以及侧窗玻璃发生单独破碎，保险人按实际损失计算赔偿。但对车辆的灯具、车镜玻璃破碎和被保险人或其驾驶员的故意行为，以及安装、维修、清洗车辆过程中造成的破碎不予赔偿。

3. 自燃损失险

自燃损失险的保险责任是保险车辆在使用过程中，因本车电器、线路、供油系统发生故障及运载货物自身原因起火燃烧，造成保险车辆的损失，以及被保险人在发生保险事故时，为减少保险车辆损失所支出的必要合理的施救费用，保险人在保险单载明的保险金额内，按保险车辆的实际损失计算赔偿；发生全部损失的按出险时保险车辆实际价值在保险单该项目所载明的保险金额内计算赔偿。

自燃损失险的保险金额由投保人和保险人在保险车辆的实际价值内协商确定，每次赔偿均实行 20% 的绝对免赔率。

4. 车身划痕损失险

其保险责任就是投保了本保险的机动车辆，因他人恶意行为造成保险车辆车身人为划痕的，保险人按实际损失计算赔偿。车身划痕损失险的保险费是根据车辆的价值来计算的，一般都在 300～500 元之间。

5. 车辆停驶损失险

其保险责任是保险车辆发生车辆损失险的保险事故，致使车身损毁，车辆停驶期间，由此引起被保险人因不能正常使用车辆的间接利益损失，如私家车车主因此而付出的租车费用等，保险公司给予每天一定数额的费用补偿。车辆停驶损失险一般不实行免赔。

6. 新增加设备损失险

其保险责任是保险车辆发生车辆损失险的保险事故，造成车上新增加设备的直接损毁，保险人在保险单该项目所载明的保险金额内，按实际损失计算赔偿。本保险所指的新增加设备是指保险车辆在原有附属设备外,被保险人另外加装或改装的设备与设施。如在保险车辆上加装制冷、加氧设备,CD及电视录像等设备。

7. 车上人员责任险

其保险责任是投保了本保险的机动车辆在使用的过程中,发生意外事故,致使保险车辆在所载货物遭受直接损毁和车上人员的人身伤害,依法应由被保险人承担的经济赔偿损失,以及被保险人为减少损失而支付的必要合理的施救、保护费用,保险人在保险单所载明该保险赔偿限额内计算赔偿。

8. 车上货物掉落责任险

其保险责任是投保了本保险的机动车辆在使用的过程中,所载货物从车上掉下,致使第三者遭受人身伤亡或财产的直接损毁,依法应由被保险人承担的经济赔偿责任,保险人在保险单所载明的赔偿限额内计算赔偿。

9. 无过失责任险

其保险责任是投保了本保险的机动车辆在使用的过程中,因与非机动车辆、行人发生交通事故,造成对方人员伤亡和财产直接损毁,保险车辆一方无过失,且被保险人拒绝赔偿未果,对被保险人已经支付给对方而无法追回的费用,保险人按我国《道路交通事故处理办法》和出险当地的道路交通事故处理规定标准,在保险单所载明的本保险赔偿限额内计算赔偿。本保险每次赔偿均实行20%的绝对免赔率。

10. 不计免赔特约险

不计免赔特约险是车辆损失险和第三者责任险的共同附加险,只有在同时投保了车辆损失险和第三者责任险的基础上,方可投保本附加险。当车辆损失险和第三者责任险中任一险别的保险责任终止时,本附加险的保险责任同时终止。

不计免赔特约险其保险责任是办理了本特约保险的机动车辆发生保险事故造成赔偿,对其在符合赔偿规定的金额内,按本保险条款规定计算的免赔金额,保险人负责赔偿。

四、业务流程

(一) 投保

机动车辆的投保,就是投保人购买机动车辆保险产品,办理保险手续,与保险人正式签订机动车辆保险合同的过程。

投保人要积极配合保险业务员办理有关手续,履行应尽的义务。

1. 投保准备

基本内容包括:准备好证件,保养好车辆,协助业务员验证、验车,以及如实告知有关情况等。

2. 保户填写投保单

基本内容:投保人的姓名、厂牌型号、车辆种类、号牌号码、发动机号码及车架号、使用性质、吨位或座位、行驶证、初次登记年月、保险价值、车辆损失险保险金额的确定方式、第三责任险赔偿限额、附加险的保险金额或保险限额、车辆总数、保险期限、联系方式、特别约定、投保人签章。

3. 交纳保费

投保单所有项目填写完毕,并经保险人审核,计算出保险费后,即可缮制与签发保险单、证,同时开具保险费收据。投保人接到保险收据后,应仔细核对,确认无误后可据此办理交费手续。

4. 领取保险单证

投保人拿到保险单证后,应再核对一遍,检查各栏目填写是否正确,计算是否准确,签章是否齐全。若有错误或遗漏,要即时更正。

5. 审核保险单证并妥善保管

保险单带回后应妥善保管,因为保险单就是保险合同,是参加保险的凭证。投保过程中应注意的问题:合理选择保险公司;合理选择代理人;了解机动车辆保险的内容;根据实际需要购买。

6. 其他注意事项

(1) 如实填写保单上规定的各项内容,取得保单后应核对其内容是否与投保单上的有关内容完全一致。保管好所有凭证。

(2) 如实告知义务。

(3) 及时交纳保费。

(4) 合同纠纷解决方式,以约定仲裁或诉讼方式解决。

(二) 承保

承保实质上是保险双方当事人达成协议、订立保险合同的过程。

(1) 核保

投保人资格:通过核对行驶证来完成;投保人或被保险人的基本情况;投保人或被保险人的信誉;保险标的;保险金额;保险费;附加条款。

(2) 接受业务

(3) 缮制单证:要求单证相符、保险合同要素明确、数字准确、复核签章、手续齐备。

五、事故理赔

(1) 属单方责任事故,没有人员伤亡,应提供:

出险通知书;出险证明;修车发票原始件,修理、更换部件清单;其他必要证明或费用收据原件。

(2) 如果涉及车损和人员伤亡事故的,除以上证明外,还应提供:

伤者诊断证明(县级以上医院)、残疾者凭法医鉴定证明、死亡者死亡证明;抢救治疗费收据;事故责任认定书;事故调解书;伤亡者工资收入证明、家庭情况证明;保险公司针对特殊情况要求的其他必要的证明。

根据保险车辆驾驶员在事故中的责任,车辆损失险和第三者责任险在符合赔偿规定的金额内实行绝对免赔率。负全部责任的免赔20%;负主要责任的免赔15%;付同等责任的免赔10%;负次要责任的免赔5%;单方肇事事故的绝对免赔率为20%。

六、退保过程

(1) 退保必须符合下述条件:

① 车辆的保单必须在有效期内。

② 在有效期内,该车没有向保险公司报案或索赔过。

(2) 退保所需提供的单证。

① 退保申请书。

② 保险单。

③ 保险费发票。

④ 被保险人的身份证明。

⑤ 证明退保原因的文件。

1. 简述汽车营销调研的概念和作用。
2. 请熟练叙述,(建议不要看着书说)介绍一辆车的五个方面。
3. 试述六方位绕车法。
4. 如何处理顾客异议?
5. 试述 PDI 检查的内容。
6. 简述客户选择汽车的类型,针对不同的客户应如何进行商务谈判?
7. 简述经济合同的内容。
8. 试述我国汽车保险的种类。

1. 学生利用网站,下载一份汽车销售合同,分组进行模拟的合同签订。
2. 学生分组,以某车型为例,为顾客推荐合适的汽车保险产品。

项目二 汽车销售流程详解

任务一 接触顾客

1. 了解初次接触的阶段目标。
2. 掌握初次接触的准备内容。
3. 把握初次接触方式并学会初次接触的沟通技巧。

1. 能够做好与客户初次接触的准备工作。
2. 能够充分利用沟通技巧和客户建立正面关系。

一、初次接触的阶段目标

初次接触是指销售人员第一次了解客户,那么如何理解客户,又通过哪些渠道找到更多的目标客户,这是我们初次接触的前提。

1. 客户的分类

在汽车销售中,把客户分为3类,而且这3类客户可以相互转化和流动。

(1) 客户的含义及分类。

符合MAN法则的即为客户。MAN法则:Money-有购买能力;Authority-有决策权力;Need-有需求。

客户分类标准是按照有无联系方式划分的。

① 现实客户:有联系方式,已经成交了的客户。

② 潜在客户:有联系方式,未成交或者成交后未来一段时间不可能再购买的客户。

情景导入

③ 未知客户:没有联系方式,但是符合 MAN 法则。想要找到这样的客户,就需要进行客户开发。

(2) 客户间相互转化

① 现实客户—现实客户:我们称这类客户为忠诚客户。该类客户已经购买了,再次购买还会到店在同一销售顾问处产生购买行为,也可能到店但不在同一销售顾问处产生购买行为。

② 现实客户—潜在客户:我们称这类客户为不忠诚客户。该类客户已经购买了,再次购买不在原店,但是我们还有他的联系方式。

③ 潜在客户—现实客户:我们称这类客户为新增客户。该类客户有联系方式,通过销售人员近期跟踪,最后买车了。

④ 未知客户—现实客户:我们称这类客户为新开发客户。我们没有客户联系方式,但是通过活动等渠道,找到了其联系方式,然后也购车了。

⑤ 未知客户—现实客户:我们称这类客户为偶然成交客户。我们没有联系方式,但是客户偶然到店就购买了车,从而使我们获得了该客户联系方式。

⑥ 现实或潜在客户—未知客户:我们称这类客户为流失客户。已经购车的客户,本来有联系方式,但是购车后换电话号码了或者是其他原因找不到联系方式了。

从不同类客户可以相互间转化的表述,我们发现在汽车销售中应该积极地开发、跟踪客户,与客户保持长久联系,保证正方向的流动而避免负方向的流失

2. 初次与客户接触的方法

未知客户占客户群体的大部分,但是我们无法与之建立联系,因此需要想办法把这些未知客户变成潜在客户或者现实客户,也就是获得他们的联系方式,即获取客户。

(1) 获取客户的重要性

要将汽车产品销售出去,首先要找到客户。企业拥有再好、再多的车,如果没有客户,就不能形成销售,从而造成积压。过去那种所谓的"酒香不怕巷子深"的说法,在当今的市场经济条件下遇到了严峻的挑战。

(2) 获取客户的前提条件

① 根据产品的特征来锁定客户。客户在哪里,是专营店乃至每一个汽车销售人员所面临的一个非常重要的问题。根据产品的特征来锁定客户,即首先了解你所要销售的汽车产品的客户群在哪里。一般情况下,不同的产品有不同的客户群。比如,应了解所销售的汽车产品属于哪一个档次,是高档车、中档车,还是低档车?汽车的排量是大排量、中排量,还是小排量?是商用,还是乘用?是属

于哪一类人群的？只有在开发客户之前明确这些问题，才能有目标地去寻找和开发客户。

② 明确汽车产品消费层次。汽车消费基本上分为两个层次：一个层次是属于投资的，主要集中在中低档水平上的轿车；另一个层次是用于消费的，主要集中在中高档次的水平上。在开发客户之前，首先要把握住产品的特征，这样去寻找潜在客户也就比较容易了。

（3）获取客户的渠道

目前，4S店获取顾客的方法主要有下列几种：展厅获取、活动获取、转介绍获取、随机获取、网络获取。

① 展厅获取：当前由我国汽车销售模式决定，展厅是销售人员获取客户的主要渠道。然而随着电子商务的兴起和人们消费方式的改变，展厅获取的比例越来越低。

② 活动获取：销售人员会在每年或者定期举办的车展活动中，获得客户的联系方式；也可以在店内搞的各种活动中获取客户联系方式，如试乘试驾活动，开展体验式营销；还可以通过市场部进行市场开拓、异业联盟、团购、广告宣传、展厅促销等形式找到客户的联系方式，从而获取客户。同时，汽车之家、盖世汽车网等汽车论坛上或者汽车厂商的网页上，当顾客点击活动页面时，也有可能留下顾客信息。

③ 老客户转介绍：从事销售工作时间较长的人员，有一定的基盘客户，他们可以介绍朋友、亲戚或同事等去购车；还有同行不同品牌的销售人员转介绍的客户。

④ 随机获取：销售人员在日常的工作、生活中可挖掘顾客资源，如在和朋友聚会的时候获取客户，在娱乐场所等地发名片获取客户。

⑤ 网络获取：网络获取客户的方法比较多，如通过经销商的网站、汽车垂直网站、门户网站汽车频道、微信平台推广服务、经销商官方微博推送实时资讯、QQ群等生活栏目、网站论坛等方式，都可以获取客户。

3. 初次接触环节客户的心理期望

从心理学角度分析，一般购买者都有心理预期，在购买决策过程中，如果能超过心理预期，客户购买的可能性就大，因此销售人员应该了解客户心理预期。在初次接触环节客户的期望归纳起来，主要表现如下所述。

① 能够通过不同的沟通渠道（电话、网站、电子邮件等），顺畅地与经销店取得联系。

② 电话咨询时，工作人员能及时准确地应答，并能提供专业的答复。

营销视野 11-1
营销视野 11-2

③ 如果经销店无法立刻满足我的需求,经销店能够解释原因,并告知可以准确回应的时间。

④ 销售顾问应与客户保持联系,但不要骚扰客户,应提供客户所需要的信息。

⑤ 专业的销售人员,及时礼貌的接待,让客户感觉受重视和关注。

⑥ 经销店为客户提供舒适的氛围,让客户更有意愿去了解品牌产品和服务。销售人员在客户需要帮助的时候,能够及时耐心地提供帮助。

4. 初次接触环节阶段目标

了解了该环节客户的心理预期,就要想办法超出预期,达到目标,这样即可顺利过渡到销售流程的下一个环节。初次接触阶段目标就是建立良好的关系,达到下面的目的。

(1) 通过提供顾客关心的品牌、产品、服务及其他信息,邀约顾客到店体验,从而赢得销售机会。

(2) 通过提供迅速、专业、有价值的服务,树立品牌和经销店形象,促使顾客光临经销店。

(3) 通过热情、真诚的接待来消除顾客的疑虑和戒备,营造轻松、舒适的购车氛围。

(4) 经销店的工作人员都能体现出友善和专业(外表、态度和行为),给顾客留下深刻的第一印象,让顾客感受到品牌魅力,让顾客感到受欢迎和被重视。

二、初次接触准备

美国心理学家阿希在1946年曾以大学生为研究对象做过一个实验。他让两组大学生评定对一人的总体印象:对第一组大学生,他告诉这个人的特点是"聪慧、勤奋、冲动、爱批评人、固执、妒忌",很显然,这6个特征的排列顺序是从肯定到否定。对第二组大学生,阿希所用的仍然是这6个特征,但排列顺序正好相反,是从否定到肯定。研究结果发现,大学生对被评价者所形成的印象受到特征呈现顺序的高度影响。先接受了肯定信息的第一组大学生,对被评价者的印象远远优于先接受了否定信息的第二组。这意味着,第一印象有着高度的稳定性,后继信息甚至不能使其发生根本性的改变。

因此,在与别人初次见面时,我们都要对自己的外在形象方面下很多工夫,创造完美的第一印象。有了第一次的好印象,才能有进一步发展的机会,这也就是第一印象的重要性。

营销视野 11-3

(一)判断第一印象的依据

从汽车销售角度看,判断第一印象主要有3个关键印象:展厅、展车和销售人员。

1. 展厅

(1) 展厅人员

进入展厅的客户很多,但并不是每一个人都是为了买车而来。但是,任何一个人都是我们的潜在客户,在他进入展厅的时候,有没有得到礼貌的对待,直接影响着其对某品牌的印象。这是一个关键时刻,因此需要展厅人员重视。展厅人员不仅仅指销售人员,也包括保洁、保安等,见到客户做到"十步内向顾客点头示意,五步内向顾客微笑打招呼",让客户感觉备受欢迎、关注和尊重。

(2) 展厅环境

展厅环境要保持清洁。例如,洽谈桌要干净,休息区沙发、茶几摆放整齐,展厅内绿植盆栽清新茁壮;特别要强调的是卫生间应没有异味,地面、墙面、洗手台等要保持清洁,营业期间要播放舒缓音乐。

营销视野 11-4
营销视野 11-5

2. 展车

展车干净,摆放整齐,符合标准。

(1) 车轮装饰盖上的标识始终保持水平,方向盘上的标识保持向上。

(2) 按要求摆放展车参数表,展车参数表应彩色打印,使用最新状态的参数表。

(3) 营业期间展车不上锁。

(4) 展车应去除内外各种保护膜,如座椅、方向盘、收音机、遮阳板、阅读灯、迎宾踏板等处的保护膜。

(5) 展车轮胎无灰尘,展车内和行李箱干净、整洁、无杂物,发动机室干净无灰尘。

(6) 展车玻璃内外擦拭干净,无手纹或水痕。

3. 销售人员

客户对销售人员的判断可以通过3个渠道:外表(Appearance)、行为举止(Behavior)、谈吐(Communication)来初步判断第一印象。

(二)初次接触的准备

客户接触最多的是销售人员,因此在和客户接触的过程中,要让客户感觉我们是品牌的倡导者,经销商的代言人,在客户面前打造良好的第一印象。

1. 知识准备

(1) 企业知识。公司的介绍,公司的销售政策,如让利和促销政策、服务的项目、产品库存等。

（2）产品知识。了解生产汽车的厂家、品牌，各款车的性能、功能和配置。

（3）市场知识。市场知识包括所销售的汽车在市场上的占有率，与竞争车型的对比、优劣程度及行业知识。

（4）汽车相关法律法规知识，汽车养护使用知识，相关金融知识，相关保险知识等。

（5）用户知识。用户知识主要包括客户心理、消费习惯、客户的购买动机、客户的爱好、客户的决策人购买力等。比如，从事小商品行业的客户喜欢车子的空间大一些，可以顺带带一些货物，所以哈弗 H6 热销；从事路桥工作，喜欢户外探险的顾客偏好吉普车、SUV 等。

（6）社会热点知识。当前社会热点新闻、最新话题要多了解多看，与客户能有更多的沟通。

2. 销售工具准备

（1）智能手机或者平板电脑。录入 CRM 系统顾客信息，安装汽车之家 APP，关注公司及竞争对手的微信公众号等。

（2）工具夹

众多销售工具要求我们在使用时应注重以下原则。

① 灵活化。例如，在展示车型颜色的时候可以直接带顾客看实车，而不是借助工具展示。

② 多样化。例如，在车辆展示的环节，对难以通过精准语言描述的相关配置（ESP、ACC、自动泊车），可借助平板电脑播放视频，或在试乘试驾的环节进行动态体验。

③ 价值化。依据销售流程的推进，在不同的环节或时间，合理、高效地使用相关工具。

3. 心态准备

销售人员除应做好以上准备外，还需要具备良好的心态，与客户建立良好关系。汽车销售工作面临很大挑战，销售人员在第一次与客户见面遭遇失败后，应该不断反省，应该有不服输的心理，想办法运用各种方式，如打电话、递送 DM，即产品的彩页、宣传页、资料等，最终赢得客户的约见。销售人员通过精心准备，引起客户的注意，应具备不怕失败的良好心理素质。

另外，还要和客户建立良好关系，通过关心客户、与客户寻找共同话题、赞美客户等方式，尽量做到尽善尽美，给客户留下良好印象。

4. 商务礼仪的准备

（1）仪容仪表

仪容仪表主要指个人形象。作为汽车销售人员的仪容仪表应

营销视野 11-6
营销视野 11-7

该是淡妆自然,要有亲和力;头发要有清爽感;衣服的选择必须干净得体,熨烫平整。

① 男士仪容仪表。

a. 发型发式。男士的发型发式统一的标准就是干净整洁,并且要经常地注意修饰、修理。头发不应该过长,一般男士前部的头发不要遮住自己的眉毛,侧部的头发不要盖住自己的耳朵,同时不要留过厚、过长的鬓角,男士后部的头发,应该不要长过西装、衬衫领子的上部。

b. 面部修饰。男士每天要进行剃须修面以保持面部的清洁,同时注意随时保持口气的清新。

c. 着装。男士着装要符合不同品牌4S店的要求,一般应该穿西装、打领带,衬衫的搭配要适宜。男士的西服一般分为单排扣和双排扣两种。在穿单排扣西服时,注意两粒扣子只系上面的一粒,如果是三粒扣子西服,只系上面的两粒,而最下面的一粒不系。穿双排扣西服时,则应该系好所有的纽扣。

衬衫的选择。衬衫的颜色和西装整体的颜色要协调,同时衬衫不宜过薄或过透,特别要注意的一点是,当穿着浅色衬衫的时候,在衬衫的里面不要套深色的内衣,或者是保暖防寒服,不要将里面的内衣露出领口。当打领带的时候,衬衫上所有的纽扣,包括领口、袖口的纽扣,都应该系好。

领带的选择。领带的颜色和衬衫、西服颜色相互配合,整体颜色要协调,同时系领带的时候要注意长短的配合,领带的长度应该是正好抵达腰带的上方,或者有一两厘米的距离。

皮鞋以及袜子的选择。男士在穿西服、打领带这种商务着装的情况下,一般要配以皮鞋,皮鞋要每天保持光亮整洁。在选择袜子的时候要注意,袜子的质地、透气性要良好,同时袜子的颜色必须保持和西装的整体颜色相协调。如果是穿深色的皮鞋,袜子的颜色也应该以深色为主,同时避免出现比较花哨的图案。

公司的徽标。公司的徽标需要随身携带,佩戴在男士左胸上方的西装口袋处,注意不要歪斜。

d. 指甲。保持清洁,不染色。

② 女士仪容仪表。

a. 发型发式。女士的发型发式应该美观、大方,发卡、发带样式应该庄重大方。

b. 面部修饰。女士在处于正式的商务场合的时候,面部修饰应该是以淡妆为主。

(2) 接听客户来电时的表现

① 语言方面:保持微笑,让声音更亮丽而有礼貌。

② 坐姿:身体坐直、稍稍前倾,男士坐椅子的三分之二左右,女

士坐椅子的三分之一。心态保持平和,主动热情。

③ 记录:要左手拿电话,右手记录,记录的要点尽量要全,如顾客的姓名、联系电话、感兴趣的车型、购车预计时间等,便于更为有效地后期跟进。

④ 时间:一般电话为3分钟左右,时间太短,很多信息我们无法获取,时间太长,很多信息都告诉客户了,可能会削弱客户的来店意愿。

(3) 接听客户来电的技巧

为了成功将客户邀约到店,我们在接听客户电话时应该把握接听技巧,见表11-1。

营销视野11-8

表11-1 接听客户电话时的接听技巧

序号	顺序	话术	注意事项
1	接听电话,礼貌问候,告知经销商名称、自己的职位、姓名	"您好,××经销商顾问×××,请问有什么可以帮到您?"	在电话机旁边预留纸笔,声音甜美。
2	听取对方电话来意	用"是""好的""我知道了"等回答	交流中要能积极引导,适时记录。
3	确定对方姓名和意图	"先生,请问如何称呼您?""我再和您确认一下,您今天下午3点来看车对吗?"	确认对方意向车型,确认时间和地点
4	结束语	"××先生(女士),感谢您的来电!"	致问候
5	顾客挂电话后再挂电话		要让对方先挂电话,并确认你已记录了对方的电话号码

(4) 如何高效进行电话沟通

电话沟通的步骤我们了解了,要想在3分钟左右赢得高效通话,则要求销售顾问在整个电话沟通中精准、全面地为顾客答疑释惑。客户和销售顾问在整个电话沟通中各自关注的信息如下:

① 顾客关注的信息

车辆信息:车型配置、车型比对、车辆性能、资源状况等。

价格信息:当期优惠、讨价还价能不能便宜、竞品价格比对等。

活动信息:优惠政策、服务内容、相关手续等。

② 销售顾问关注的信息

顾客信息:姓氏、联系方式、来电目的等。

购买信息:看车进度、购车意向、车型选择等。

活动信息:支付方式、价格取向等。

在短暂的电话沟通中做到高效、顺畅,就要求我们与顾客之间互动,交换相应的信息。这样才能吸引客户到店。

(5) 接听电话禁忌

① 铃响三声以上无人接听。

② 以"喂,谁呀,找谁"等作为第一声问候。

③ 电话转了多人或转接多次。

④ 电话中断或者让对方等待时间过长。

⑤ 对方说话时没有回应。

⑥ 对方讲话时和别人搭话。

⑦ 先于对方挂断电话。

(6) 打出电话

① 打出电话的技巧

销售顾问根据集客相关信息制订跟踪计划进行电话跟进,或者给客户打电话确认相关事宜。如何能有效与客户沟通,还需要销售人员掌握打给客户电话的步骤和技巧,具体见表11-2。

营销视野11-9

表11-2 打电话技巧

序号	步骤	话术	注意事项
1	打出电话准备		准备电话内容,及预想顾客可能的回答,明确通话对象的背景和价值。
2	拨打、问候、告知自己的姓名	"您好,请问是××女士吗?我是××店的销售顾问×××"	电话中要快速说出自己的姓名,必要时可以使用昵称,如"晓晓"。
3	电话内容	"我想问问您昨天看的车,考虑的如何?是否需要约个时间再看一下"	首先要把沟通的理由告诉对方;对时间地点进行准确表达。电话结束后要总结确认。
4	结束语	"谢谢您的聆听,有不清楚的随时联系我"	应首先将沟通理由告知对方。语言要诚恳。

② 打电话时注意以下几点

a. 通话时间是否恰当。

b. 确认对方电话号码、姓名等,避免出错。

c. 讲话内容要有理由、主题,注意说话要简单明了,通话时间不宜过长,避免耽误客户时间。

d. 注意通话时周边环境要安静。

(三) 展厅接触

如果是顾客初次到店,会有些紧张,我们要亲切问候,消除顾客的紧张情绪。如果是网销顾客邀约到店,则应该提前在门口等候。

1. 展厅接待的重要性

(1) 情绪过渡。顾客到店后得到及时关注并消除紧张心理。

(2) 识别客户。我们对客户类型进行引导分流。客户对于陌生的环境和陌生的人,心理和情绪都有些紧张,如果礼貌问候,会给顾客留下良好的第一印象,从而化解客户的紧张情绪。如果顾客是买车后来保养的,则应该积极引导至服务前台,从而有效识别客户。

(3) 推荐销售顾问。通过前台短暂的接待,我们再向客户推荐销售顾问,可以给客户留下我们的销售顾问更具专业性的印象。

2. 展厅接待技巧

展厅接待客户的原则是尊重顾客,仪态大方自然,具体技巧见下表11-3。

表11-3 展厅接待客户的原则

序号	技巧	要点
1	热情	面带微笑,主动迎接顾客,如上海大众是要求销售顾问看到顾客要出门去迎接顾客,帮助顾客泊车
		递送全套车型资料
		引导顾客入座
		提供多种饮品给顾客
2	亲和力	谈论一些亲切的话题,消除顾客陌生感
		语言要有感染力
3	专业	对公司所有车型应该非常了解
		对竞品要有所了解
		对汽车市场行业要有较多的认识
4	客观	对待顾客要真诚
		从顾客利益出发来进行介绍
		不能否定竞品

3. 展厅接待流程

(1) 微笑问候,欢迎光临(前台接待可由销售顾问轮岗,奥迪的4S店要求严格,一般是6名销售顾问站在入门的两侧)。

(2) 询问顾客来访意图,确保了解每一名顾客的类型。

(3) 对于非预约首次到店客户,按《销售顾问每日接待安排表》通知销售顾问进行接待。

(4) 对于二次到店老客户和预约客户,通知相应的销售顾问进行接待,如相应销售顾问不在,则告知顾客,询问是否等待或接受其他销售顾问的帮助。

营销视野11-10

4. 展厅接待注意事项

(1) 顾客到店后,应第一时间主动接待顾客,确保顾客在进店后得到充分的关注和指引。

（2）无论顾客是否买车，都应热情接待。

（3）如果顾客指定的销售顾问暂时无法接待，应及时告知顾客原因并请求顾客谅解，避免顾客长时间等候而产生抱怨情结，并引领顾客到休息区稍作休息。

（4）在顾客等待期间，随时关注顾客。

（四）网上联系

近些年，随着网络快速发展，可通过网络联系，进行成功销售。目前网络联系的方式很多，前文已经阐述，这里不再详谈。网上联系，需要销售人员快速、专业地处理客户咨询的问题。通常，4S店会通过网络的方式预约顾客前来看车，可以提前做好准备。

（五）主动出击

国外主动出击的方式一直被推崇，但是国内汽车销售的主要模式还是展厅销售。主动出击的形式运用的比较多的是处理抱怨客户时，会登门拜访，送上礼物。主动出击的目标客户多为重点级别客户，成交可能性比较大。

以上为4种初次接触的主要方式，不管是哪一种，在结束该环节的时候，都应该及时准确地将客户的重要信息（客户姓名、电话、职业、来店途径、意向车型、意向级别等）录入CRM系统，为以后制订和跟进计划做好准备。

营销视野 11-11

三、初次接触的沟通技巧

把握良好的沟通技巧，为销售工作开启一扇成功之门很重要，在初次接触环节运用的技巧总结如下。

1. 亲和力

亲和力的展示更多时候表现为微笑。微笑的标准是自然、大方、得体，发自内心真诚的笑。适当地赞美和夸奖，别人会感到喜悦和兴奋，而作为你自己，也会从中感到快乐，甚至幸福，从而为加深双方的感情创造了和谐的环境。

2. 赞美的运用

赞美如同一门艺术，真诚自然的赞美才能让人感觉更舒服、自在、快乐，那么如何赞美才能达到预期效果呢？其具体做法如下。

具体明确，针对细节；实事求是，不可虚构；恰到好处，不要过头；态度真诚，不假惺惺；角度独到，不落俗套；言辞简明，我字开头；借用第二人称；赞美的时候要面对着对方表达。

作为销售人员，不管是对客户、朋友还是对其他人，都要学会适时赞美，养成赞美的习惯，分享赞美后的喜悦，让人心情愉悦，促进销售成功和人际关系的和谐，积累客户资源。

任务专项实训

实训项目

设计接听客户来电和展厅接待话术。

实训目的

通过该实训,使学生能够很好地运用初次接触环节的准备工作、技巧及操作流程。

实训内容

客户王先生对一汽一大众新迈腾比较感兴趣,重点关注价格、活动信息、服务项目及车源信息,你作为一名销售顾问,如何通过接听王先生来电,抓住契机,吸引客户到店并成功接待。

实训步骤

◦ 将学生进行分组,4~5人一组,根据流程、技巧和相关知识进行话术设计。

◦ 小组进行演练模仿。

◦ 小组将模仿演练话术汇总后写在纸上。

◦ 每组选派代表2人,一人扮演销售顾问,一人扮演客户,依次轮流模仿演练,其他人为观察员,记录扮演者的优点和不足。

实训评价

◦ 完成话术脚本。

任务二 需求分析

1. 了解需求的阶段目标。
2. 掌握需求分析信息内容。
3. 把握需求分析沟通技巧。

1. 能够作为一名销售顾问进行精准的需求分析。
2. 能够充分利用沟通技巧探寻顾客真实的心理行为。

任务导入

一、需求分析的阶段目标

(一) 需求的含义

需求的本质：客户的期望和现状之间的差距。

客户购买现状：消费者有车，是5年前买的，由于当时经济条件不允许，所以所购买车型为某品牌入门级轿车，车的体型较小，是1.3 L排量的，而现在有了孩子，坐车的人多了，觉得动力不足，也没有开天窗。

客户期望购买目标：消费者现在经济实力增强，想换车，要求是动力足、家用为主，要有全景天窗、倒车影像、语音控制等设备。销售顾问就是要了解和发掘客户的现状和他所期望达到的目标，这两者之间的差距就是需求。

营销视野 11-12

(二) 需求分类

维琴尼亚·萨提亚(Virginia Satir)是美国最具影响力的首席心理治疗大师，她提出的"冰山理论"，又被称为"萨提亚理论"。她形象地比喻了自我如同一座漂浮在水面上的巨大冰山，能够被外界看到的行为表现或应对方式，只是露在水面上很小的一部分，大约只有十分之一露出水面，另外的十分之九藏在水底。而暗涌在水面之下更大的山体，则是长期压抑并被我们忽略的"内在"。揭开冰山的秘密，我们会看到生命中的渴望、期待、观点和感受，看到真正的自我。根据冰山原理，我们把客户的需求分为两类：显性需求和隐性需求。

在汽车选购中，表面的现象称之为显性的问题，也叫显性的动机；还有一种隐藏着的东西叫作隐性的动机。显性的，就是客户自己知道的、能表达出来的那一部分；隐性的，就是有些客户自己也不知道的需求。例如，某客户打算花十万元买车，可是他不知道该买什么样的车，这个时候销售人员就要去帮助他解决这些问题。还有一种情况是客户知道自己的需求，但是他不愿意或者觉得不方便告诉销售人员，因为销售人员还不是他非常信任的人。这种状况下，销售人员既要了解客户的显性需求，还要挖掘客户的隐性需求，这样才能正确分析客户的需要。销售高手通常会通过与顾客的聊天，来拉近与顾客之间的陌生感，取得顾客的信任。

另外，客户的显性需求又被称之为理性需求，而隐性需求又被称之为感性需求。

理性需求都具有可衡量性，属于冰山露在水上的部分，如车型、配置、颜色、安全、资金、动力等。感性需求则相反，属于冰山隐藏在水下的部分,如彰显地位、表达情感、展示个性等。

根据理性和感性特征,我们发现在汽车销售中可以通过挖掘客户的隐性需求,将隐性需求转化为显性需求,利于销售的成功。例如,在交谈中发现客户有比较的心理需求,那么我们可以探寻一下其周边朋友开的都是什么车,从事什么样的工作等。归纳起来,能够彰显客户实力和地位的包括价格、品牌、性能、外观和配置等都要好于或者高于其朋友,那么客户购买需求就满足了。

(三) 需求分析阶段客户的心理期望

需求分析环节,销售人员要能和顾客进行深入的交谈,并延长顾客的等待时间。销售人员与顾客消除了陌生感,就能顺利过渡到下一个环节。在这个环节,满足或者超过客户的心理预期,有利于销售的顺利推进。客户的心理预期主要有以下几点。

(1) 销售顾问了解我的生活方式,并且知道我需要什么。

(2) 销售顾问按照这些需求和实际情况来调整产品推荐及服务,从而向我提供真诚、客观的建议。

(3) 结合我对建议的反馈,为我购车、用车问题提供满足需求的购车解决方案。

(四) 需求分析阶段的目标

需求分析阶段的目标就是在了解客户需求和购买动机的基础上,深入挖掘其隐性和深层需求,从而提供最能满足或接近顾客需求的解决方案,引导顾客做出购买决策。

二、需求分析原因

顾客在进入到经销店之前或多或少地对自己的意向车型有了一个比较笼统的概念,或者对意向车型有或深或浅的了解,这个时候顾客来到经销店,他们更加希望能从经销店得到更为专业和更为全面的建议,帮助他们选到适合自己的车辆。因此,销售顾问需要充分了解和掌握顾客的需求,知道他们的购买动机,才能给予合适的建议。

1. 客户的购买动机

由于客户的购买来自于需求,需求又分为显性和隐性两种,销售顾问在需求分析时要注重于引发客户需求,将需求转化为动机,动机越强烈,产生购买行为的可能性就越大。以凯迪拉克为例,客户的购买动机分隐性动机和显性动机两种,如图 11-1 所示。

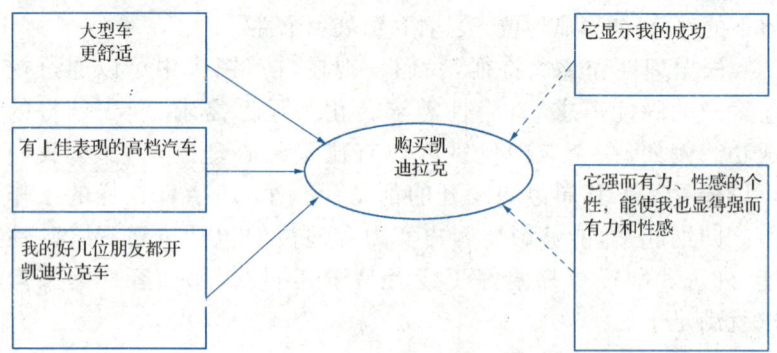

图 11-1 客户购买动机

从上述动机描述中我们可以总结出典型的购买动机主要包括如下几点。

(1) 身份性：客户开什么车，希望能被其他人识别地位、经济实力等。

(2) 享受性：客户追求舒适的装备、试听系统，内饰环境要宽敞、有品位、高档豪华。

(3) 可信性：客户购车重点关注车的安全性能，质量品质要过硬，后续维修保养成本较低。

(4) 满足性：客户考虑的购车重点为操控性、灵活性、加速性好，汽车瞬间就能快速反应，满足客户驾驶感。

(5) 展示个性：客户购车考虑与众不同，能体现个性，追求新潮、时尚。

(6) 表明归属性：购车的款式、颜色等能表明客户的职业、阶层、社会群体特征等。

2. 需求分析的原因

(1) 为了更准确地了解客户的购车背景和需求重点

了解客户的购车背景，如周末带小孩出去郊游、居住地离公司远近等，为后续做增值服务提供可靠依据。另外我们还要充分了解客户的需求重点，通过询问帮助客户梳理思路，找到客户的购车需求重点。还有一种情况，客户对车型很明确，我们仍需要进行需求分析，原因是顾客的需求有时候是可以激发的。如果顾客本来只期望买经济型的轿车，我们可以通过充分的需求挖掘，推荐其购买公司的中高端车型。

(2) 使客户对我们充分信任

经过需求分析环节，我们可以向客户展示我们的价值所在，让客户在过程中感受我们的专业性、真诚及友好，完全是为了帮助客户解决也有能力解决的购车问题而进行的销售活动，站在客户利益角度替客户着想，从而让客户在交谈中了解我们的态度和提供总体解决方案的能力。

三、需求分析过程

(一) 需求分析流程

需求分析流程图如图 11－2 所示。

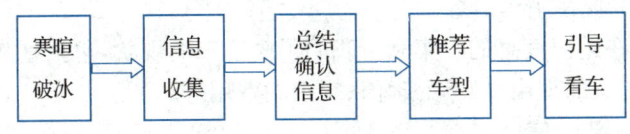

图 11－2 需求分析流程图

(1) 寒暄破冰：客户洽谈区落座后，提供饮品、车型资料等，选择公开性话题，适时赞美客户，找出与顾客建立关系的突破点，如衣着、姿态、眼神、表情等。

(2) 信息收集：主要是个人背景信息（如顾客的家庭情况、职业、兴趣爱好和朋友等）、现状信息、购车期望目标信息、预算信息（保险、贷款等）。

(3) 总结确认信息：为了避免遗漏或者误解，总结确认信息，得到客户认可，为后续车型推荐提供保障。

(4) 推荐车型：根据客户信息收集情况，客户关注重点：不少于3个重点需求，要符合客户预算，得到客户认同方可推荐车型。

(5) 引导看车：要告诉客户，我们这个环节结束了，顺利过渡到下一个环节。

(二) 需求分析信息获取

为了达到需求分析环节阶段目标，在了解客户需求及购买动机的基础上为客户提供合理的购车解决方案，这时需要获取下列3类信息。

1. 购买角色信息

这里需要提示的是，在汽车销售中，对于进店的客户我们要快速识别使用者、购买者、决策者及影响者身份，有针对性进行分析和应对，提高需求分析效果。

2. 客户性格类型信息

不同划分标准可以将性格划分为分析型客户、控制型客户、和蔼型客户和表达型客户4大类。每种类型客户的性格特征、语言、肢体语言、个性特征等都有所不同，销售人员要能够快速辨别以采取有针对性的应对策略。

3. 客户购车相关信息

(1) 个人信息

汽车销售中，个人信息似乎与购车无关，客户也不愿意回答销售人员关于个人信息的询问,事实上,个人信息对购车有很多帮助,同时个人信息收集得越全,越有助于后续跟进和成交后的跟踪回访。

个人信息主要包括:姓名、家庭住址、电话、使用者、购车用途、兴趣爱好、职业、信息来源、何时购买、决策者等。

(2) 现在用车信息

现在用车信息的收集利于我们了解客户的现状,包括喜欢的理由、不喜欢的理由、换车的理由、突出的费用等。

(3) 新车信息

了解客户将要购买的新车信息收集,有助于我们了解客户未来期望目标,与旧车信息对比,找差距,准备定位需求。新车信息包括:计划每年行驶里程、用途、参数选择、表现的特征、对比车型、附加装备、购车时间等。

(4) 预算信息

客户的预算信息能够体现客户的经济实力,此时我们所指预算有两个方面:一是裸车预算,二是新车上路预算(包括保险、上牌、购置税等)。此环节我们还要推荐金融服务,保险、贷款、二手车置换等业务。信息收集全面后,要总结确认客户需求,然后推荐车型。如果客户不满意,那么我们需要重新进入需求分析环节。

四、需求分析技巧

(一) 观察法

台湾著名的销售女神张丽玉在《热情》一书中阐述:"想要成功就要善于观察,去看、去听、去想、去学习、去累积。当顾客走进展厅中心的几秒钟内,我就可以简单地掌握这个人的背景,并决定以什么方式和他沟通。"这些有力量的话语,充分证明了销售中观察的作用。张丽玉在销售初期为了锻炼自己的观察能力,每日坐公车时,站在门口一两米的地方,仔细留意每个上车的乘客。自己心中盘算,这是一个什么职业、什么年纪、什么性格类型的人。通过这种方法,长期不懈地努力,她成了神奇的销售女神。那么我们需要观察客户的哪些信息呢?

总结起来,我们在观察客户的时候无外乎有肢体语言(身材、眼神、肤色、站坐行特点)、服饰(一定程度反映经济能力、品位、职业、喜好)、饰物(手机、手表、皮包、首饰等)、家庭成员或者随行人员状况(其关系决定对购买需求的影响力)、步行/搭车/开车(首购/换购/增购——品牌、置换、预购车型等信息)。这些初步判断,可能会出现偏差,需要我们在需求分析过程中求证。

（二）提问法

1. 提问的目的

（1）通过提问可以展开需求会谈，并连续讨论，让彼此弄清楚相关问题。

（2）通过提问可以进行异议处理、核实信息。

（3）通过提问客户进行信息收集，把握客户购车背景和需求重点。

（4）通过提问可以引起客户的关注，尽量保证客户的思路在我们的引导下按规范走下去。

（5）通过提问客户控制和调节谈话节奏。例如，对比较健谈的客户，我们就可以通过提问这种方式对客户所说进行总结提问，然后回到我们销售的轨道上来。

（6）通过提问客户和客户建立和谐的关系。

2. 提问的方式

提问有两种方式：开放式和封闭式。

（1）开放式问题

开放式问题的答案不是固定的，可以让对方自由发挥。通过开放式问题的提问，我们可以收集客户信息，因此在需求分析环节我们应问更多的开放式问题。

例如，"您喜欢轿车还是SUV？""您打算什么时候购车？"等。

开放式问题的特征：5W1H（Why\Who\What\When\Where\How），具体举例如下。

谁（Who）：谁购买这辆车？

何时（When）：何时需要新车？

什么（What）：购车的主要用途是什么？对什么细节感兴趣？

为什么（Why）：为什么要选购这款汽车？

哪里（Where）：从哪里获得产品信息的？从哪里来？

怎么样（How）：这款汽车怎么样？

（2）封闭式问题

封闭式问题的答案是固定的，对方只能从某个范围中给出答案。通过封闭式问题的提问，我们可以确认客户信息，得到肯定答案。

例如，"您是不是对很喜欢这辆车呢？""您是不是觉得我们车的动力性很好？"。

封闭式问题的特征：回答"是"或"否"。

营销视野 11-13
营销视野 11-14

3. 提问的原则

（1）灵活运用开放式和封闭式问题

① 开放式问题鼓励顾客表达，多把握顾客信息。

② 封闭式问题确认顾客的想法或意见。
③ 问题的内容由浅入深,循序渐进。

(2) 问答结合,避免被客户压迫或被客户主导

① 避免顾客感到如同"审问"一般,也避免被顾客"审问",最好的办法就是微笑询问,赞美客户再提问。

② 顾客的回答需要及时回应。客户表达自己的想法和意见时,销售人员要有回应,然后才能继续提问题。

(3) 询问中体现对客户利益的关注

① 询问中体现顾客导向,为顾客提供有建设性的意见,成为顾客的顾问。

我们的主要任务其实就是帮助客户解决购车问题,因此在提问中我们要适时和客户的原有用车状态做对比,询问客户我们的装备是否改变了您原来不愉悦的用车经历。

② 对潜在顾客的生活方式有所把握,并融合到接下来的交谈中。

客户的个人信息询问后,要应用到需求分析和新车展示环节,得到客户较高的认可度。

(三) 倾听法

1. 倾听的重要性

汽车销售中,我们用同理心去听客户表达,就能站在客户角度理解客户心态、把握客户需求、关注客户利益问题。

2. 听和倾听的区别

听:被动地听。人们会主动去听与自己切身利益有关的信息,有一种是被动地听,被动地听实际上是一种假象。

倾听:主动地听。客户要买车,他需要买什么样的车,有什么样的顾虑,有什么样的要求,他都想告诉销售人员,让销售人员给他参谋。可是当他发现你没有仔细听他讲,那个时候他就会心生不满,后果可想而知。另外,听还要听弦外之音,这样更能洞悉客户的内心想法。

3. 倾听的方法

销售人员在了解客户的需求、认真倾听的过程中还要注意一些方法。

(1) 注意与客户的距离

有的客户很敏感,人与人之间的距离也是很微妙的,那么什么距离客户才会有安全感呢?当一个人的视线能够看到一个完完整整的人,上面能看到头部,下面能看到脚,这个时候这个人感觉到是安全的。心理学里面基本的安全感是出自这个角度。如果与客户谈话时,双方还没有取得信任,马上走得很近,对方会有一

种自然的抗拒、抵触心理。在心理学里边曾经有过这样的案例，当一个人对另一个人反感的时候，他连对方身体散发出来的味道都讨厌，当这个人对对方有好感的时候，他觉得对方身体散发出来的味道是香味。所以，当客户觉得不讨厌你的时候，他会很乐于与你沟通。

（2）注意与客户交流的技巧

① 认同对方的观点。销售人员要认同对方的观点，不管对方是否正确，只要与买车没有什么原则上的冲突，你就没有必要去否定他。你可以说："对，您说的有道理"，同时还要点头、微笑，这样客户才会感觉到你和蔼可亲，能让对方在心理上感觉非常轻松，感觉到你很认同他。

② 善意应用心理学。作为销售人员，掌握心理学是非常重要的。从心理学的角度上讲，两个人要想成为朋友，一个人会把自己心里的秘密告诉另一个人，达到这种熟悉程度需要多少时间呢？权威机构在世界范围内调查的结果是：最少需要一个月。我们与客户之间的关系要想在客户到店里来的短短几十分钟内确立巩固，显然是很不容易的。在这种情况下销售人员要赢得客户，不仅是技巧的问题，还应适当掌握心理学的知识。运用心理学进行销售时，要本着以客户为中心的顾问式销售的原则，对客户的需求进行分析，对客户的购买负责任的态度，本着给客户提供一款适合客户需求的汽车的目的，绝不能运用心理学欺骗客户。

4．倾听的注意事项

（1）肢体语言方面：

和对方的眼神保持接触；不可凭自己的喜好选择收听，必须接收全部信息；提醒自己不可分心，必须专心一致；点头、微笑、身体前倾、记笔记；回答或开口说话时，先停顿一下；以谦虚、宽容、好奇的态度来倾听。

（2）语言方面：

在心理方面描绘出对方正在说的；多提问题，以澄清观点；抓住对方的主要观点是如何论证的；认真倾听对方的主要观点，再提出异议；帮助顾客进行总结和归纳。

（四）SPIN 销售法

SPIN 销售法是尼尔·雷克汉姆（Neil Rackham）先生创立的。尼尔·雷克汉姆先生的 SPIN 销售法是在 IBM 和 Xerox 等公司的赞助下通过对众多高新技术营销高手的跟踪调查提炼完成的。

SPIN 销售法提供了一种巧干的高效系统方法。SPIN 销售法其实就是情景性（Situation）、探究性（Problem）、暗示性（Implication）、解决性（Need-Payoff）4 个英语词组的首位字母合成词,因此 SPIN 销售法就是指在销售过程中职业地运用实情探询、问题诊断、启发引导和需求认同 4 大类提问技巧来发掘、明确和引导客户需求与期望,从而不断地推进销售过程,为销售成功创造基础的方法。进一步说,SPIN 是一套对客户进行由浅入深的导引、启发、联想的问答系统。它从一些基本问题出发,将客户导引至痛苦深层,最终结合产品或服务的利益,用提问的方式给客户解决之道。它的特点是导引客户说出其痛苦点,导引客户替我们说出我们的解决方案将带来的利益,而不是传统习惯上的由销售员一个人滔滔不绝地叙述产品利益的模式。

SPIN 销售模式具体如下。

(1) 利用背景问题(Situation Questions)(例如客户是从事什么职业……)来了解客户的现有状况,建立背景资料库(收入、职业、年龄、家庭状况……),销售人员透过资料的搜集,方能进一步导入正确的需求分析。

(2) 以难点问题(Problem Questions)(如对产品内容满意吗……)来探索客户隐藏的需求,使客户透露出所面临的问题、困难与不满足,由技巧性的接触来引起客户的兴趣,进而营造主导权,使客户发现明确的需求。

(3) 通过问暗示问题(Implication Questions)使客户感受到隐藏性需求的重要与急迫性,由销售人员列出各种线索以维持客户的兴趣,并刺激其购买欲望。

(4) 一旦客户认同需求的严重性与急迫性,且必须立即采取行动时,销售人员便会提出需求—效益的问题(Need-payoff Questions)让客户产生明确的需求,以鼓励客户将重点放在解决方案上,并明了解决问题的好处与购买利益。

下面我们通过一个案例来了解 SPIN 的具体运用方法。

销售员:王女士,您好,您还没有买车吧?(背景问题)

客户:没有。

销售员:您刚才提到公司离家里比较远,也很喜欢我们公司的雪佛兰科鲁兹,那您目前还在考虑什么呢?(难点问题)

客户:我才上班不久,钱都用来买车了,就没什么存款了。

销售员:您有没有觉得有了车之后,能够让您的生活和工作范围更远?(暗示问题)

客户:是的,对我的工作也是有帮助的。

销售员:虽然您的存款暂时都用来买车了,但是它能够给您带来更多的利益,生活的舒适度也提高了。(需求—效益问题)

客户:是的,再也不用挤地铁了。(明确需求)

SPIN 模式的根本意义在于:通过一系列提问,启发准客户的潜在需求,使其认识到购买此产品能够为他带来多少价值。SPIN

模式是销售的利器。在销售中,大多数购买行为的发生都是客户的不满达到真正严重迫切的地步,并且足以平衡解决问题的对策所付出的成本时才会发生。这就要求销售员能够发现并理解客户的隐含需求——难题和不满,并进一步放大澄清,转为明确需求——一种清晰的、强烈的对解决方法的渴求,而我们的产品或服务正可以满足它,这样我们的销售也就达成了。

不过,并不是所有的销售情况都会遵照SPIN销售模式的发问顺序,例如:当客户立即表达明确的需求时,销售人员可以立即问需求—效益问题;有时候销售人员在询问暗示问题以探索隐藏性需求的同时,需辅以背景问题来获取客户更多的背景资料。但是大致而言,多数的销售过程会遵循SPIN模式的发展顺序。

运用SPIN模式进行销售,要求销售员要善于抓住关键性的问题进行提问。为避免客户产生厌烦,提问背景性问题必须适可而止。

任务专项实训

实训项目

编写"需求分析"脚本。

实训目的

通过需求分析脚本设计,使学生掌握需求分析流程,学会运用需求分析技巧方法,成功进行客户需求探询。

实训内容

刘先生和刘太太要购买一部车,他们来到了宝马4S店。刘先生是企业高管,刘太太是教师。此次是为他们的女儿结婚买一辆车,作为嫁妆送给女儿。二人准备花40万元购车。如果看好车型,近期就交款。请你以销售顾问身份对刘先生和刘太太进行进一步的需求分析。

实训步骤

◦ 将学生进行分组,3人一组,进行需求分析脚本设计。

◦ 设计好脚本,小组中3人各扮演销售顾问和刘先生、刘太太,进行演练模仿。

◦ 教师课上抽签决定5组模拟演练。其他人作为观察员,边看边记录,总结扮演者的优点和不足。

◦ 学生代表发言评价,教师给予评价总结。

实训评价

完成需求分析脚本设计。

任务三 车辆展示

1. 了解车辆展示的阶段目标口；
2. 掌握车辆展示环节要点；
3. 把握车辆展示技巧。

1. 能够充分利用展示技巧引导客户；
2. 能够结合客户利益进行车辆展示。

一、车辆展示的阶段目标

车辆展示环节首先我们要明确规范和执行标准，了解客户期望，了解车辆展示环节我们的工作要点，这样才能有效达到阶段目标。

任务导入

(一) 车辆展示规范和执行标准

1. 车辆展示规范

① 要方便客户的参观与操作。
② 要注意车辆的颜色搭配。
③ 注意车辆型号的搭配。
④ 要注意车辆摆放的角度。
⑤ 要有一辆重点推出的车。

2. 车辆展示执行标准

（1）按规定摆放车辆的型录架

型录架的摆放要协调一致。型录架要按照规定，统一放在车的前、后、左、右其中一个位置，不要随意摆放。

（2）展车的卫生情况

把前面引擎盖打开以后，凡是视线范围内的位置都不允许有灰尘。车的前脸，包括排气管，也不允许有灰尘，这些都是可能被忽视的地方。有的客户喜欢看底盘高低，那时就能够看到排气管。

（3）细节标准

① 导水槽。轮胎上的导水槽里要保持清洁，因为车是从外面

开到展厅里面来的,难免会在导水槽里面卡住一些石子等东西,应清洗干净。

② 座位的距离。前排的座位应调整到适当的距离,而且前排两个座位从侧面看位置必须一致,不能一个前一个后;靠背的倾斜角度要一致,不能一个靠背倾斜的角度大,一个靠背倾斜的角度小;座位与方向盘也要有一个适当的距离,以方便客户的进出。

③ 新车的塑料套。新车在出厂时,方向盘、倒车镜、遮阳板等都是用塑料袋套起来的,应将塑料袋拿掉,将汽车各部分展示给客户。

④ 后视镜。后视镜必须调整好,坐在里边很自然地就能看到两边和后面。

⑤ 方向盘。要把方向盘调到最高,如果方向盘太低,客户坐进去后会感觉局促,从而会认为这辆车的空间太小。

⑥ 仪表盘上面的石英钟。注意将仪表盘上面的石英钟按北京时间对准。

⑦ 空调的出风口。要试一下空调的出风口,保证空调打开后有风。

⑧ 汽车上的开关。必须要把开关放到中间的位置即处于关闭状态。

⑨ 收音机。一般收音机都应调出五六个频道,同时必须要保证有一个当地的交通频道和一个当地的文艺频道,这是一个严格的考核指标。

⑩ 左右声道。汽车门上面的喇叭分为左边和右边,喇叭的音响是可以调整的,两边的声道应调成平衡,这个是必须要检查的。

⑪ 音量。音量的设定要适当,然后配一些光盘,在专门的地方保管。当客户要试音响的时候,最好选择能体现音响音质的光盘。

⑫ 安全带。特别注意,后排座的安全带必须折好后用一个橡皮筋扎起来,塞到后座和座位中间的缝隙里,留一半在外面。这些都是给客户一个信号:这家汽车公司是一个管理规范的汽车公司,是一个值得信赖的公司。

⑬ 脚垫。一般展车里面都会放脚垫,4S店都会事先制作好印有自己品牌标志的脚垫,摆放的时候应注意标志的方向。同时要注意脚垫脏了要及时更换。

⑭ 后备厢。展示车的后备厢打开以后不应有太多物品,要合理安排里面物品的位置,同时注意各物品要端正摆放,警示牌应放在后备厢的正中间。

⑮ 电瓶。展车放置时间长了以后电瓶会亏电,所以必须要保证电瓶有电。

⑯ 轮胎美容。可将轮胎喷亮,并在其下面加垫板。很多专业

的汽车公司都把自己专营汽车的标志印在垫板上，这样会给客户一个整体的良好的感觉。

（二）车辆展示环节客户期望

（1）销售顾问能够清晰说明产品的功能配置以及与竞争产品的差异，并能够按照我的需求展示产品。

（2）销售顾问借助一切可能的辅助工具向我展示车辆，提高车辆讲解的直观性与体验感。

（3）销售顾问展示他的专业技能，给我带来对经销商和品牌的信赖感。

在车辆展示环节，充分展示销售顾问价值、产品价值、品牌价值、经销商价值及厂家价值，给我以安全、信赖感。

（三）车辆展示环节的工作要点

1. 突出客户重点需求，并为客户建立价值

需求分析环节我们了解到客户的需求重点，此环节则要突出客户的需求重点，要让客户看到。例如，客户关注的重点是安全，那么看车环节中我们就要给客户讲和看安全的装备，讲的方法和传递经销商及厂家理念的过程就是在客户心里建立价值的过程，让客户信任产品、信任厂家、信任经销商服务、信任销售顾问。

2. 准确把握任务方向

车辆展示环节的任务就是结合需求看车，不要面面俱到。

3. 使用 QFABQ 方法描述客户利益

为客户创设场景，让客户亲身感受情景，结合需求引导客户体验某种装备的使用情况，从而突出产品给客户带来的利益。

下面是奥迪销售顾问 QFABQ 话术，以驻车测距雷达为例：Q—如今的城市道路上车辆穿梭不息，外出时，寻找一个合适的停车位很困难；F AUDI—车上的后驻车测距雷达；A—能准确探测后方障碍物，用蜂鸣声提醒驾驶员注意车；B—使您在停车时保障了您的驻车安全性；Q—××先生/小姐，您是否觉得这个驻车雷达给您停车带来很多方便呢？

4. 引导顾客互动和参与

和客户互动包括语言和肢体语言的互动。参与是调动客户各种感官，感受产品。

5. 妥善处理顾客的问题和异议

在车辆展示环节，客户的异议多为真正异议，我们要合理正确解决，才能建立产品和销售人员等方面的价值，化解客户的疑虑。

(四) 车辆展示环节阶段目标

(1) 通过丰富和专业的产品以及竞品知识,对顾客的需求特点进行个性化的车辆展示,赢得顾客的信任,激发顾客体验的热情。

(2) 明确顾客的需求,通过产品展示和异议处理来解决顾客的相关问题和困惑,以进一步赢得顾客对产品的认同。

(3) 通过展示,印证我们的产品能最大限度地满足客户需求,增强客户的购买信心。

二、车辆展示方法

(一) 车辆展示任务流程

客户对车辆展示态度不一样,有的同意销售顾问引导,有的则看过或者不想看,直接想去试乘试驾,理论上只有经历了"听—看—体验"才能真正感受车的品质,销售顾问要尽量灵活处理。具体处理流程如图11-3所示。

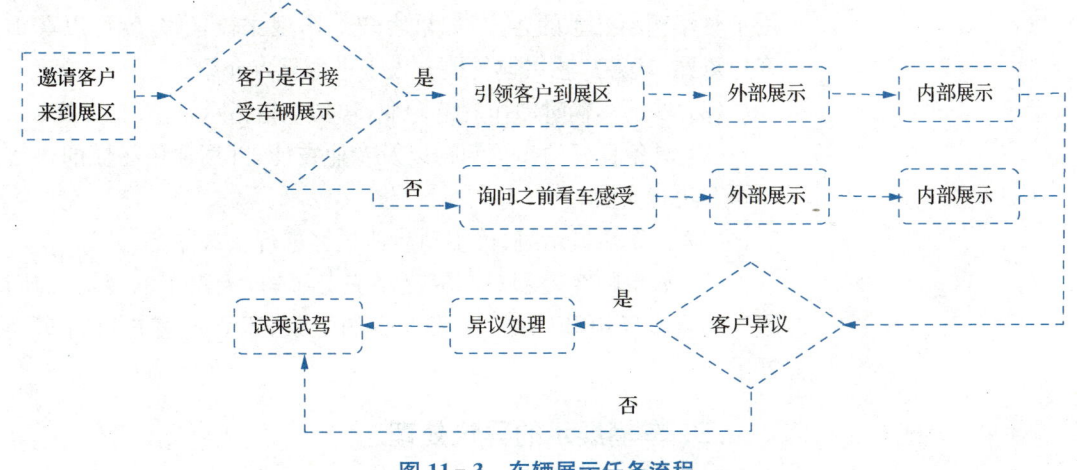

图11-3 车辆展示任务流程

(二) 车辆展示方法

经过需求分析后,顾客一定会迫不及待地想要看到实车,亲自感受实车。这一阶段尽管是静态展示,但是销售顾问向顾客全方位地介绍展车,或者通过顾客感兴趣的方面进入到实车展示,更能激起顾客的兴趣。

1. 车辆展示的方法及要点

(1) 车辆展示的方法主要是六方位绕车法,不同品牌六方位绕车有细微差别。例如,同是大众品牌,一汽—大众奥迪的绕车方法就是六方位:正前方、侧方、侧后方、后方、后排、驾驶舱;而一汽—大

营销视野 11-15

众大众品牌则为"6+1"方位展示：左前45°、前方、侧方、后部、后排、驾驶舱及发动机舱。下面以全新高尔夫为例，来介绍"6+1"方位展示和展示要点。

（2）在车辆展示时，使用FAB方法突出对于顾客的好处。可根据顾客的背景，结合顾客日常生活，介绍配置的日常使用和好处，寻求与顾客产生共鸣。

（3）介绍过程中，引导顾客提问，考虑顾客的需求，为顾客说明不同配置和型号的差别。

（4）在讲解内饰时，邀请顾客坐到驾驶座，采取半蹲式介绍座椅和方向盘，在征得顾客同意后，坐到副驾驶位置上。

（5）动态功能展示起来有点难度，根据经销商状况，如果给销售顾问配备了平板电脑，则可以使用平板电脑向顾客进行说明和介绍，必要时提供相关资料；如果没有配备相关工具，则在试乘试驾环境展示。

2. 车辆展示注意事项

（1）六方位绕车进行车辆展示是一种全面的车辆介绍方法，适用于对车辆不熟悉的客户，如果客户对车型比较了解，就可以尊重客户意愿，从客户感兴趣的地方入手进行重点介绍。

（2）展示车辆时动作规范专业，切勿单指指示，应五指并拢。

（3）具备良好的车辆知识以及专业技能，并用通俗易懂的语言与顾客进行交流。

（4）在车辆展示时，可主动邀请顾客进行亲自体验。

（5）如果顾客表示对车辆已经充分了解，无需车辆展示，询问顾客的看车经历和感受，回答顾客的异议，不强迫客户进行车辆展示。

三、车辆展示的异议处理

（一）正确认识异议

在车辆展示环节，客户提出的问题，称为异议：对于客户而言，只有关注了、想买了才会有想法，所以我们欢迎异议，而且还要正视异议。

1. 异议的几种情况

异议有借口、误解、本能和真正的异议。有很多时候客户不想买车了，就会找各种借口推脱，如我回家再商量商量。误解现象是指汽车召回，汽车召回是主动的，是本着对客户负责任的态度出发的，本着提高产品质量的角度出发的，这是件好事情，但是客户往往会误解。再有嫌货才是买货人，这是购买中的一种客户本能。还有一种情况,就是客户真的对产品有疑虑。不管是哪种情况,只要我们能正确处理,解决好客户异议,还是非常有助于销售成功的。

2. 异议是"客户扩大自身利益"的工具

客户会提出各类问题来为自己赢得利益,利益越多,花的钱越少,客户就会觉得物超所值,满意度就会高。例如,有的客户提出"别的店思铂睿给我便宜5 000元,你能给我便宜多少?"这是价格异议。

3. 异议不是"红灯"而是"路标"

客户有异议,证明客户想买,给我们指明了销售的道路方向,告诉我们,只要处理好异议,成交就会属于我们。

(二) 异议处理的原则

1. 重视和关心

我们正确认识了异议,对待客户提出的问题,就要给予充分的重视和关心,第一时间对客户的问题做出反应并关注,让客户感觉被重视。对客户提出的问题予以针对化解释,做到专业术语通俗化。关于特征,由于汽车购买具有引导性,很多客户不懂车,销售人员如果只讲原理,客户不一定能理解。

(1) A(Advantage)-优势

优势:数据、事实或者原理是如何为客户带来帮助的。

优势的意义:帮助客户理解特征的作用,也就是产品具有的特征能产生什么好处,以及优越的地方。

(2) B(Benefit) -利益

利益:产品的优点为现实客户带来的实际帮助。

利益的意义:为客户创造身临其境的消费感受。通过描述场景,把我们产品的使用机理讲给客户听,让他切实体会到这个装备的实际优势。

FAB就是引导客户利益。产品的作用是产品本身所固有的,无论谁购买这个产品,产品的作用都是固定不变的;但益处却是特定的,不同的人购买所获得的益处是不一样的。销售顾问需要根据客户的特定需求,来展示产品相对应的益处,从而增强销售顾问的专业性及可信赖度。

2. CPR技巧

CPR是指处理顾客异议的技巧,为客户提升价值。

(1) C(Clarify)-澄清

客户异议处理方法中说,首先应该听和问,即澄清,那么运用什么样的技巧澄清可以让客户愿意和比较容易接受呢?

营销视野 11-16

首先，通过开放式问题进一步澄清顾客的异议。可以问2~3个和异议有关的问题，如异议的来源，异议产生的原因等。

其次，销售人员要积极倾听，确保能准确理解顾客的异议。这里的积极倾听要保证和客户情绪同步，让客户感觉倍受关注。

(2) P(Paraphrase)-转述

销售顾问转述异议，帮助顾客重新评估、调整和确认他们的担忧，保证能够正确理解客户异议。另外，转述的过程就是给自己留时间思考如何处理，让自己有机会把顾客的异议转化为更容易应对的表述形式。

(3) R(Resolve)-解决

"澄清"和"转述"获得的时间和附加信息有助于销售顾问充分准备，并用恰当方式予以解答；换位思考，理解并认同顾客的担忧或感受，需要致歉的时候必须代表公司道歉，同时给出合适的解决方案。

3. ACE技巧

ACE是指比较竞品的技巧，为顾客体现价值。

(1) A(Acknowledge)-认可

营销视野11-17

客户购车存在比对，包括价格、品牌、款式、性能等方面，有时候是不同品牌对比，有时候是同一品牌不同车型对比、同一品牌不同经销商对比。不管哪种状况都称之为竞品车型。客户来到奔驰店说"我觉得宝马品牌挺好"。面对这种状况我们就要先认可，认可顾客的判断和观点，承认竞品的某些优点。我们可以回答"嗯，您很有眼光，宝马德系车，也是豪华品牌"，我们先不探讨客户为什么这么说，通过认可让客户在心理上能够接受我们的品牌或我这个人，为后续观点上的接受做好铺垫。

(2) C(Compare)-比较

承接"认可"我们进行竞品比较，主要围绕以下方面进行：车辆本身（配置、参数、评分、残值等）、厂家（声誉、历史及支持等）、经销商（声誉、经营年数、服务项目、营业时间等）、相关服务特点（质保、服务便利、俱乐部等）。通过具体的事实或者数据来说服客户，有时候客户心里确实接受了，但为了争取更大的利益而矢口否认，此时我们要学会察言观色。

(3) E(Evaluate)-提升

通过"认可—比较"过渡到"提升"，强调本品牌与竞争对手比较的优势，以及这些优势如何更适合顾客所述的希望或需求，明确本品牌在竞品比较中的优势地位。

4. 调动感官技巧

车辆展示过程中除了异议处理及展示客户利益的技巧运用外，

还有吸引客户兴奋度的技巧,即感官调动。

人的感官有味觉、视觉、听觉、嗅觉、触觉。在汽车销售中除了味觉外,其他感官都可以充分应用。

视觉:看车的外形、车的颜色、车的线条、车的灯光系统等。

听觉:听开关门的声音、听发动机的声音、听音响效果等。

嗅觉:闻一闻车内的气味、真皮的味道等。

触觉:摸一摸方向盘、真皮座椅、换挡杆、门把手等。

在引导客户参与的时候记得要确认客户的感受,目的是得到客户的认可,为后续谈价和促成交易增添砝码。具体做法是看、听、闻、摸的感受是什么,要告诉客户,然后再让客户感受,接下来要询问客户"是不是"体会到了。充分运用感官,调动客户积极性,让客户在不知不觉中结束看车环节。

5. 增加感染力技巧

我们是在了解客户需求状况下,引导客户看车,展示客户利益,因此我们要增加感染力,防止客户只听你说,盲目参与,我们的引导可以有方向感,运用肢体语言来感染客户。

眼神:始终微笑与客户交流。

手势:每过渡到下一个方位的时候,我们都要有专业的符合商务礼仪的引领手势。另外就是对客户关注的装备,用符合商务礼仪的手势所指,增强其关注度和强化客户利益,为后续成交做铺垫。

任务专项实训

实训项目

汽车销售车辆展示。

实训目的

通过话术设计进行车辆展示,使学生掌握车辆展示任务流程,学会运用车辆展示方法和技巧,同时学会解决客户异议,成功进行车辆展示。

实训内容

学生分组,互相扮演顾客和销售顾问,其中顾客的身份可由教师指定,销售顾问进行需求了解,确定客户对安全性、舒适性有要求,重点关注导航、天窗、后备厢容积、发动机等装备,以销售顾问的身份,带领客户看车,运用FAB法及车辆展示技巧,突出客户需求利益,进行车辆展示。

然后学生交换角色,再进行一遍,并相互点评。

任务四　试乘试驾

1. 了解试乘试驾的准备。
2. 掌握试乘试驾流程。
3. 把握试乘试驾技巧。

1. 能够充分利用展示技巧引导客户不断印证对车辆的需求。
2. 能够成功导向具体的汽车销售活动。

任务导入

一、试乘试驾的阶段目标

（一）试乘试驾的重要性

1. 从客户角度看

某咨询公司曾经对客户购买行为调查，客户在购买过程中通过试乘试驾获得购车信息的占全部消费者的65.4%，可以说很大一部分客户将试乘试驾作为最重要的购车信息渠道；另有83.8%的消费者对试乘试驾持肯定、认可态度。通过试乘试驾印证客户需求利益，可以提升客户满意度。

2. 从经销商角度看

经销商提供试乘试驾，更好地宣传经销商的产品和服务，在客户心里建立产品价值和经销商价值；通过提供试乘试驾增加集客量，促进、提高和获得新车销售机会。

（二）试乘试驾环节客户的期望

我们只有了解客户的心理预期，才能想办法达到我们的阶段目标。在试乘试驾环节客户的期望主要表现在如下几个方面。

（1）试乘试驾的办理过程顺畅高效，没有因为书面手续或车辆准备而耽搁。

客户时间宝贵，很多时候客户没想到要试乘试驾，是我们主动邀约或者主动引导。如果我们试乘试驾办理过程缓慢低效，就有可能导致客户不满或者抱怨。因此，我们要尽量高效、快速地做好试乘试驾准备。

(2) 经销店提供不同选择的试乘路线、路况、时间、邀请家人等,满足客户个性化的试驾服务和体验要求。

由于客户的需求不同,经销商应该准备两条或者两条以上试乘试驾路线供客户选择,通常会根据客户的需求来推荐路线、路况,目的是能更好地增强客户的性能体验;有些经销商的位置在城市里比较繁华的地段,因此试乘试驾时间的选择要尽量避开上下班高峰时段,以便让客户更明显地体验加速性能等类似的感受;购车对于大多数人来说是一件大事,所以看车时候会有多个人参与,因此我们要主动邀约家人试乘试驾,帮助购买者出谋划策,从而提高销售后的满意度。

营销视野 11-18

(3) 通过试乘试驾,验证产品的实际表现与车辆展示及宣传中描述的一样,满足客户的需求。通过试乘试驾,客户真正感受到该车就是我想要的,增强客户的购买欲望。

(三) 试乘试驾环节的阶段目标

(1) 让顾客在真实道路状况下进行试乘试驾,利于消除顾客的疑虑,促进其购买的信心,同时也有助于提升顾客的满意度。

(2) 通过试乘试驾充分调动顾客对于新车的感官接触,利于培养顾客对品牌和新车的感情。

(3) 通过提供与顾客需求相匹配的试乘试驾服务,更深入地介绍展品特点,让顾客感到对需求的满足。

(4) 通过实际试乘试驾,促使顾客产生拥有的感觉,从而激发顾客购买欲望,导向具体的销售活动。

二、试乘试驾的准备

1. 试乘试驾方案的准备

由于客户需求不同,试乘试驾体验的重点也不一样,为了使客户的重点需求通过驾乘感受来得以强化,我们要和试驾专员沟通好客户需求重点,从而准备相应的试驾方案。目前,汽车销售更多地推崇销售顾问来带领客户试乘试驾,这样能更好地把握客户想要的需求利益,在试乘试驾中强化体验。

2. 试乘试驾车辆准备

准备试乘试驾车辆,保证车辆外部整洁,内部清洁无异味;保持车内音响适度,准备 CD(几张不同风格的 CD,音质要好)预先放在试乘试驾车内,试乘试驾时可以供顾客选择;确保车内空调适宜(一般温度为 25 ℃);准备瓶装水;保证燃油充足(半箱油以上);确保车况完好。准备完毕后,将试驾车停在展厅门口,下车等待顾客。

3. 时间的准备

根据客户时间而定,如果客户没有要求,那么我们就按合适的时间,如避开上班高峰期,夏季天气比较炎热的时段,如果客户只有这个时段有时间,则要调节好空调温度,保证客户的舒适度。

4. 客户驾驶资格的确认

需要向客户求证是否带驾照,还有询问客户是否有两年以上真实驾龄,以保证试驾的安全,否则,建议客户试乘或者再约时间试驾。

向顾客解释试乘试驾协议内容以及签署试乘试驾协议的必要性,然后将驾照复印或者拍照并签署协议。文件的准备和签署要迅速,避免顾客等待。

注意,顾客一定要有驾照,如果有驾照但是没有随身携带,可以上网查询,确认顾客有驾照后方可进行试乘试驾。

三、试乘试驾的流程

为了达到试乘试驾的目的和阶段目标,试乘试驾要按照一定的流程和规范去做。以一汽丰田为例,试乘试驾流程通常包含以下几个步骤,如图11-4所示。

营销视野 11-19

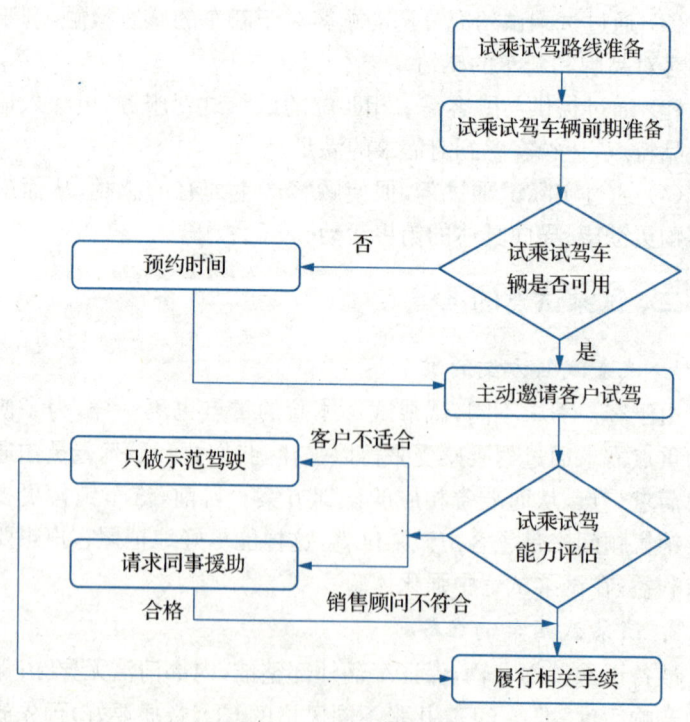

图 11-4 试乘试驾流程

项目二 汽车销售流程详解

1. 邀请客户

车辆展示结束后我们可以主动邀约客户试乘试驾,也可以主动电话邀约客户到店试乘试驾,寻找销售机会。

2. 准备工作

试乘试驾的准备内容我们在前面已经阐述过。

3. 迎接客户

客户到店我们按照接待礼仪迎接客户,引导客户落座,提供3种以上饮品,复印驾照,签订协议。

4. 展厅讲解

向顾客介绍试乘试驾路线以及所需要的时间,介绍每条路线的体验点,给顾客一个推荐建议,并询问顾客的选择。之后讲解具体路线长度、试驾时间、每一路段的体验重点以及注意事项等信息。

5. 客户对路线和项目的了解

客户完全了解试乘试驾路线后,引导客户上车。如果不了解的,需重新讲解。

6. 车上讲解

陪同顾客到试驾车前,主动向顾客介绍试乘试驾专员,将路线选择和客户重点体验点告知试驾专员。邀请顾客进入主驾驶位置,采取半蹲式在车外讲解车辆的基本操作。重点介绍包括多功能仪表、座椅、内外后视镜以及多功能方向盘等的调节,同时对顾客感兴趣的设备有针对性地介绍。

7. 客户试乘

邀请顾客进入副驾驶位,提醒前、后排顾客系好安全带,保证顾客安全,必要时协助顾客系好安全带。重点体验原地起步加速、直线加速、紧急制动、连续转弯、环路通过,对顾客感兴趣的功能重点展示。需要注意的是在每次不同体验项目前向顾客简单介绍接下来的体验重点,在急加速或者急转弯等体验项目前,提醒前后排顾客系好安全带,扶稳座椅。结束后询问顾客感受,并寻求认同,回答顾客的疑问。

8. 客户试驾

试乘结束后在指定的安全地点停车熄火,取下钥匙,邀请顾客进入驾驶室,然后把钥匙交与顾客,提醒顾客调节座椅、后视镜以及方向盘等到舒适的位置,提醒前、后排顾客系好安全带,必要时协助顾客系好安全带。在每个试驾路段告知顾客体验的重点,适时赞美顾客的驾驶技术,寻求顾客的认同。

9. 试乘试驾反馈

陪同顾客到洽谈区,试驾专员停放整理试驾车。询问顾客

247

是否需要饮品,并按顾客的喜好提供饮品,与顾客交谈,了解顾客试乘试驾的感受。引导顾客做出正面评价,填写《试乘试驾意见反馈表》,记录顾客的试乘试驾反馈。结合顾客的感受进一步介绍车辆性能,同时回答顾客的异议,了解顾客对车辆的认可程度。

四、试乘试驾技巧

1. 建立客户价值技巧

试乘试驾很重要,它可以为客户建立价值,得到客户对产品和经销商等方面的认可,促进销售成功。那么如何建立价值呢?以客户体验直线路段为例,介绍运用FAB话术的方法,具体如表9-1所示。

表9-1 FAB话术在客户体验直线路段时的应用

路段	体验项目	建立价值		
		F	A	B
直线路段	DLCC定速续航	不用踩油门踏板就自动地保持车速,使车辆以固定的速度行驶	能够在高速行驶时不用踩油门	驾驶更轻松,科技感更强
	LKA车道保持辅助	利用安装于车上各式各样的传感器,在第一时间收集车内的环境数据	当系统识别到车辆偏离车道的时候,会给驾驶者一个警告提醒,以此来告知驾驶员注意行车安全	提高安全性,科技感更强
	ADAS自动泊车辅助功能	由安装在车身前后左右的四个超广角鱼眼摄像头同时采集车辆四周的影像,经过图像处理单元畸变还原	在拥挤的停车场自动停车	驾车更轻松,科技感更强

2. 寻求认同技巧

试乘试驾过程中我们会在每个路段告知顾客体验的重点,寻求顾客的认同,建立价值。如何寻求客户认同?前面需求分析环节我们讲过提问技巧的运用,提问有两种形式,其中封闭式问题的作用是得到客户肯定的回答。所以这里我们就要引导客户进行封闭式问题的肯定回答,从而赢得客户认同,建立价值后,为谈判成交做价值应对准备。具体做法用话术来体现:

销售顾问:"王先生您看,前方我们就要进入笔直的直线路段,我们来体验车的瞬间加速性能。我们的车0～100公里加速时间为9秒,加速后您会感觉到有明显的推背感。接下来保持安全状态您感受一下。"

销售顾问:"王先生您刚才感受了车瞬间加速性,您看我们的车提速是不是很快,而且还有明显的推背感?"

分析客户的心理,还要看销售顾问的询问,如果销售顾问改问"王先生您看我们的车瞬间加速性怎么样?"客户的回答可能就会是"还行",这样就起不到认同感。所以在每一个路段,要让客户感受什么,应该结合客户需求进行提前告知,并告知可能会有哪些感受,接下来让客户体验,体验后进行封闭式问题验证,从而得到肯定答案,进一步印证客户需求得到满足。

3. 营造氛围技巧

在试乘试驾过程中,为了营造良好氛围,销售顾问应适时应用赞美技巧、展现亲和力技巧,符合商务礼仪及手势的合理运用等。

任务专项实训

实训目的

通过试乘试驾,使学生掌握试乘试驾流程及要点,学会运用试乘试驾技巧,完成试乘试驾。

实训内容

销售顾问何姿在车辆展示环节向客户展示了安全性、舒适性等技术装备,如 ESP、防眩目后视镜、后视影像系统、紧急制动性能、预碰撞系统、自适应系统、无钥匙进入、一键启动、座椅的人体工程学设计、方向盘的 12 项可调节功能等。请根据客户需求重点,运用试乘试驾技巧,陪同客户试乘试驾。

实训步骤

○ 将学生进行分组,4 人一组,结合客户需求进行需求重点体验话术设计(FAB 话术)。

○ 不同路段展示技巧应用,寻求客户认同感话术设计。

○ 套用试乘试驾流程,应用 FAB 话术和寻求客户认同感话术,进行完整的流程脚本完善。

○ 每组 4 人中,一位扮演试驾专员,一位扮演客户,一位扮演销售顾问,营造良好氛围进行模拟演练,另外一人作为观察员,记录扮演者的优点和不足.轮换进行角色扮演,直到每位成员都练到。

实训评价

○ 小组内评价。

○ 完成试乘试驾过程视频拍摄。

任务五 谈判成交

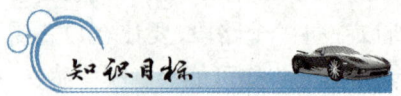

1. 了解谈判成交信号。
2. 掌握谈判成交要点。
3. 学会价格谈判技巧。

1. 能够识别成交信号,进行谈判成交的推动。
2. 能够运用价格谈判技巧,促成交易成功。

一、谈判成交的阶段目标

(一)谈判成交环节客户的期望

在此环节客户更多地会关注价格、价值的相关事宜,无论销售顾问做什么,客户都会在意,并有以下心理预期。

(1)客户期望专业、坦率和诚实的销售顾问为我提供服务,满足我的需求。

特别是和蔼型客户和表达型客户对这方面的期望会更高。

(2)洽谈过程中,销售顾问能给出所有必要的信息以便我能做出明智的决定。

此过程销售顾问应该和客户站在同一立场,让客户觉得你是为他着想,给出符合客户需求的建议,当然这要源于把握好客户的需求。

(3)我的购买价格不能高于其他客户的购买价格,而且要清楚透明地了解(包括所需额外配置价格在内)最终价格是如何构成的。

客户最担心的就是被骗,所以销售顾问要给客户合理的理由,告诉客户钱都花在什么地方,每一项要有合理的解释,让客户信服、信赖,这样利于成交并保持较高的满意度,最终可能也会转化为忠诚度。

(4)销售顾问向我明确交车时间或给出合理的时间范围,并让我提前了解交车流程。

客户对车比较感兴趣,因此一旦进入谈判成交环节,客户的购买欲望已经达到极限,想在价格合理的条件下以最快的速度拥有自己的爱车,所以会更加关注车的资源。销售顾问要对库存和在途等

任务导入

状况有比较扎实的把握，这样才不至于在客户交钱后承诺的交车时间内违约，造成客户不满或者抱怨。

（二）谈判成交环节的阶段目标

（1）通过车辆展示和试乘试驾，顾客对产品价值充分认同，在此基础上，给客户提供包括贷款、保险和二手车置换等增值业务在内的解决方案。在这个阶段，销售顾问除了报价外，要做的工作还有很多，包括制定提案、把握成交条件、谈及交车时间、再次强调车辆配置的基本状况及告知客户我们能提供的服务；根据客户需要，还要做融资服务，如保险、贷款、二手车置换等。

（2）通过向客户解释报价，让客户感知是物超所值的购买经历。

此次购买，客户不只是买到一部裸车，还包括诸多服务。我们都知道车辆性能的好坏不在于初期的购买，而在于日后的保养。基于此客户对经销店还有依赖，所以客户更愿意为自己未来享受周到热情的服务买单，当然要在合理范围内。

（3）通过成交信号的把握，积极促成交易。

客户很难张口说出购买决定，因此销售顾问应该学会观察，把握成交信号，适时推动成交，恰到好处地抓住机会，促成交易。

二、谈判成交条件

（一）谈判成交的前提

1. 决定者必须在场

客户想买车，购买决定来自于决策者。到了谈判成交环节，决定者不在，任何谈判都是无效的，任何价格今天也不能达成交易。所以从客户进店那一刻起，我们要通过观察，了解和识别购买决策的人，如果今天没到场，那我们就要问"今天能定吗?"通过客户的回答来再次判断决定者是不是就在今天的谈判现场。

2. 客户对品牌、车型已经明确表示认可

任何消费者在做购买决定时，都要对购买的品牌、购买的产品、购买数量及购买地等做决策。如果客户对品牌和产品都认可，谈判会比较容易进行。汽车销售中，客户对车的颜色、配置、选装装备、发动机、变速箱等都有比较高的认可度，这样谈判才有效。

3. 如有置换，需完成评估

如果客户有二手车要进行置换，则需要对二手车进行评估，评估完成后，方可进行新车交易。

（二）谈判成交信号

在接待客户的过程中，销售顾问讲了很多有关汽车产品方面的

知识,此时对于客户来讲,想问的问题都问明白了;对于销售人员来讲,就要往前推进,促成交易。那么什么时候推进比较合适,需要观察和揣摩客户发出的信号。在谈判成交环节,客户会发出的成交信号分两大方面,一是语言方面,二是肢体语言。

语言方面,客户决定购买后,会更多地关注购买决定后的相关事宜。所以此时他会追问销售顾问各种问题:

1. 谈及与付款相关的问题

怎么交款,现金还是刷卡?哪个银行的卡可以等。

2. 谈论颜色、内饰、装备并做肯定

客户会再次强调,颜色就要白色,内饰颜色为黑的,别忘记我要装导航等。

3. 谈论交车时间

客户到此时就希望能够快点拥有自己的爱车,所以他会关注什么时候有车,最快什么时间能提到车。一般销售人员都会在此环节降低客户的期望,把时间说得比真正交车时间长,以防不能按期交车,客户会产生抱怨或者不满,影响满意度。

4. 谈论售后和备件等问题

买车和买其他商品不一样,车是高档耐用的奢侈品,需要购买后定期进行维修和保养,所以会涉及售后汽车保养的价格,维修的备件是不是原厂的等问题。

5. 谈论订金、合同

客户会问交多少订金,最少要交多少,如果出现退订状况怎么处理等。还有关于购买合同,能不能让我先看看,合同是不是合法的。

(三) 谈判成交主动推进的重要性

主动成交也是为我们与顾客之间实现双赢,于顾客而言可以帮助顾客抓住车源的机会,部分车型可能需要订车,主动成交也是为了让顾客提早地拥有新车。

在实际的成交过程中,如果销售顾问不主动,顾客则很难主动,特别是随着市场竞争的白热化,顾客更加理性化,如果销售顾问不拥有主动成交的意识,顾客将很难主动提及成交。我们不主动,则竞争品牌的销售人员会非常主动,将造成销售机会丢失。

三、报价前的准备

1. 环境准备

我们应尽量引导顾客到洽谈间、贵宾室进行价格的洽谈。因为这能从语境和氛围上传递着一种成交的意识。当然也能更好地让顾客感受到价格对于顾客具有私密性、针对性。另外,谈判中洽谈

桌的选择最好是圆形桌,进行朋友式的洽谈方式,更利于促成交易。

2. 工具准备

在到店接待的环节已介绍了关于销售工具的准备。完备的工具可以使整个价格谈判的过程事半功倍,而且也能体现销售顾问的专业性。

3. 心态准备

在成交的过程中,销售顾问要保持足够自信的心态。自信体现在两个方面,一是对于自己要自信,二是对于产品的自信。自信的心态可以感染顾客,让客户从心理上感觉更安全踏实,从而有效地促进成交。

4. 信息准备

信息准备主要是成交前提和成交信号的准备。

四、谈判成交环节的异议处理

前面我们讲到的车辆展示环节客户的异议多为真实异议,为了顺利过渡到试乘试驾和谈判成交,我们会从根本上解决客户在产品或者品牌方面的异议。此处我们讲到的异议大多是虚假异议,更多会偏重客户为自己最后的购买争取更大的利益。所以此处我们还是要分析客户提出异议的心理。

1. 来自于销售方的异议

(1) 客户对公司、产品、销售顾问及公司提供服务等方面产生不满。

(2) 经过车辆展示和试乘试驾环节后,销售人员对客户提出的问题,如承诺、产品质量、报价等,都认真解释和解答,但是客户还是表现出疑虑、不信任。

(3) 销售顾问的介绍和客户的需求没有完全对接,或者销售顾问没有给客户讲懂产品。

以上是来自于销售方的异议。上述异议需要经销商或者销售顾问有针对性地进行提高和完善,尽量避免引起客户异议。

2. 来自于客户的异议

来自于客户的异议,很多时候是消费者想以一个最为合理和最便宜的价格买到物超所值的产品。主要有如下几方面:

(1) 客户试探销售员,以确认是否受骗

汽车销售中,客户经常会说"××品牌的车能便宜 10 000 元,你能给我便宜多少?"这就是试探,面对这种情况,销售人员要保持清醒的头脑,灵活应对;另外销售人员还要了解市场价格行情,充分应对。

(2) 讨价还价的借口

客户此处的表现是挑剔,会找一些产品没有的功能进行讨价还

营销视野 11-20

价。例如，客户说："你们有香槟色的车吗？"销售人员："没有"。客户："要是有，我今天就定。"如果销售顾问回复是肯定的，客户会说："那我还是看看白色的吧"；再如，有的客户准备购买的汽车没有倒车影像和导航等设备，会向销售顾问提出赠送的要求，还表示如果赠送就会马上购买。以上都为讨价还价借口。

面对上述情况，我们的处理方法是先询问原因，然后再给出合理解释。如客户对红颜色车的需求，我们要问问为什么需要红色，如果客户是为了结婚等事情购买，则说明红颜色对客户来说是必需，如果客户选择红色是出于个人喜好，那我们就知道颜色问题可商量。

总之，在此环节需要分析好客户的心理，进行合理应对。另外，还要把握成交要点，发现成交信号，主动试探；推销自己和经销商的与众不同；使用旁证；在解决客户异议后增加客户对自己和经销商价值的深层次认同。

五、谈判成交方法与技巧

（一）价格谈判的方法

1. 假设法和压力法相结合

假设法和压力法相结合是指销售人员在假定客户已经接受销售建议，同意购买的基础上提出一些具体的成交问题，需要客户对某一具体问题作出答复，从而要求客户购买的一种成交法。

销售人员在运用此方法时，如果没有捕捉住成交信号，则会给客户造成一定的购买压力，引起客户反感，反而破坏洽谈成交的气氛。如果客户依然无意购买，不要勉强客户做强行销售，以免给客户留下强人所难的不好印象。

2. 二选一法

是指汽车销售人员通过提出选择性问题，让顾客在提供的选择范围内作出回应。销售人员提出的选择事项应让顾客从中作出肯定的回答，不要给顾客拒绝的机会。同时避免提出太多的方案，避免顾客选择太多，反而放弃购买。

3. 诱导法

诱导法是通过提问、答疑等方式，暗示顾客购买能带来的好处，以充分调动顾客的积极性，营造购买氛围。比如："我们的优惠车还剩一台了，你要是不早下决定，我怕别的顾客买走了"。

4. 赞美法

赞美法是对顾客的选择或者爱好表示赞美，同时要注意赞美的技巧。比如，当顾客一走近店铺就询问某车的价格时，可以说："您的眼光真好，这是我们最受欢迎的一款车。"

5. 团队配合法

在销售中既要有个人的努力,也要有团队合作。人际关系在任何类型的公司都可以算是极为重要的,如果人际关系没有弄好,这个销售团队是做不起来的。如果大家的集体荣誉感都很高,相信这个销售团队的战斗力也是非常高的。所以针对人际关系这一块我们管理者必须要做有心人,及时洞悉我们每一个员工的情绪以及心理变化,预防人际关系的恶化。管理者应该经常组织一些可以提高集体荣誉感以及互助精神的事情。

6. 转移法

在和客户进行谈判的过程中,为避免迎合客户的价格要求,使自己陷入谈判僵局,通常采用转移法。例如:顾客和我谈价格,我就和顾客谈产品;顾客和我谈产品,我就和顾客谈服务。

7. 成本比较法

汽车的成本包括车辆购置成本、车辆使用成本、车辆养护成本、二手车残值等。一般情况下,维修成本和风险成本不可控,所以一般只考虑前三项成本。销售顾问要使用这个方法,需要知道竞争车型的相关数据。

(二)价格谈判技巧

1. 理性谈判

销售顾问和客户在经历了初次接触、需求分析、车辆展示、试乘试驾等环节后,双方相处比较融洽,但是在谈判环节,我们要保持清醒的头脑,在不违背经销商利益和法规政策的前提条件下,可以给予客户一定的优惠。

2. 让价不超过3次,越让幅度越小

在谈判成交环节,我们尽量要坚守给出的价格,如果非要进行让价,遵循的原则是先大后小,不超过3次。

依据价格谈判技巧总结得出结论:谈判的本质和核心就是让客户有赢的感觉,通过艰难的谈判,最后获得一个比较满意的价格。

任务专项实训

实训项目
谈判成交环节制定提案,促成交易。
实训目的
通过制定提案,促成最后交易,锻炼学生能够及时发现成交信号;充分利用谈判方法和谈判技巧,主动推进,达成交易。

实训内容

根据所给资料进行情景模拟演练。资料如下:

一汽大众某 4S 店销售顾问李新接待了预约客户林先生,了解需求、看车、试乘试驾后,林先生给朋友打电话询问其他店价格,朋友告知能便宜 5 000 元,给赠品、免费保养两次等优惠项目,林先生由于家离现在这家大众店比较近,为了方便日后的维修保养等,准备在该店购车,但是销售顾问不知情,不知道客户到底怎么想。只是在需求分析环节了解到客户的家庭住址离本店比较近。经过一番艰难的谈判,最后成功促成交易。

实训步骤

- 将学生进行分组,5 人一组,按所给资料进行角色分配。
- 以组为单位,进行情景设计。
- 每组选派一人扮演销售顾问,一人扮演客户,进行组内演练。要求组内轮流扮演上面两个角色,其他人作为观察员,记录扮演者的优点和不足。
- 选派组长抽签,选中者,在班级进行模拟演练,本组其他人和其他组员扮演观察员进行点评。

实训评价

- 完成情景设计。
- 完成谈判成交环节视频拍摄。

任务六 车辆交付

1. 能够独立完成交车前的准备。
2. 能够熟练按流程完成车辆交付工作。
3. 能够处理新车交付过程中的一些紧急问题。

一、车辆交付的阶段目标

(一) 车辆交付环节客户的期望

客户对新车有期待,对销售顾问也有期待。

(1) 新车整洁干净、无缺陷,已配有承诺过的各种选装件或精品。

客户一进店,看到自己的车子干净、亮丽地摆在交车间,客户的心情也会很愉悦。

(2) 销售顾问要做好充分准备,客户进店后依然能保持热情状

任务导入

态,并提前准备好各种文件,节省客户的时间。整个交车过程销售顾问能够耐心、细心地为客户服务,使交车过程能够快速、顺利地完成。

(3)在交车过程中掌握新车各项功能的操作,了解保修范围、保养间隔及成本。在交车过程中,能够有服务顾问为客户讲解新车设备的使用方法;保险专员为客户介绍汽车在使用过程中可能会出现的事故,以及相关的保险内容。

(二)车辆交付目的及措施

汽车销售中,客户交款提车,为什么要强调交车环节?因为在交车环节客户的期望很多,为了满足甚至超越客户期望,我们为此做了很多,希望客户都能看得到,感受得到。

1. 正确的选择

通过交车环节,让客户感受此次购买是正确的选择。正确的选择包括:对品牌和产品的选择、对销售顾问的选择、对经销商的选择等。

2. 信赖感

交车环节前是新车销售,我们对销售顾问信任,所以在他的手里购车;交车后,由于经销商有售后服务部门和售后服务流程,服务顾问的出现和介绍,让客户感受到从售前到售后服务的连续性,产生对经销商的信赖感。

3. 美好回忆

客户从打算购买新车到拥有爱车的过程如同找到心爱的伴侣一样,如果有一个完美的交车仪式就会给客户留下深刻印象。

那么如何实现上述目的呢?

(1)预想客户期望。销售顾问把自己当成客户,站在客户角度考虑问题,想客户所想。

(2)创造感动。交车准备时,销售顾问应该根据客户特点,创造感动,如赠送小礼品等。

(3)意外惊喜。例如,一客户想购买一辆奥迪Q3作为妻子的生日礼物,他拿着妻子的身份证办理手续,销售顾问关注到了这个细节,于是在交车环节送给客户一个与其妻子属相一致的平安挂件。客户特别高兴,没想到销售顾问这么细心。

营销视野 11-21

(三)车辆交付的阶段目标

(1)创造令人难忘的新车交付仪式,强化顾客的明智选择,巩固并提升顾客关系。

(2)让顾客了解如何使用和发挥新车性能,树立口碑,从而为个人和经销店带来更多销售机会。

(3)确保客户有较高的忠诚度。

二、车辆交付的重要性

1. 销售满意度的考核

汽车生产厂家对经销商销售顾问的考核中包含很多因素,如新车的车况和整洁程度,交车中对客户的关注程度,完成交车所需时间,对新车功能、用户手册等详细解释,介绍售后服务顾问,或告诉售后服务顾问的联系方式,整个交车过程感觉愉快等,所占考核比例会占到总分的1/3。销售满意度(SSI)分数比较低就是因为交车环节做得不够好。因此,销售顾问需要非常重视新车交付的环节。

2. 保持客户的忠诚度

对于客户而言,新车交付环节才是自己梦想实现——拥有爱车的时候,在这个时候心里的兴奋度才达到最高。如果销售顾问已经开始为下一个客户忙碌,而不理会已经成交了的客户,势必会引起客户心理上的变化。所以我们要重视交车环节,最终目的是让客户保持高的忠诚度,能够转介绍或者重复购买。

营销视野 11-22

三、车辆交付流程

车辆交付过程我们要按照具体的交车流程来操作,执行交车流程规范,让客户对产品与服务产生高度认同,发掘更多的销售机会。

车辆交付流程如图 11-5 所示。

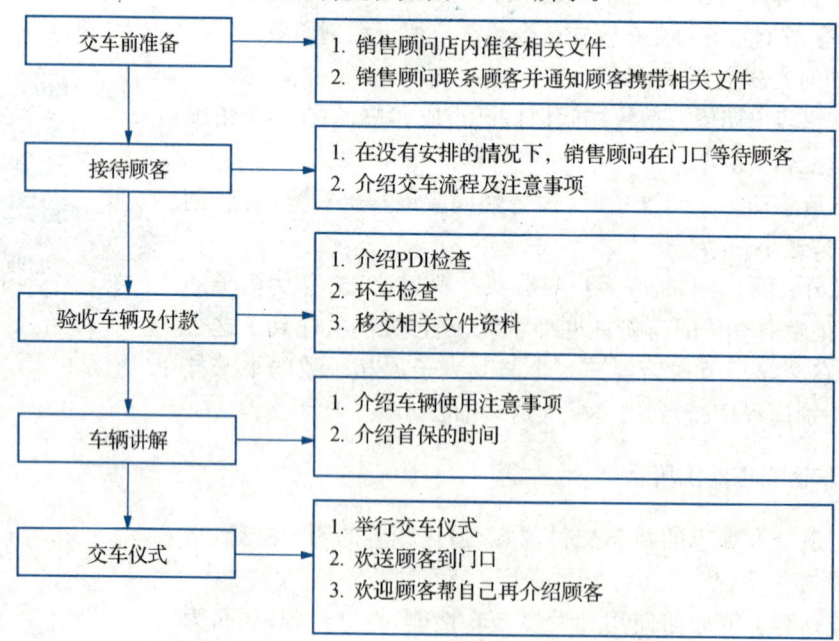

图 11-5 车辆交付流程

1. 交车前的准备

车辆交付的准备工作包括销售顾问店内准备和销售顾问对客户的提醒告知。

（1）销售顾问店内准备

交车前的准备工作尤为重要，一定要在交车前对所有的工作，包括车辆状态、文件准备以及人员提前协调准备，避免顾客到店后由于准备工作未完成造成顾客抱怨。

① 交车前委托服务顾问进行 PDI 检查。

② 检查车辆随车文件及工具的完整性，整理好的所有文件放到交车文件袋内。

③ 提前为顾客车辆加油，通常我们会收取顾客 100 元油费，帮顾客加 100 的汽油，并提示顾客出门后去最近的加油站加油。

④ 提前准备小礼物（准备充分，参加交车的客户都要赠送）。

⑤ 预先进行洗车，保证车内外清洁，预定交车位，并保证交车位清洁。

如果有条件建议经销商专门配备若干名交车人员，负责需交付车辆的准备工作，包括车辆检查、清洁、加油、礼品准备和交车位预定的协调工作。

营销视野 11-23

（2）销售顾问对客户的告知和提醒准备

提前告知顾客交车的流程以及所需要时间，让顾客提前有所准备，避免交车当天由于顾客时间紧张未及时安排，而造成仓促交车。交车前提醒顾客所需要的相关证件，避免顾客到店时由于手续不全无法提车而产生抱怨。

① 交车前提前 24 小时电话提醒，欢迎顾客前来参加交车仪式。

② 与顾客确认交车时间、付款方式及金额，并温馨提醒顾客携带相关证件与文件，包括发票、出厂证、保险单、保修单以及说明书等。

③ 向顾客简要介绍交车流程及所需时间，强调对顾客的好处，提醒顾客交车当天提前安排好时间。

④ 邀请顾客的家人或者朋友一同参加交车仪式，并询问是否有特殊要求。

⑤ 在当天进行短信提醒。

2. 接待客户

（1）客户迎接与接待

① 销售顾问提前 30 分钟把车辆停在交车区。

② 整理仪容仪表，准备好相关文件。

③ 面带微笑，热情欢迎顾客到达。有条件的经销商，最好在门口放置"欢迎×××到店提车"字样的展示架，营造客户到店提车的温馨氛围。所有与顾客接触过的经销商员工都需以顾客姓氏问候

顾客,自然微笑并恭喜顾客,与顾客分享喜悦。

④ 引导客户到休息区,根据客户习惯和爱好主动提供饮品。

(2) 向顾客介绍交车流程以及所需要的时间

此时比较容易引起客户抱怨,因此在交车环节要注意降低客户的期望值,预约交车时间要比实际交车时间长,这样我们在预约时间内提前完成交车,可提高客户满意度。

3. 验收车辆及付款

(1) 介绍PDI检查

① 告知顾客已按照PDI检查表提前做好车辆准备,让客户了解新车在交给他们之前已经全面检查,并完全具备交车条件。

② 按照PDI检查表向顾客说明相关检测项目,最后请顾客签字确认。

(2) 环车检查

① 引领顾客到新车旁,陪同顾客进行新车检查。

② 利用"新车交车确认单"进行确认,说明相关内容,获得顾客的确认。

营销视野11-24

(3) 付款

付款涉及两个方面,一是销售顾问方面,二是收银员方面。

① 销售顾问

a. 询问顾客是否可以付款,与顾客确认金额。

b. 引领顾客到收银处进行付款。

c. 先将收银员介绍给顾客,再将顾客介绍给收银员。

② 收银员

a. 面带微笑,以顾客姓氏问候顾客,并表示祝贺。

b. 唱收唱付,处理收款事项。

c. 将付款材料(发票等)装入汽车文件夹,双手呈递给顾客。

(4) 移交文件资料

顾客接车前希望销售顾问能够把所有的随车文件及收据整理好并交予他们,因为交车时资料繁多,因此很多资料整理好并向他们详细说明十分必要。

① 依据各车型的首保里程,让顾客在免费保养凭证上签字。

② 车辆合格证、发票、车辆钥匙及条码、纳税申报表、保险手续等,当面核对并提醒客户保管好。

③ 移交随车资料,包括"保养手册""服务网通讯录""首次免费保养凭证""售前检查证明""安全使用说明""三包凭证"(仅向家用汽车用户提供,非家用汽车用户不提供,必须将"三包凭证"从随车文件中取出)。

④ 向顾客介绍有关三包条款,并告知只有家用汽车享受三包服务,介绍三包有效期的内容,销售顾问负责顾客在"三包凭证"上

签字确认,并当日将"三包凭证"上的存档联交索赔员存档,在"三包凭证"上加盖 PDI 章。

⑤ 向顾客介绍应当使用汽车公司认可的备件,4S 店是提供原装备件的唯一渠道。

⑥ 陪同顾客当面检查新车外观、内饰状况及随车工具/备件和随车文件的完整性,逐项核对。

⑦ 向顾客介绍"服务网通讯录",告知均为汽车厂家授权服务网点,都能提供专业的服务。

⑧ 请顾客在"新车交车确认单"签字确认。

⑨ 将所有文件装在汽车文件夹里,并交给顾客。

4. 车辆讲解

(1) 销售顾问讲解,介绍车辆的使用

① 介绍新车,重点介绍顾客感兴趣的功能和操作,在有限的时间内让顾客熟悉爱车的基本操作。

② 解释产品配置和功能,解答顾客的疑问。

③ 使用"安全使用说明",讲解车辆规范操作要领,并将顾客感兴趣的内容用即时贴做标记。

同时提醒顾客阅读"安全使用说明"中的安全注意事项,按使用说明书的要求进行使用和维护保养。

(2) 向顾客介绍服务顾问,服务顾问讲解售后服务内容

服务顾问递交名片,主动向顾客介绍服务透明车间。服务顾问介绍的内容有:维修保养常识;维修保养周期;质量担保规定;最新 DSG 变速箱质量担保政策;24 小时的救援热线;预约服务以及好处。

5. 交车仪式

充满喜悦的专属交车仪式会给顾客营造出一种良好的氛围,表达经销商对顾客的尊重。参加交车仪式的人员有:销售总监(展厅经理)、销售顾问、服务顾问、客户顾问等。以"武汉恒信雷克萨斯"的交车仪式为例说明。

(1) 交车仪式的行为要点

① 交车仪式和礼品的准备尊重当地的风俗,营造顾客满意的氛围。

② 交车小礼品,切勿采用假花,礼品并不一定贵重,但一定要让顾客感受到我们的诚意。

(2) 交车满意度回访

交车仪式后,邀请顾客进行满意度调查,告知顾客接下来的回访是为了更好地了解顾客的用车感受。

(3) 欢送客户

提醒顾客选择就近的加油站加油,提醒燃油标号,并示意加油站的位置(加油站若太远,经销商可以制作加油站路线卡提供给顾客)。

出席人员列队挥手微笑送别顾客,直至顾客远离,从视线中消失。

(4) 回访计划

送走客户,我们要核对、完善 CRM 系统,制订回访跟踪计划。

任务专项实训

实训项目

按交车流程预约客户交车。

实训目的

通过交车,让学生认识到交车环节的重要性,掌握交车流程及如何提升客户满意度。

实训内容

销售顾问林婷接待了预约客户谢先生,约定明天上午9点交车。销售顾问做好了一切交车准备,询问客户是否有特殊事项,并邀请其家人和朋友一起来提车。客户一到店就看到了自己提车的展示架,步入展厅就听到销售顾问说:"欢迎谢先生及家人和朋友到店提车",同时配有欢快的音乐,谢先生及家人和朋友被引领到休息区。经过2个小时的时间,销售顾问提前完成了交车各个环节,进行了交车仪式后与王先生及家人和朋友告别。

实训步骤

- 将学生进行分组,10人一组。
- 以组为单位,分配扮演角色,包括客户、客户家人及朋友、销售顾问及经销商代表。
- 以组为单位,不同角色各自分工,准备材料、交车仪式设计等,然后练习模拟交车活动。

实训评价

- 完成谈判成交环节视频拍摄。

任务七 客户跟踪

1. 了解客户跟踪环节。
2. 认识客户跟踪的意义。
3. 把握客户跟踪技巧。

项目二 汽车销售流程详解

1. 掌握客户跟踪技巧。
2. 能够按要求恰当地进行客户回访跟踪。

一、客户跟踪的阶段目标

(一) 跟踪环节客户的期望

任务导入

交车后一段时间内,客户对车好奇,也有新鲜感,由于交车时间有限,所以客户对车的了解也不一定完全清楚,所以交车后的联系意味着我们对客户能持续地关注。再有,交车后的联系可以在发现问题后及时帮助客户处理。在此环节客户的期望如下。

(1) 销售顾问在购车后继续关注我,每次联系时都提供一些有用的信息,让我感觉到有价值。客户提车后销售顾问和客户保持持续的联系,证明不是客户买了车我们就不理他们了,要让客户感受到我们经销商和销售顾问对客户的持续关怀。而且,每当经销商有什么活动包括新车型上市、自驾游、试乘试驾活动等都要及时通知客户,为客户提供值得信赖的信息,利于客户的忠诚。

(2) 在回访中,继续与我建立友好的关系,使我感觉到这家经销店始终欢迎我。在汽车销售中客户提车后还会涉及后续的维修和保养,4S 店要经常和客户保持联系,让客户感到自己是尊贵的。在销售中,重复购买的客户也被称为回头客。经销商回头客占客户总数比例的多少,叫回头率,它反映了企业对顾客的保持能力以及顾客对企业的忠实程度。那么客户为什么会重复购买,客户的回头率和什么有关系呢?客户的回头率与产品和服务有关系。服务和产品都好,客户的回头率会达到 97%;服务好,产品不好(这里的不好是一般,产品处理问题,通过售后服务处理解决,能够恢复到原来状态。如果特别不好就谈不上回头率),回头率会达到 60%;产品好,服务不好,回头率会达到 30%;产品和服务都不好,还是有人买,回头率会达到 20%。我们深入分析就会发现,回头率的高低更多地取决于服务的好坏。提高顾客回头率,保持已获得的顾客,对于汽车企业是极为关键的,没有顾客,汽车企业乃至于其他企业就无法经营。不过许多企业只注意争取新顾客,并向他推销产品,而忽视了老顾客。事实上企业得到的顾客总是有限的,为了扩大经营场所,不断提高经济效益,就必须在争取新客户的同时,巩固和加强对老客户的服务意识。

263

(二)跟踪环节的阶段目标

(1) 交车后的持续关爱和维系,赢得顾客。

目前通信设备发达,我们可以通过各种通信工具,对客户保持持续的关爱和联系,让客户感觉我们随时都在关爱他们。

(2) 通过合适频次的回访,与成交顾客保持长久关系,寻找新的销售机会。

销售机会是以销售为目的的每一次见面或者联系,通俗地说,就是只要能带来利润增值的任何一次沟通都可以算做销售机会,如重复购买、转介绍、维修保养、旧车加装等。

(3) 及时了解顾客用车过程中的不满意因素,及时响应并予以解决,以提高顾客的满意度。任何产品都存在使用过程中会出现问题的情况,有问题不可怕,可怕的就是出了问题无人回应。我们通过回访发现:问题及时处理,让产品恢复到客户最初的使用状态,快速解决客户用车问题,才能赢得客户的满意。然后通过老客户的口碑,传递购买正能量,为我们赢得转介绍。

二、客户跟踪分类及跟踪技巧

跟踪的客户主要分为以下 3 类。

1. 潜在客户

对潜在客户进行跟踪和维系的主要目的是促进成交。潜在客户又分为两大类,一是基本潜在客户,二是即将成交潜在客户。

(1) 基本潜在客户

面对基本潜在客户,比如我们在活动中获得的,包括车展、网站、微信、QQ 等方式联系到的客户,要主动问候邀约到店,一次邀约不来,还要定期二次邀约,所以和基本潜在客户沟通更能够体现销售顾问的耐心和有效性。销售顾问要定期整理 CRM 系统,把客户进行分类,制订定期的跟踪计划。只要我们做了,做得足够多,就一定会有收获,关键在于坚持。

(2) 即将成交潜在客户

面对即将成交潜在客户,我们要提高跟进频率,每次电话前都要做好跟进准备,查看整理 CRM 系统,明确上次沟通时间、客户的异议、客户的表现,依据最近一次的沟通内容深入联系,想办法帮助客户解决目前他正困惑的问题;或者向客户传递有价值的信息,引导客户需求,促进成交。

2. 现实客户

现实客户也叫保有客户。对保有客户进行跟踪主要是为了增加客户满意度,使客户的状态从片刻的欣喜达到长久的忠诚,并希望客户能够成为我们的宣传者,为我们推荐更多的新客户。

保有客户的跟踪维系重在解决抱怨和投诉,寻找转介绍。

(1) 客户抱怨和投诉处理

客户的抱怨和投诉有当面进行投诉,也有电话回访中的投诉。

1) 正确认识客户的抱怨和投诉。

我们要正确认识客户抱怨和投诉,只有客户发出声音,我们才能收集到更多的信息进行反馈和改进,帮助我们不断完善经营中的不足。

在遇到顾客抱怨时,不要推诿逃避,防止抱怨扩散。

2) 客户抱怨和投诉处理流程。

抱怨和投诉分为当面现场投诉、电话回访抱怨和投诉。具体处理方法如下:

① 车主打电话或来店投诉时,用平静的声音告诉客户:"谢谢你给我们提出了宝贵的意见",切忌与车主发生争执。

② 仔细倾听客户的抱怨。

③ 确实属于我们的问题,除向客户诚挚道歉以外,马上根据客户的时间安排返修,并承担相关的费用。

④ 对于不属于我方造成的问题:

a. 耐心向客户作出解释,解释时注意不要刺伤车主的感情;

b. 建议对车辆存在的问题进行免费检查,并在征得客户同意的前提下,进行检修;

c. 收费问题可以适当优惠或对工时费予以减免。

⑤ 再次对客户的投诉表示感谢。相信我们的管理者们都深有同感,现在的客户越来越"刁"了,动不动就要投诉,使我们的管理者每天面临着巨大的压力。的确,投诉处理不好,会影响客户与企业的关系,有些投诉甚至会损坏企业形象,给企业造成恶劣的影响。

可是,仔细想一想,投诉是"坏事",也是好事。正是有用户的投诉,我们的服务才有进步,客户的投诉是灾难,也是机会,关键在于你如何理解及面对。如果你视客户投诉为灾难,你将会每天背负沉重的压力;如果你把它当作好事,投诉就是提高企业服务水平的工具,甚至会促成客户成为企业的长期忠诚客户。

a. 客户当面进行现场投诉。这类问题的处理流程是要求我们要做到认真倾听,鼓励顾客充分表达投诉的原因,对因我们硬件或软件所造成的瑕疵表示歉意。当然在处理投诉的过程中如遇相关的技术疑问,应第一时间寻求相关部门的帮助,优先处理顾客的抱怨投诉,给出相应的解决方案。最后,在团队内部分享,做到引以为戒。

b. 电话回访客户的投诉和抱怨。客户的抱怨和投诉问题是在回访过程中,或者是客服部门回访过程中出现。这就要求销售顾问主动联系顾客,对给顾客带来的不便和影响深表歉意。基于客服部门所反馈的问题进一步与顾客确认,以确保我们的认知是正确的。确认后需要给出相应的解决方案,并且后续跟进相应的处理结果。最后我们需要做到内部与客服之间的沟通确认投诉、抱怨消除。在夕会或周例会上与部门分享,规避后期同样的问题再次发生。

(2) 寻求保有顾客的转介绍

在新客户的开发中,老客户的介绍是一个重要的途径。因此,积极主动地向现实用户寻求转介绍,是扩大客户量的一个重要途径。目前的汽车销售集客方式主要有两种:一种是被动的,即老客户告知新客户相关的信息,新客户与销售顾问主动联系;另一种是主动的,即销售顾问主动向老客户寻求新客户的信息,销售顾问主动与新客户进行联系,了解购车事宜。我们要求销售顾问采用主动方式,主动向老顾客索取新客户的信息,主动与新客户进行联系,见表 11 - 4。

表 11 - 4 寻求保有顾客转介绍的销售话术

步 骤	话 术
客户关怀	"张先生,您的车最近使用的如何?" "张先生,请定期过来给车辆做保养哦"
主动询问	"张先生您好,我们公司最近有促销活动,您有朋友要购车的吗?" "张先生您好,月底冲销量,如果您有朋友要买车,记得推荐给我"
新顾客询问	"张先生,我已经和您的朋友联系过了,我想问问您知道她具体什么时候购车吗?"
主动出击	"张先生,上次和你一起看车的朋友也说想买一台我们公司的车,我冒昧地找您要一下他的电话,谢谢您对我工作的支持"

(3) 现实客户跟踪技巧

对于现实客户的跟踪,有的汽车 4S 店要求第一次跟踪是在 24 小时内,有的则要求第一次跟踪为 48 小时;第二次跟踪时间基本为 3 天;第三次跟踪为 7 天;以后为 1 个月、3 个月、半年、一年等,都要定期跟踪。不同时段跟踪话题选择和技巧也不一样。客户提车后一段时间内会接到来自于厂家及销售顾问的回访电话,有时候客户会很烦,那么如何与客户进行电话回访呢?

① 交车后的 3 次跟踪。

营销视野 11-25

a. 交车后第一次跟踪(24 小时或者 48 小时)。发送短信关怀顾客(电话短信、微信、QQ 等)。内容可涵盖:感谢顾客选择本经销商产品;告之服务顾问以及售后的联系方式,以便顾客能够知道在今后的用车过程中,如果有车辆保养的相关疑虑可以及时联系经销商的相关人员;告知今后如有任何疑问,会随时提供帮助。销售顾问一般都会在 2 小时左右,估计客户到家就进行第一次跟踪。

b. 交车后第二次跟踪(3 天)。更多地从顾客用车感受上给予关注。了解顾客用车感受并能够及时帮助顾客解决问题,让顾客感受到经销店始终如一的热情服务,对顾客的疑问及时解答,对顾客提出的投诉或抱怨,做好记录,24 小时内提供解决方案。跟踪了解顾客对处理结果的满意度,及时向上级主管进行反馈,及时进行内部分享。实时进行 CRM 系统的客户信息维护。

c. 交车后的第三次跟踪(7 天)。更多地关注顾客在经销店的购车体验。询问用户的满意度,核算首保时间,进行首保提醒,告知顾客售后服务预约的价值与优惠。对顾客提出的投诉或抱怨,处理方法同上,并进行 CRM 系统的客户信息维护。

② 交车后三次跟踪以外,顾客的维系举措。

销售顾问 1 个月、3 个月、半年、每年至少两次进行跟踪。跟踪内容在这里举例说明,具体还要根据店内情况和客户情况而定。目前销售顾问可以从如下几个方面入手。

客户关怀式跟踪:生日祝福,车辆使用,如季节年检提醒、天气变化温馨提示等。

客户利益式跟踪:优惠政策、活动提醒、新车型投放等。

客户业务式跟踪:续保提醒、保养提醒等。

3. 流失客户

流失客户的回访对于我们来说意义重大,可以让我们知道我们的差距和需要改进的地方。当然,也有很多客户之所以流失完全是因为个人对产品和品牌的偏好问题,对于这类顾客则可以请他进行转介绍。在进行流失客户的回访时,电话回访是最常用的手段,因此需要注意打电话的礼仪和通话时间的选择,在初次接触环节中,已对电话沟通礼仪和通话时间进行介绍,此处不再赘述。

无论客户做出什么样的选择,销售顾问都要恭喜客户,以拉近和客户之间的关系。当客户愿意继续进行沟通时,适时主动询问客户购买其他品牌的原因,并根据情况主动向客户寻求转介绍。

营销视野 11-26

任务专项实训

实训项目

电话跟踪回访。

实训目的

通过电话跟踪回访,让学生了解跟踪回访时间和要求,掌握跟踪技巧,顺利进行回访。

实训内容

客户李总拥有爱车——雷克萨斯一周的时间了,用车过程愉快。销售顾问在需求分析环节了解到李总有一个儿子,已经参加工作,还知道李总喜欢茶艺。基于上述情况,销售顾问周冬雪进行了跟踪回访。

实训步骤

○ 将学生进行分组,5 人一组。

○ 以组为单位,分配扮演角色。一个人扮演客户,一个人扮演销售顾问。

○ 以组为单位设计回访问卷。

○ 以组为单位,进行回访模拟演练,组内其他成员当观察员。

实训评价

○ 完成回访话术脚本设计。

项目三 汽车销售实战技巧

任务一 如何处理客户异议

一、让客户回答自己提出的反对理由

要让客户回答自己提出的反对理由就得让客户继续说下去。因为有时候他认为没有人在意他，希望有人能听听他的意见。

一旦他回答了自己提出的反对意见，他的情绪通常就会平静下来。

二、让客户继续说下去

比方说，客户在抱怨维修部门所做的事情，或者在你建议他做某一种维修或者保养的时候，他反对。这时候，你可以让他继续说下去，倾听他说话，而不要打断他。

当客户回答了自己的问题后，通常就会平静下来。比如，客户说自己的车没有朋友的那么好，事实上他的车和朋友的相比，本来在马力上就没有朋友的车马力大，却要求和马力大的车有一样的性能。这时候，就让他继续说下去，说到最后，就会发现，他在言语当中有自相矛盾的情况。而当他意识到这一点的时候，他的情绪通常也就会平静下来了。

三、以提供资料的方法解答客户反对的理由

处理异议的第二种方法，就是提供资料来解答客户反对的理由。就是说，你要掌握一些资料，而这些资料都是一些有力的证据，这样才能够使客户信服，才能够使客户相信你所提供的产品或者服务是值得信赖的。用事实根据让客户明白你所说的话不是凭空捏造，这样才能使客户更相信你以及你的产品。资料是指关于产品说明的文件及一切和产品相关的客观事实。有时候，客户的反对只是想要你为他提供更多的资料。这些资料一般是指和产品相关的一些说明或者客观事实。比如经销店的维修手册、车主使用手册

等,都是一些说明性的资料。

四、把反对的理由变成购买的理由

此外,你还可以运用自己的专业知识,把客户原本拒绝购买产品或者服务的理由变成他们购买的理由。

五、让客户在肯定的答复中恢复满意

在很多情况下,特别是在客户持异议的初期,他对自己所持异议的态度是很坚定的,这时你可以用一种比较高级的艺术,那就是让客户说"是"。提出一些问题,让客户以"是"来回答。

营销视野 12-1
营销视野 12-2
营销视野 12-3
营销视野 12-4

六、反驳客户提出的反对理由

当然,通常用反驳客户提出的反对理由来处理异议是不得已才采取的,但是如果做得好也会取得很好的效果,这是根据比较明显的事实和理由直接否定客户异议的一种处理策略。以真实的信息去反驳不实的信息。

七、保持积极的态度

首先,对于愤怒的客户来说,当他走进你的接待厅,或者在电话里听起来非常愤怒的时候,你要保持积极的态度。对客户要表示欢迎和问候,不管他是否在生气,询问客户你能为他做什么,注意自己的身体语言。你要对他表示欢迎和问候。但是,并不是说在客户生气的时候,我们仍然要一直微笑,因为这时候他可能觉得你在取笑他。询问客户你能够为他做什么。注意自己的身体语言,不要表现得傲慢。与客户进行适当的目光交流。

八、要让客户讲出他的问题

不要打断客户的话。当客户不满时,他只想做两件事:
1. 表达他的感情,发泄他的不满。
2. 想使他的问题得到解决。

倾听客户的讲话,分析、判断客户所讲述的内容并记录要点。真诚地道歉,让客户知道你已经了解他的问题并愿意帮他解决。不要打断客户的谈话。让他发泄自己的不满。要倾听客户的讲话,分析和判断讲话的内容,并记录要点。在倾听的同时,要通过有意识的提问来得到想要知道的一些主要内容。

九、以平和专业化的方式与客户谈话

在现场失控的情况下,将客户请到单独的会谈室;在客户发泄不满过后,努力使他平静下来;询问具体的情况以便获得你所需的

信息;汇总你所了解到的情况,提出双方都能接受的解决方案并立即按照方案去做;如果客户仍不满意,问问他的意见;必要时,给予补偿性的关照。

很多客户喜欢在接待处跟接待员大吵大闹,因为他看见有别的客户在场。如果这时候你还是让他在那儿吵的话,就会影响其他的客户,那些客户就会给他一种助长气焰的倾向。

在客户发泄不满以后,努力使他平静下来。询问具体的情况以便获得所需要的信息。

汇总所了解的情况,提供双方都能够接受的方案,然后立即按照这方案去做。如果客户仍然不满意,征求他的意见。

当客户在抱怨的时候,有时候会不负责任地乱讲话。这时候,如果有人问他想怎么做的时候,这个客户就得好好地想一想,什么应该说,什么不应该说。

任务二　4S店电话邀约话术

一、电话邀约话术

开场话术:

销售顾问:先生/小姐,您好!我是××4S店销售顾问×××。本周末我公司即将开展"×××"店内促销活动 。特邀您和您的家人来参加,希望为您呈上春天的开心购车礼。所以除了部分车价特别优惠之外,我们还准备了多重礼品。这是订购950、W5及其他车系最好的时机,另外活动中一辆任何品牌二手车置换一辆950车型均可享双重大礼,现场惊喜连连,周末等待您的光临!

顾客:你们优惠最大多少嘛?

销售顾问:先生/小姐,上次您到店小×就给您说过,如果我们优惠活动开始时我会第一时间第一个通知您。

A. 这次活动是我们店第×次举办的 ××××××活动,厂家给了我们大力的支持,还给我们规定了任务,我们的销售压力也非常的大,到时候肯定会非常的优惠,实在不行我可以直接给您申请老总特批价,但是名额有限,您要早一点来,您什么时候到我们店?我在公司门口欢迎您的光临!!!

顾客:我忙,没有时间!

销售顾问:先生/小姐,那您太辛苦了,不好意思打扰您了。我们的活动就是考虑到您平时的工作都比较繁忙,时间都限定在周六和周日两天。但是我们这次的活动真的非常的优惠(添加介绍本次活动有吸引力的地方),是您买车难得的好机会,我认为错过了真的很可惜。如果您确实来不了,您可以让您的爱人或朋友帮您参考一下,过来看一看,即使不订车,我们也有礼品赠送给您。您看是您还是您的爱人或朋友来店,什么时间我给你们安排一下!

顾客:你们优惠最大多少嘛?

销售顾问:

B. 我们这次的活动是我们店独家举办的,在电话里不方便讲,反正您看车、试乘试驾、签合同还是要在4S进行的吧?其他的我不敢讲,但肯定比您上次的性价比要高,肯定会让您满意的。

C. 我们这次的活动力度非常的大,和以往的几次相比这还是第1次,实实在在地让利给像您这样的VIP客户,期待您的光临!

D. 这次我们的活动内容非常的丰富,从您一到店就有精美的礼品欢迎您的光临,如果方便的话您带上您的家人,每人都会有到店精美礼品,其他的还有如大礼包、抽奖、回馈老客户的特殊政策、多重套餐、特价车、试驾和留资料有礼等。

活动的内容太多在电话里我也一时半会对您说不清楚,您到店我给您作详细的介绍。您看您什么时间来店,我给您安排一下,恭候您的光临。

顾客:你们有没有现车?

销售顾问:先生/小姐,我们公司专门为本次活动准备了充足的车源,尽量满足你们提现车的需求。不能提到现车的,我们也会在提车时间上作优先安排。您也知道现在车源比较紧张,活动当天您一定要早点到店,来晚了就说不清楚了。

顾客:我肯定要买,您帮我把车和价格留着?

销售顾问:先生/小姐,如果是平时的店头活动,没有问题我肯定能够给您留着,因为活动时的优惠和我们平常的优惠差不多。但是这次活动的优惠幅度非常大,公司也不可能一直这样便宜促销吧!我们本次活动的大礼包、抽奖、回馈老客户的特殊政策、多重套餐、特价车、试驾和留资料有礼等是当天订车才能享受的,数量有限,送完为止。而且其他客户也不会放弃这么优惠的活动,根本就不可能留得住。既然您肯定要买,那您还在等什么,错过这次难得的机会,也不值啊!您还是抓紧时间在活动当天到店订车。我到时恭候您来店提取您的爱车。

顾客:你们的车子以后会不会更优惠?/还是那么多,没有优惠嘛,好像比以前还要少了。我等等再说。

销售顾问:先生/小姐,看来您对汽车市场非常了解,这个确实谁也不知道以后的行情是怎样的。前几年汽车是一直在跌,去年今年的汽车和以往不同,价格是呈上升趋势。越早买车买得越便宜,而且不用等期货。不过以您对车价的了解,也知道要更大幅度的优惠是不可能的。其实对于消费者来讲,只是需要的时候以合理的价位买到喜欢的东西就可以了,谁也不可能买到最低价。当然如果不需要,再便宜您也不会买。不过汽车属于奢侈品,早买早享受嘛!不管怎么讲,您还是应该到我们店看看,俗话说淘货淘货,您要淘才能买到最实惠的价格。

试乘试驾

销售顾问:我们店里准备好了试乘试驾,还准备了试乘试驾礼品,欢迎您随时来试车,您什么时候有空呢?周×还是周×(二择一邀约)?

结束语!

销售顾问:先生/小姐,非常感谢您!来——(××月××日,××恭候您的光临。谢谢!再见!);不来——(××月××日,××还是非常期待您的光临。谢谢!再见!)

二、电话回访话术

1. 首日回访

回访责任人:销售顾问

回访时间:销售顾问在交车当天或第二天对用户进行回访。如上午交车,则下午回访;如下午或晚间交车,则第二天早晨回访。

回访内容:以问候为主。同时告知用户将会在购车当天或第二天收到上海大众客户服务质量部门的电话回访,确认用户购车事宜。

销售顾问:上午好/下午好/晚上好/您好

(_____先生/女士)不好意思,打扰您了,我是(昨天/今天)刚交您车的××4S店的销售顾问×××,不知道_____先生/小姐现在方便接听电话吗?或者您身边有固定电话吗?(很冒昧打扰您!您现在方便接听电话吗?)

① 方便、手机——继续访问;

② 方便、固定电话_____重新拨打,继续访问;

③ 不方便、致歉后预约再访时间并致谢,终止访问。

要确认用户是否有时间接听电话以确保客户满意度。

请问您在驾驶您的爱车回去的途中车况使用顺利吗?驾驶时对车辆各方面的操控还习惯吗?请问您在车辆的使用上还有没有存在不清楚或有疑问想进一步了解的地方?还需要我为您服务吗?如果此时此刻没有的话,请放心,我与我的公司及上海大众SKODA汽车将随时为您提供令您满意的服务。请记住我们的电话_____,上海大众SKODA汽车总部的客户关爱员将会给您做个电话回访,确认您购车及用车的事宜,若有打扰到您请您见谅。再一次祝您驾乘愉快,平安顺心。(当中顾客反应是让你随机应变的)

您对我们的服务有什么意见或者建议吗？谢谢您的宝贵意见，感谢您对我们工作的支持，再见！等待客户挂电话后再挂电话。

如果客户不满，应先代表公司表示歉意，对客户表示理解，首先要给客户被认可的、受重视的感觉。再邀请客户有空的时候进店，为其进一步解决问题。详细记录客户的抱怨、意见、建议，及时反馈给相关的各个部门，根据各部门的处理意见进一步进行客户跟踪。接、打电话的时候切忌对客户给出无法确定的许诺，要注意说话的方式，要给事情的后续处理留出可以回转的余地。

2. 三日回访

回访责任人：销售回访员

回访时间：交车之后第三天

回访内容：调查用户销售满意度，从中发现一些潜在的服务缺失或客户抱怨，登记缺失、抱怨内容并转达至销售部，监督抱怨处理解决的情况，同时确认抱怨的处理是否让用户满意。

销售顾问：自我介绍，早上好/下午好/晚上好。我是××4S店的销售满意度回访员 ×××（全名或昵称），打扰您了，请问您是_____（先生/女士）吗？

① 是——开始访问

② 不是——请问（车牌号）_____这款（车型）_____是您在使用吗？

是——记录使用人的信息、开始访问

不是——预约、致谢、终止访问

其他——致谢、终止访问

请问_____（先生/女士），您于（购买日期）在我公司购买了一台型号_____的SKODA轿车。为了确保每位来店客户对我们的服务都能"非常满意"，在您购买车辆后的两周内，我们想耽误您5分钟，做个电话回访，如您在购车过程中有不满意之处请告诉我，我会及时帮您协调解决，请问您现在方便接听电话吗？或者您身边有固定电话吗？

① 方便、手机——继续访问

② 方便、固定电话_____重新拨打，继续访问

③ 不方便——预约再访时间并致谢，终止访问

④ 其他——致谢、终止访问

要确认用户是否有时间接听电话以确保客户满意度。

3. 一周回访

回访责任人：销售顾问

回访时间：交车后一周内

回访内容：对用户本周车辆使用情况进行了解；向用户再次提醒车辆的一些特殊功能；对于交车后的一些后续事宜进行提醒以表

达对用户的关爱,让用户对销售顾问放心,进而对××4S店乃至其品牌增加信心。

销售顾问:(_____先生/女士)上午好/下午好/晚上好/您好!不好意思,打扰您了。我是××4S店的销售顾问×××,不知道_____先生/小姐现在方便接听电话吗?或者您身边有固定电话吗?(很冒昧打扰您!您现在方便接听电话吗?)

① 方便、手机——继续访问;
② 方便、固定电话——重新拨打,继续访问;
③ 不方便、预约再访时间并致谢,终止访问。

要确认用户是否有时间接听电话以确保客户满意度。

(_____先生/女士)您的爱车已经使用了七天,在这周里您对爱车的车况还满意吗?对于车辆的各项使用功能尤其是特殊功能在操作上还存在疑问吗?若都没有问题请允许我向您作如下提醒:

(1) 您的养路费交了没?如果没交,请您及时去办理。(告之相应的交费地点、电话)开户地址:_____ 缴费:建行各支点。

(2) 若交车时用户没有购买车险,则销售顾问要提醒用户及时购买车险,向用户推荐4S店办理保险时要避免让用户产生推销保险的感觉。

(3) 在3个月或5 000 kM左右车辆应该要做首保,首保是免费的,请您在进站的时候带着您的保养手册,我们的服务顾问和维修技师会为您的车做一次全面的检查。到时候您可以提前跟我们的服务顾问预约,这样可以节省您宝贵的时间。不好意思,打扰您那么长的时间,今后您对您的车辆有任何疑问,或者对我店有任何宝贵的建议,都请您及时跟我们联系好吗?

因为您是我们上海大众SKODA汽车的尊贵客户,所以上海大众SKODA汽车可能还会安排第三方致电您进行客户满意度的问卷调查,时间大概是3到5分钟,这些回访是为了提高日后我们对您的服务质量,再次谢谢您!祝您工作愉快!万事顺心!再见!

4. 一月回访

回访责任人:销售顾问

回访时间:交车后一个月内

回访内容:车况询问,前几次回访的感谢,重要客户预约上门拜访的时间,如果对方允许则实施上门拜访,建议销售顾问、客户关爱员或服务顾问携带礼物前去拜访,礼物的品种及价格视用户的重要性及忠诚度进行选择。如果上门拜访被谢绝,则仅在电话中问候和表示感谢,告知可自行来店自取礼品。以上两种情况下,与客户交流的话术中应告知客户回访的内容,即今后该客户的回访由经销商的客户关爱专员进行。

项目三　汽车销售实战技巧

销售顾问：(_____先生/女士)上午好/下午好/晚上好/您好！

不好意思，打扰您了。我是××4S店的销售顾问×××，不知道_____先生/小姐现在方便接听电话吗？或者您身边有固定电话吗？(很冒昧打扰您！您现在方便接听电话吗？)

(1) 方便、手机——继续访问；

(2) 方便、固定电话——重新拨打，继续访问；

(3) 不方便、预约再访时间并致谢，终止访问。

要确认用户是否有时间接听电话以确保客户满意度。

(_____先生/女士)感谢您购买我们××品牌汽车，不知道您有时间吗？如果有我想和您预约个时间亲自上门拜访，以表示对您的感谢——(先生/女士)。

5. 三月回访

回访责任人：客户关爱专员

回访时间：交车后三个月内

回访内容：以首保提醒为主

销售顾问：(_____先生/女士)上午好/下午好/晚上好/您好！

不好意思，打扰您了。我是上海大众SKODA安徽致嘉的客户关爱员×××(全名或昵称)，不知道_____先生/小姐现在方便接听电话吗？或者您身边有固定电话吗？

(1) 方便、手机——继续访问；

(2) 方便、固定电话——重新拨打，继续访问；

(3) 不方便、预约再访时间并致谢，终止访问。

要确认用户是否有时间接听电话以确保客户满意度。

(_____先生/女士)是这样的，多年来经过上海大众SKODA对其用户的调研，SKODA80的尊贵客户在新车使用到达三个月左右大约是首保的时间，不知道_____先生/女士您的首保已经完成了吗？如果没有的话我现在可以帮您作一个车辆首保的预约，这样不但可以节省您宝贵的时间，也可以让我们对尊贵客户的您给予最尊贵的五星服务。

6. 交车后半年/一年回访

回访责任人：客户关爱专员

回访时间：交车后半年/一年

回访内容：续保提醒/生日提醒/促销通知/活动通知

销售顾问：(_____先生/女士)上午好/下午好/晚上好/您好！

不好意思，打扰您了。我是上海大众SKODA安徽致嘉的客户关爱员×××(全名或昵称)，不知道_____先生/小姐现在方便

275

接听电话吗?或者您身边有固定电话吗?

(1) 方便、手机——继续访问;

(2) 方便、固定电话——重新拨打,继续访问;

(3) 不方便、预约再访时间并致谢,终止访问。

要确认用户是否有时间接听电话以确保客户满意度。

(_____先生/女士)是这样的,保险/生日/促销/活动到了,所以想提醒您根据车况来续保/代表上海大众SKODA汽车安徽致嘉祝您生日快乐/邀请您参××活动,根据顾客反应自由发挥。

备注:续保、促销、活动邀请必须通知和与客户预约时间。在到期前一天再次确认到店时间。

三、接听电话应遵循的几个原则

1. 坚持做到留下客户的有效联系方式

"请问您的手机号码是?我们有什么优惠活动好及时通知您"

2. 坚持做到邀约客户来店面谈

"您先来店,直接找我就可以了,给您做一个详细的介绍,您试乘试驾后还将获得我们给您准备的一份精美礼品"

3. 坚持做到不受客户诱惑,只报统一价和公开优惠价

"我们的车饰××万元,您先来店看车满不满意,价格我们面谈,优惠肯定会让您满意的"

4. 不要一口气在电话里回答完顾客的所有疑问

那样的话,你对他来说就没有吸引力了,问完会直接挂电话,所以要有保留,让他来展厅看车。

5. 基本话术

销售顾问:您好,我是×××4S店的销售顾问××,请问怎么称呼您?

客户:……

销售顾问:××先生/女士,很高兴为您服务,请问有什么可以帮到您?

客户:……

(参考下面接听话术)

销售顾问:××先生/女士,感谢您的来电,期待您的光临,再见。

四、接听电话中的相关话术

1. 有客户询问××型号有无现车的问题

"×先生/女士,××车型在还没有上市时,我们已经累计了很多订单,所以上市之初,我们以消化前期的订单为主,您如果急着要

车,我跟我们经理申请一下,看能否给您申请到,您留个电话,我稍后回复给您。"(营造热销的气氛)

2. 客户问××车型有没有优惠?可不可以送装饰?

"×先生/女士,您是否已经看好车了呢?"

(1) 客户没有看过车

"您先来店里,我给您做一个详细的介绍,您先看看车能不能让您满意,其他方面您不用担心,我们一定会让你满意的。"

"装饰呢,因为这涉及个人的审美,就像装修房子那样,都有个人的意愿,在电话中也很难说清楚,您先来我们店看车,到时候我再和您详细地谈谈,好吗?"

(2) 客户看过车

"×先生/女士,价格问题在电话里也说不清楚,这样吧,您来店里,我们当面谈,我保证给您的优惠会让您满意的,您方便的话留个电话,我们有什么优惠活动会及时短信通知您。"

3. 礼貌地问客户从哪里知道我们车的消息的。邀请客户来店里看车。

"感谢您对我们××汽车的关注,×先生/女士,请问您是从哪里知道我们车的信息的?那您以前看过我们的车没有?我们店里准备好了试乘试驾车,还准备了试乘试驾礼品,欢迎您随时来试车。"(来店显示上面的电话是您的吗?您的手机号码是多少?我把我们店的具体位置、我的姓名、电话给你发个短信,欢迎您有事随时跟我联系)

4. 客户询问有关车的问题

简单概括介绍车辆信息(学生熟记各汽车品牌的特点)——"电话里也介绍不全,这样吧,您来店后我再给您做一个全面的介绍。您知道我们店的具体位置吗?您留个手机号码,我把地址给您发过去。"

5. 关于企业的介绍

"×先生/女士,感谢你对××企业的关注——××的优势介绍(学生熟记各企业的特点),电话里也介绍不全,这样吧,您来店后我再给您做一个全面的介绍,一定有一款是您满意的。您知道我们店的具体位置吗?您留个手机号码,我把地址给您发过去。"

6. 客户问有关售后的问题时

"×先生/女士,关于售后,您到店里看车时,我带您参观我们的售后,另外,您订车后,在提车时,我们会给您随车带一份我们全国联保的售后名单。同时,我的手机是24小时不关机的,您遇到问题可以随时和我联系。欢迎您有空到店里来看车,您方便留个手机号码吗?我把详细信息给您发过去。"

7. 客户电话中提到竞品,拿竞品作对比时

"×先生/女士,您提到的这款车还不错,但哪款更适合您,还是您亲自看过实车后才会更清楚。您先来我们店看车,我会给您做一个详细的比较。您知道我们店的具体位置吗?您留个手机号码,我把地址给您发过去。"

8. 客户在电话中压价

(1) 先确定客户是否看过车了,没有看过车先邀请他来看车,电话中只告知全国统一价格和公开的优惠活动,不报任何其他具体的优惠,若顾客一再要求谈价格,邀请顾客面谈。"×先生/女士,这个我们很难做主,这样吧,您来店我们详细谈谈,我试试给您申请,争取给到您满意的优惠。"

(2) 如果法:如果您要降价,您今天能做决定吗?如果我去给您申请了,您今天能下订单吗?

9. 客户询问车价

(1) "×先生/女士,不是我不肯报价,只是这实在让我太过为难,因为您想现在汽车市场价格这么透明化,如果我不报个实价给您,回头您发现有比我报给您的更便宜的价格,您会觉得我这人不实在,不厚道,但如果要我报个最优惠的价格给您,我必须结合您的实际购车情况,比如车色、车型、上牌情况和购车的具体时间等,这些细节的东西得到展厅来谈了呀,所以您还是抽个时间来我们这儿面谈,好吗?"

(2) ×先生/女士,您询问的这款车价格从××××元到××××元,排量有×、×、×、×、×的,配置也有不同,请问您想了解哪款车型呢?……,您如果方便的话请到我们展厅来看车,到时我能更详细地为您介绍整车的功能和进行试乘试驾,再给出一个优惠的价格,您看好吗?

10. 当顾客说要考虑一下,或只是好奇问问

×先生/女士,请问您是在考虑价格问题还是车型性能问题呢?——引导到可控范围,后续参照4和9。

若只是好奇问问——店里的活动内容很多,在电话里也说不清楚,请您来店里,我帮您做详细介绍,这样可以吗?

11. 留客户的电话

(1) ×先生/女士,您知道我们店的具体位置吗?您留个手机号码,我把地址给您发个短信过去。

(2) ×先生/女士,来电显示上面的电话是您的吗?您的手机号码是多少?我把我们店的具体的位置、我的姓名、电话给您发个短信,欢迎您有事随时跟我联系。

(3) 近期我们可能会有优惠活动,我会短信通知您的,请问您

的手机号码是?

(4) ×先生/女士,我的地址是……,电话里也不好记,您留个电话,我把详细信息发到您手机上。

12. 客户不肯留电话,有事会自己联系销售

"欢迎您给我打电话,因为现在车市不是很稳定,我只是想如果我们有什么降价活动可以及时通知到您,对您来说,也应该是个好消息,为了不打扰到您,我可以以短信的方式通知您,您看如何?"

13. 短信模板

×先生/女士您好,我是×××店销售顾问××,我们店的地址是……,很荣幸为您在购车过程中提供服务,若有任何问题请拨打13××××××××,热忱欢迎您来店赏车。

任务三　到店接待销售话术

情景A:客户打的前来

1. 出租车须引导车辆停在公司大门外。
2. 微笑致意敬礼:"您好!欢迎光临"。
3. 主动询问:"请问先生/小姐,您是看车还是找人?"客户回答:"看车"或"来看××车"(其他回答,指引客户目的地)。
4. "请问先生/小姐,怎么称呼您?"或"请问先生/小姐贵姓?"
5. 耳麦通知接待员:如客户回答姓氏的,则通知接待员说:"贵宾客户×先生/小姐来店看车,请接待准备",若客户没有回答姓氏的,则通知接待员说:"有位先生/小姐来店看车,请接待准备"。
6. 接待员收到门卫通知后,立即及时上前迎接并说"××先生/小姐,欢迎光临",并引导客户到展厅,帮客户拉开展厅大门。
7. 销售顾问上前迎接,并说,"欢迎光临",接待员向客户介绍销售顾问:"×先生/小姐:这是我们的(金牌)销售顾问×××",然后向销售顾问介绍客户:"×××,这是×先生/小姐,他(她)今天是来我们店看看车"。
8. 销售顾问主动递上名片,并自我介绍:"×先生/小姐,我是销售顾问×××,很高兴为您服务"。

情景B:客户开车前来

1. 将客户车辆拦停在公司大门口,门卫立即到驾驶员一侧,微笑致意敬礼,并主动询问:"您好!欢迎光临浙江申浙,请问先生/小姐来看车还是找人?"客户回答:"看车"(其他回答,指引客户目的地)。
2. "请问先生/小姐,怎么称呼您?"或"请问先生/小姐贵姓?"
3. 根据客户回答耳麦通知泊车员和接待员:如客户回答姓氏

的,则通知接待员说:"贵宾客户×先生/小姐来店看车,请接待准备";若客户没有回答姓氏的,则通知泊车员和接待员说:"有位先生/小姐来店看车,请接待准备"。

4. 泊车员立即引导客户停车,站在驾驶室一侧,等车辆停稳,客户熄火拔出车钥匙,预下车时,帮忙打开车门。并说"××先生/小姐,欢迎光临"。同时引导客户到展厅。

5. 接待员收到门卫通知后,立即及时上前迎接并说"××先生/小姐,欢迎光临",并引导客户到展厅,帮客户拉开展厅大门。

6. 销售顾问上前迎接,并说,"欢迎光临",接待员向客户介绍销售顾问:"×先生/小姐,这是我们的(金牌)销售顾问×××",然后向销售顾问介绍客户:"×××,这是×先生/小姐,他(她)今天是来我们店看看车"。

7. 销售顾问主动递上名片,并自我介绍:"×先生/小姐:我是销售顾问×××,很高兴为您服务"。

情景C:客户步行来店

1. 门卫在每一个步行客户来店时,在入口处微笑致意并敬礼,主动询问"您好!欢迎光临"。

2. "请问先生/小姐,来看车还是找人?"客户回答:"看车"或"来看××车"(其他回答,指引客户目的地)。

3. "请问先生/小姐,怎么称呼您?"或"请问先生/小姐贵姓?"

4. 耳麦通知接待员:如客户回答姓氏的,则通知接待员说:"贵宾客户×先生/小姐来店看车,请接待准备";若客户没有回答姓氏的,则通知接待员说:"有位先生/小姐来店看车,请接待准备"。

5. 接待员收到门卫通知后,立即及时上前迎接并说"××先生/小姐,欢迎光临",并引导客户到展厅,帮客户拉开展厅大门。

6. 销售顾问上前迎接,并说:"欢迎光临",接待员向客户介绍销售顾问:"×先生/小姐,这是我们的(金牌)销售顾问×××",然后向销售顾问介绍客户:"×××,这是×先生/小姐,他(她)今天是来我们店看看车"。

7. 销售顾问主动递上名片,并自我介绍:"×先生/小姐,我是销售顾问,很高兴为您服务"。

任务四　汽车首保提醒话术

客服专员:您好,请问您是_____(先生/女士)吗?您好,我是××客服专员。

_____先生,请问您在我店购买的 一汽-大众汽车,目前使用如何了呢?

（先生/女士,是这样的,其实我们的目的就是为了调查一下您车辆目前的使用情况,以便给您提供更优质的服务。）

客户:还行。

客服专员:那××先生/女士,请问您的车辆目前大概行驶了多少公里数了呢?

客户:2 500 km(比较少)。

客服专员:嗯,××先生/女士,冒昧地问一下,您的爱车主要是用做代步吗?

客户:是的。

客服专员:××先生,是这样的,新车是需要多磨合的,这样才能使各个配件更好地工作,所以建议您可以多磨合一下。

客服专员:先生,是这样的,这边给您来电主要是提醒您,车辆行驶到5 000 km左右时,建议您就可以到我店来做首保了。不要错过了这个时间。到时请您务必带上行驶证、保养手册和首保凭证以及购车发票。

客户:5 000 km。

客服专员:××先生,是这样的,根据所有新车使用情况及磨合看来,我们建议您到5 000 km左右时就可以来我店做首保。(是这样的,根据我们店的调查,新车的磨合,最好是在5 000 km时做首保,当然,也可以在7 500 km时做首保。但是,我们还是建议××先生/女士在5 000 km时做首保最好。)到时请您务必带上行驶证、保养手册和首保凭证以及购车发票。

客户:5 000 km以上。

客户:已做首保。

客服专员:那××先生可以请问下你是在哪个店做的首保呢?

客户:……

客服专员:好的,××先生,冒昧地问下您在那做首保,是因为离您家比较近吗? 还是因为什么呢?

客户:……

客服专员:是这样的,××先生,您是在我们店购买的车,所以你在我店的档案是最完善的,去其他4S店做保养质量上无法得到保障,而且会影响到您保修期内的正常保修和索赔,给您造成不必要的经济损失和麻烦,所以,我们建议您最好到我们店做首保(维修保养)。到时请您务必带上行驶证、保养手册和首保凭证以及购车发票。

客户:好的。

客服专员:先生,感谢您对我们的支持。如果您以后在用车方面有任何疑问,欢迎您随时联系我们。

客户:好的。

客服专员:感谢您的接听,祝您用车愉快。

任务五 自我考核

下面是某高端品牌4S店以顾客的角度对销售顾问的考核标准,请同学们对着自我考核一下,你能做到吗?

A1 电话访问

1. 四声之内电话是否有人应答?
2. 您的电话是否立即被转给销售顾问或者销售顾问电话回复您?
3. 销售顾问是否做了自我介绍?
4. 在整个交谈过程中,销售顾问是否用您的姓氏直接称呼您?
5. 销售顾问是否主动询问了解您购车方面的需求?
6. 销售顾问是否积极地为您安排一个明确的时间(日期、时间)去店内参观?
7. 销售顾问是否询问了您的详细联系方式(地址和电话)?

B1 欢迎(没有预约)

1. 销售顾问或其他人员是否在3分钟内接待您?
2. 销售顾问是否立即向您报出了他/她的姓名?
3. 在整个交谈过程中,销售顾问是否用您的姓氏直接称呼您?
4. 销售顾问是否为您安排下一步的参观流程?

B2 欢迎(有预约)

1. 销售顾问是否在3分钟内前来接待您?
2. 销售顾问是否立即向您报出了他/她的姓名?
3. 在整个交谈过程中,销售顾问是否用您的姓氏直接称呼您?
4. 销售顾问是否重复了您本次来访的目的(记住电话交流时的内容)或者询问您来访的目的?
5. 销售顾问是否为您安排下一步的参观流程?

B3 资格评定——了解您的需要

销售顾问是否询问了以下内容来了解您的需求:

1. 您目前感兴趣的车辆及装备	您目前感兴趣的设备或者配置
2. 您每年的行驶里程	您每天的使用情况
3. 您车辆的主要用途(例如:私人/商务,城市道路/高速,休闲)	您设备的主要用途
4. 您个人的驾驶习惯(例如:动感,稳健型等)	您的使用习惯
5. 您新车的预算(总额或每月)	您的投入预算
6. 你期望的交车日期	您预期的安装时间
7. 销售顾问是否向您推荐满足您	

需求的车型(包括动力总成及 是否向您推荐合理配置
选装装备)

B4 展示

1. 销售顾问是否积极主动为您提供车辆展示？是否主动为您提供器材展示？

2. 销售顾问是否积极地鼓励您参与车辆展示(例如坐到驾驶室里)？是否积极地鼓励您参与操作？

3. 销售顾问是否根据您的需求说明并展示客户利益？是否根据您的需求说明并展示如何使您获得您需要的目标？

4. 销售顾问是否详细讲解和演示了车辆的操控和功能？是否详细演示并讲解了系统的操作和功能？

B5 试车

1. 能否提供试车？

2. 销售顾问是否立即安排您试车？

3. 销售顾问是否为您安排了一个10天内的试车机会？

4. 销售顾问是否为您安排了一个5天内的试车机会？

5. 销售顾问是否陪同您试车？

6. 如果销售顾问没有陪同您试车,销售顾问是否在试车后提供建议？是否在试用设备后提出了合理建议？

7. 销售顾问是否根据您的需求建议了能够体现车的性能和特点的试驾路线？

8. 销售顾问是否清晰详细地介绍了车辆的操控常识？是否清晰详细地介绍了设备的详细参数？

9. 试车是否在公共道路上进行(经销商的院子/停车场外)？

B6 报价/协商

1. 销售顾问是否制定并提交了一份包括车型、选装装备、厂方指导价格、您的姓名和经销商的完整报价？

是否制定并提交给您一份包括设备型号(包括选配器材)、厂方指导价格、您的姓名、地址和销售店的完整报价？

2. 销售顾问是否向您解释了报价？

是否向您解释了报价的组成？

3. 销售顾问是否建议了不同的付款方式并为您提供了详细的计算？

4. 销售顾问是否强调××品牌优势(例如:品牌历史、尊贵、动感等)？

是否强调品牌优势？

5. 销售顾问是否强调××车的产品优势,比如安全,高品质等？

是否强调了××的产品优势,比如,VisionClear 技术、ICE

Power功放、声学透镜等?

6. 销售顾问询问了您是否马上订车?

是否询问了您是不是马上落订?

销售顾问提供了下列的报价/协商来完成交易(肯能不止一个答案):

7. 经销商提供的服务。

8. 车辆残值。

9. 改变选装装备。

10. 提供给您一个样车、库存车或者二手车。

11. 其他赠送的装备。

12. 折扣。

13. 销售顾问是否争取一个追踪联系方式以便完成交易?

14. 销售顾问是否为您提供了有用的信息资料?(比如产品宣传手册、报价单等)

B7 电话追踪

您在7天内被销售顾问电话追踪到了吗?

1. 销售顾问是否询问您已经做出决定了吗?

2. 销售顾问是否询问您未做出决定的原因?

3. 销售顾问是否建议了其他您感兴趣的备选方案,努力促使您在这家店买车?

4. 是否询问了以后合适的时间以便再次与您联系?

《汽车金融公司管理办法实施细则》详细

手机扫一扫
随时随地查阅

购车合同范本

手机扫一扫
随时随地查阅

参考文献

1. 陈永革.汽车营销与实务.北京:机械工业出版社.2015
2. 曾金凤.汽车营销与实务.北京:北京理工大学出版社.2015
3. 戚叔林.汽车营销与实务.北京:机械工业出版社.2010
4. 刘海艳.汽车销售技术.北京:机械工业出版社.2016
5. 赵文德.汽车营销冠军是这样炼成的.北京:机械工业出版社.2014
6. 孙路弘.汽车销售的第一本书.北京:中国人民大学出版社.2007
7. 刘军.汽车销售与售后服务全案.北京:化学工业出版社.2016
8. 周伟.售后服务实用手册.深圳:海天出版社.2009
9. 苏卫国.市场调查与预测.武汉:华中科技大学出版社.2008
10. 孙凤英.汽车营销学.北京:机械工业出版社.2004
11. 菲利普.科特勒.市场营销学.第三版.北京:华夏出版社.2004
12. 甘碧群.市场营销学.武汉:武汉大学出版社.2005
13. 张毅.汽车配件市场营销.北京:机械工业出版社.2004
14. 陈永,陈友新.定价艺术.武汉:武汉大学出版社.2008
15. 王重鸣.心理学研究方向.北京:人民教育出版社.2008
16. 栾志强,张红.汽车营销实务.北京:清华大学出版社.2008
17. 汽车销售顾问讲师手册.北京奥德普科技咨询公司.2009
18. 超越汽车服务与营销培训教材.沈阳敏捷科技有限公司.2007
19. 刘同福.汽车营销策划实战手册.广州:南方日报出版社.2004
20. 中国汽车网:www.qiche.com.cn
21. 中国行销网:www.xingxiao.com
22. 中国营销传播网:www.emkt.com.cn
23. 新浪网搜索:www.sina.com.cn